Salih Barışık

Para Kurulu Teorisi ve Uygulamaları

Salih Barışık

Para Kurulu Teorisi ve Uygulamaları

Para Kurulu Teorisi Para Kurulu Uygulamaları Türkiye'de Para Kurulu Uygulanabilirliği

Türkiye Alim Kitapları

Impressum / Künye
Bibliografische Information der Deutschen Nationalbibliothek: Die Deutsche Nationalbibliothek verzeichnet diese Publikation in der Deutschen Nationalbibliografie; detaillierte bibliografische Daten sind im Internet über http://dnb.d-nb.de abrufbar.

Deutsche Nationalbibliothek tarafından yayınlanan bibliyografik bilgiler: Deutsche Nationalbibliothek, bu yayını Deutsche Nationalbibliografie'de listeler; detaylı bibliyografik bilgi İnternet'te http://dnb.d-nb.de sitesinde mevcuttur.

Coverbild / Kitap kapağı resmi: www.ingimage.com

Verlag / Yayıncı:
Türkiye Alim Kitapları
ist ein Imprint der / yayınevinin bir ticari markasıdır
OmniScriptum GmbH & Co. KG
Bahnhofstraße 28, 66111 Saarbrücken, Deutschland / Almanya
Email / E-posta: info@omniscriptum.com

Herstellung: siehe letzte Seite /
Basım yeri: son sayfaya bakın
ISBN: 978-3-639-81364-7

Zugl. / Approved by: Sivas, Cumhuriyet Üniversitesi, 2001

İÇİNDEKİLER

İKİNCİ BÖLÜM

TABLOLAR LİSTESİ

ÖNSÖZ

Para ve parasal sistem, insanoğlunun mutluluk arayışında etkin bir role sahip olan ekonomi politikasını önemli bir parçasını oluşturmaktadır. Tarihi süreç içerisinde para ve parasal sistemler dönüşüm içermektedir. 1844 yılında İngiltere Bankası'na verilen imtiyazla başlayan Merkez Bankacılığı sistemi hızla yayılmış ve yeni kurulan ülkeler için de bağımsızlık sembolü olarak algılanır olmuştur.

Merkez Bankacılığı sistemine alternatif olarak sıkı para politikasını temel hedefi olan 1849 yılında uygulanmaya başlanan Para Kurulu sistemi de ikinci en yaygın parasal sistem olarak 1950 lerde 70 uygulama sayısına ulaşmış ve günümüzde de varlığını sürdürmektedir. Dünya da yaşanan ekonomik krizler sonrası parasal kontrol zorluğunun yaşattığı olumsuzluklar para kurulu sistemini gündeme taşıyabilmektedir.

Türkiye'nin 1980 lerden sonra pek çok ekonomik kriz yaşaması parasal istikrar temel hedefi olan para kurulu sistemini gündeme taşımıştır. 2000 Yılı Enflasyonu Düşürme Programı: Kur ve Para Politikası adlı programın yarı para kurulu sistemi olduğu değerlendirilmiş ve Türkiye için olabilirlik analizi yapılmıştır. Para kurulu sistemini hakkında teorik ve uygulama bilgisi aktaran bu doktora çalışmasının ekonomik istikrar arayışı durumlarında bir kaynak olmasını ümit ederim.

Prof. Dr. Salih BARIŞIK

GİRİŞ

Para, insanoğlunun yeryüzündeki serüveni boyunca ilkel kabile toplumundan günümüze kadar farklı nesnel görünümler altında önemli yaşamsal kolaylıklar sunmuştur. Paranın kullanım özelliklerinin artmasıyla birlikte, parasal sistemin kontrolünü sağlayan kurumlarda da gelişmeler ve çeşitlenmeler olmuştur. Para zamanla yalnızca mübadele aracı olmaktan çıkmış, ekonomik birimlerin kararlarında ve ekonomiyi yönlendirmede etkin bir araç haline gelmiştir. Keynesyen ekonominin ve monetarizmin hakim olduğu dönemde ekonomide parasallaşmanın artışı parayı bir ekonomi politikası aracına dönüştürmüş ve para arzının önemi artmıştır.

Paranın ekonomiye yön vermedeki etkinliğinin artışı ile parasal güce sahip olmanın önemi artmıştır. Kağıt para üretimine geçilmesi ile birlikte siyasal iktidarlar büyük bir güce sahip olmuşlardır. Siyasal iktidarların elde ettikleri bu gücü hiç bir sınırlayıcı etken olmaksızın para arzını artırmakta kullanmalarının yol açtığı enflasyon, yüksek faiz, reel yatırımlarda, istihdamda, gelir dağılımında, üretimde gerileme, ödemeler dengesi bozulması, sosyal huzursuzluklar ve hatta ulusal ve uluslararası krizlere yol açabilmesi para arzı üzerindeki gücün ve yetkinin sınırlandırılmasını gündeme getirmiştir.

Ekonomik krizler ülkelerarası ekonomik performans ve gelişmişlik düzeyi farklarını, bu farklar da ekonomiler için parasal istikrar olgusunun önemini artırmaktadır. Parasal istikrarın olmadığı bir ekonominin sağlıklı işleyebilmesi mümkün olmamakta, istikrar için parasal sisteme güvenin olması gerekmektedir. Günümüzde ülkeler ancak güvenilir bir parasal sistem ile globalleşen bir dünyada varlığını sürdürebilmekte ve küreselleşen ekonomide etkin bir şekilde yer alabilmektedirler.

Son on yıl içerisinde meydana gelen Meksika Krizi (1994), Asya Krizi (1997) gibi iki büyük kriz ve 1994 yılı Türkiye Krizi, bir kez daha ekonomik istikrarsızlık yaşayan ülkelere parasal istikrarın önemini hatırlatmıştır. Bölge ülkelerini büyük oranda etkileyen Meksika Krizi 30 milyar dolar gibi büyük bir mali yardımla atlatılabilmiştir. Amerika Birleşik Devletleri ve bazı Avrupa ülkeleri dışında tüm dünyada ekonomik durgunluğa neden olan Asya Krizinin yansımaları sonucu ortaya çıkan Rusya Krizi ve Brezilya Krizi özellikle kendi bölgelerinde çok daha tahrip edici sonuçlara yol açmıştır. Krizlerden en çok etkilenen ülkelerde dikkati çeken en önemli konu, güçlü bir mali sistemin yokluğu, yapısal sorunların, zayıf iktidarların varlığı, ekonomi politikası uygulamalarında gerekli kararlılığın olmaması, halkın ulusal paraya ve siyasal otorite uygulamalarına güven duymayışıdır.

Günümüzde ekonomik krizlerin oluşumunu önlemek ve yol açtığı olumsuzlukları bir an önce giderebilmek için yeni parasal sistem arayışları artmaktadır. Bu tartışmalara en çok konu olanlardan birisi para kurulu sistemi uygulamasıdır. Para kurulu sistemi, parasal disiplin sağlamak ve koloni ticaretini kontrol etmek amacıyla İngiltere sömürgelerinde 19. yüzyıl ortalarında uygulanmaya başlanmıştır. 1849 yılında İngiltere sömürgelerinden Mauritius'da başlayan oluşum, takip eden dönemde sürekli artmış ve 1940'larda yaklaşık 50 ülkede uygulanır hale gelmiştir. Para arzının yalnızca %100 dışsal varlıklar (döviz-tahvil) karşılığında üretilebilmesi, sabit kur, tam konvertibilite uygulaması, son başvuru mercii bulunmaması, devlete finansman olanağının sağlanmaması gibi uygulama şartları içeren ortodoks para kurulu sistemi, kuruluşunu takip eden dönemlerde uygulama şartlarının ülke koşullarına göre esnekleştirildiği uygulamalara (yarı-melez para kurulu sistemi) sahne olmuştur.

1940'lı yıllarla birlikte, merkez bankacılığı sisteminin giderek artan para politikası araçları kullanımına sahip olma isteği, merkez bankasının bağımsızlık sembolü gibi görülme düşüncesi, para kurulu sistemi uygulamasının azalmasına yol açmıştır. Doğu Bloku ülkelerinin serbest piyasa ekonomisine geçmek için sergiledikleri çıkış yolu arayışları, Latin Amerika ülkelerinin içinde bulundukları istikrarsızlık ortamından kurtulma çabaları, Asya Krizi sonrası Endonezya, Rusya, Türkiye, Brezilya gibi ülkelere ABD ve IMF tarafından önerilen para kurulu sistemi tavsiyeleri, 1950'li yıllardan itibaren giderek azalan para kurulu sistemi uygulamasını tekrar gündeme getirmiştir. Bu uygulama; krizden büyük oranda zarar gören, serbest piyasa ekonomisine geçiş yapmak isteyen ülkeler dışında ekonomik istikrarsızlık yaşayan ve iç savaş sonrası bozulan ekonomisini düzeltmeyi amaçlayan ülkeler için de tavsiye edilmektedir. Bu konuda IMF ve Dünya Bankasının 1950'li yıllardaki tutumunun aksine bir çok ülkeye sistemi tavsiye etmesi, bu bağlamda Bulgaristan ve Bosna-Hersek'e rezerv para temininde yaptığı yardımlar dikkat çekmektedir.

Günümüze kadar yaklaşık 70 ülke tarafından ekonomik koşullara göre esnekleştirilmiş bir yapıda işlem yapan para kurulu sistemi uygulaması bugün Hong Kong, Arjantin, Estonya, Litvanya, Bulgaristan ve Bosna-Hersek'inde aralarında bulunduğu 14 ülke tarafından uygulanmaktadır. Para kurulu sistemi hakkında geçmiş dönemde olduğu gibi günümüzde de tartışmalar devam etmektedir. Para kurulu taraftarları kronik enflasyon yaşayan her ülke için böyle bir sorunun atlatılabilmesinde para kurulunun merkez bankasının alternatifi olarak kullanılabileceğini öne sürmektedirler. Para kurulu sistemine karşı olanlar ise günümüz ekonomi sistemine en uygun parasal sistemin merkez bankacılığı sistemi olduğunu, para kurulu fonksiyonlarının merkez bankası tarafından yapılabileceğini öne sürmektedirler. IMF'nin bu konuda yapmış olduğu çalışmaya göre parasal istikrarsızlığın yaşandığı her ülkede para kurulu sistemi uygulamasına gidilebileceği ve bu sisteme IMF'nin destek vereceği açıklanmaktadır. Merkez bankası ve para kurulu sistemi dışında serbest bankacılık modeli, altın standardına dönüş, parasal anayasa, tek merkez bankası, tek dünya parası, dolarizasyon gibi öneriler de yapılmaktadır.

1980'li yıllardan 2000 yılına kadar yüksek enflasyonlu bir dönem yaşayan Türkiye de, bu alternatif çözüm arayışlarından etkilenmekte ve kendi ekonomisine uygun çıkış yolları aramaktadır. 1980-1990 döneminde enflasyonla birlikte ekonomik büyüme yaşanabilmişken, 1994, 1999 yıllarındaki ekonomik daralmalar, Türkiye'nin enflasyondan kurtulma çabalarını ve isteğini artırmış, fiyat istikrarını yakalamaksızın ekonomik gelişmenin sağlanamayacağı anlaşılmıştır. Ekonomik istikrar amacıyla 1990 yılında uygulamaya konulan para programı ile başlayan enflasyonu düşürme çabalarına parasal büyüklük hedeflemesi, enflasyon hedeflemesi, kamu harcamaları hedeflemesi, merkez bankasının bağımsızlığının artırılması hedefleri de konulmuştur. Bu programlarda genel olarak para arzının döviz karşılığında yapılmasına çalışılmıştır.

1994 yılında IMF'nin tavsiyesi ile başlayan para kurulu sistemi tartışmaları 1997 yılında hazırlanan Yeni Türk Lirası projesi ile yeni bir boyut kazanmıştır. Aynı dönemde iki ayrı Yeni Para uygulama projesi düşüncesi para kurulu sistemini gündemde tutmuştur. Asya Krizinin olumsuz etkileri sonucu çözüm olarak IMF tarafından para kurulu sistemine geçiş tavsiyesi tekrarlanmıştır. Yeni Türk Lirası ve para kurulu sistemi uygulamasının hayata geçirilememesine rağmen çözüm arayışları devam etmiştir. Bu arayışlar sonucunda, para kurulu sisteminin temel şartlarına uygun olarak "2000 Yılı Enflasyonu Düşürme Programı: Kur ve Para Politikası" adı altında döviz kuru hedeflemesi, enflasyon hedeflemesi, para arzının döviz karşılığın yapılmasını ve yapısal sorunların giderilmesi amaçlayan program hazırlanmıştır. Programın başarısı için siyasi kararlılık gösterilmesine, kamuoyu desteğinin sağlanmasına, güven ortamının oluşturulmasına, para politikası uygulamalarında şeffaflık gösterilmesine çalışılmıştır.

Parasal sistem arayışları içerisinde para kurulu sistemi üzerine yapılan çalışmalar gün geçtikçe artmaktadır. Bu çalışma, para kurulu sistemi teorisini açıklamayı, merkez bankacılığı sistemi ile karşılaştırmayı, geçmiş dönem ve günümüz uygulamalarından örnekler vermeyi, uygulamaların başarılarını ölçmeyi, avantaj-dezavantajlarını açıklamayı, Türkiye'de uygulanan para programlarının para kurulu sistemi ile benzerliklerini ortaya koymayı, diğer parasal sistem arayışları içerisinde para kurulu sisteminin yerini belirtmeyi ve sistemin Türkiye açısından değerlendirmesini yapmayı amaçlamaktadır.

Üç bölümden oluşan bu çalışmanın birinci bölümünde para kurulu sisteminin doğuşu, tanımı, uygulama koşulları, özellikleri ve merkez bankacılığı sistemi ile karşılaştırılması yapılmaktadır.

İkinci bölümde, geçmiş dönem ve günümüz para kurulu sistemi uygulamaları içerisinde ilk dönem para kurulu sistemi uygulamaları, yirminci yüzyıl para kurulu sistemi uygulamaları, para kurulu sistemi uygulamasının azalma nedenleri, günümüz uygulamalarından Hong Kong, Arjantin, Estonya, Litvanya, Bulgaristan örneği geniş bir biçimde ele alınmakta, bu ülkelerde para kurulu sistemi uygulamalarının birbirinden farklılıkları ve kullandıkları para politikası araçları, para kurulu sistemi uygulayan ülkelerin performans değerlendirmesi, para kurulu sisteminin avantaj ve dezavantajları incelenmektedir.

Üçüncü bölümde, Türkiye ekonomisinin analizi yapılmakta, Türkiye'de enflasyonu yenmeye yönelik para programları incelenmekte, "2000 Yılı Enflasyonu Düşürme Programı: Kur ve Para Politikası" adlı programın para kurulu sistemi ile benzeşmesi irdelenmektedir. Son olarak, Türkiye'deki parasal üretim mekanizmasının para kurulu sistemi açısından ekonometrik analiziyle çalışma sona ermektedir.

BİRİNCİ BÖLÜM

PARA KURULU SİSTEMİ VE İŞLEYİŞİ

I.PARA KURULU SİSTEMİ

Para kurulu sistemi insanoğlunun parasal disiplini sağlamaya yönelik sistem arayışlarından biridir. Sistemin geçmişi 19. Yüzyıl ortalarına dayanmasına ve merkez bankacılığı sisteminden sonra en çok uygulama olanağı bulan bir sistem olmasına rağmen yeterince tanınmamaktadır. Günümüzde büyük oranda ekonomik istikrarsızlıklarla yüz yüze kalan gelişmekte olan ülkelerin ve serbest piyasa ekonomisine geçmek isteyen ülkelerin parasal sistem arayışları para kurulu sistemine güncellik kazandırmıştır. Dünyadaki bu gelişmelerle birlikte Türkiye'nin 1990'lı yıllarda enflasyonu yenme çabaları para kurulu sisteminin tartışılmasına neden olmuştur. Bu bölümde para kurulu sisteminin doğuşu, tanımı, türleri, uygulama koşulları, özellikleri ve sistemin hangi ülkeler için uygun olacağı konuları ele alınmaktadır.

1.PARA KURULU SİSTEMİNİN DOĞUŞU

Para kurulu sistemi düşüncesinin ortaya çıkışına geçmeden önce İngiltere'nin 17-19. yüzyıl mali sisteminden bahsetmek gerekmektedir. Parasal düzenlemeler için İngiltere Bankası (Bank of England) 1694 yılında kurulmuş ve mali piyasadaki egemenliği 1750 yılına kadar sürmüştür. 1750-1810 yılları arasında İngiltere'de faaliyet gösteren banka sayısı 650'ye yükselmiştir. Artan özel banka sayıları ve her bir bankanın kendi adına para arz etmesiyle birlikte para arzı üretim mekanizmasında karışıklıklar olmuştur. Bu dönemde parasal sorunları irdeleyen iki okul ortaya çıkmıştır. Bu okullar; Nakit Okulu (Currency School) ve Bankacılık Okulu (Banking School) dur[1].

1.1.Nakit Okulu (Currency School)

İngiltere'de 18. ve 19. yüzyılda serbest bankacılık sistemi uygulanmıştır. Buna rağmen kanunlar yoluyla bankalararası rekabet engellenmiştir. 1708-1826 yılları arasında "İngiltere Bankası" (Bank of England) hükümetin borç ödemelerini para basarak karşılamış ve banka bu işlemlerden büyük oranda senyoraj elde etmiştir. Özel bankaların bastığı paraların çoğalması basılan paranın altın konvertibilitesinin bozulmasına yol açmıştır Bu nedenle İngiltere Bankasının monopol gücünden yararlanılması gerektiği belirtilmiştir. Bu tavsiyelerinden kısa bir zaman sonra İngiltere Bankası bağımsız bir şekilde kendi parasını basabilmek için çalışmalar yapmıştır[2].

İngiltere Bankasının güçlenen bu konumu sonucunda nakit okuluna bağlı iktisatçılar, 1797 ve 1844 yılları arasında sürekli olarak bankacılık düzenlemelerini tartışmışlardır. Bu iktisatçılardan Thomas Jeferson bankaların yalnızca mevduat işlemleri yapması ve banknot basmaması gerektiğini belirtmiştir. 1816 tarihinde John Taylor'a yazdığı mektupta, ordulardan çok bankalardan korkmak gerektiğini söylemiştir. John Adams ise bankaların altın

---

[1] Ö.Faruk Çolak, Selahattin Togay, "Para Arzının Kontrolüne İlişkin Monoterist Bir Yaklaşım", **Finansal Piyasalar ve Para Politikası, editör** Ö.Faruk Çolak, Alkım Kitapevi, Ankara, 1996 s.27.

[2] Kurt Schuler, **Currency Board**, Unpublished PHD.Dissertion, George Mason Univercity Virgina 1992. <www.erols.com./kurrency/webdiss1.html.> (Mayıs 1999)

Son yıllarda elektronik ortamda sunulan bilimsel çalışmaların sayısı artmaktadır. İnternet ortamından elde edilen kaynaklara atıf yapılması konusunda çalışmalar devam etmektedir. Bu çalışmalardan en fazla kabul göreni Amerikan Çağdaş Dil Derneği (MLA) tarafından geliştirilen yöntemdir. Bu çalışmada internet ortamından elde edilen kaynaklara MLA modeli esas alınarak atıfta bulunulmuştur. Geniş bilgi için bakınız. Çağrı Erhan, Elektronik Kaynakların Bilimsel Çalışmalarda Kullanımı, AÜ SBF Dergisi, 54(3), Temmuz-Eylül 1999, Andrew Harnack, Gene Kleppinger <http://www.csc.eku.edu/honors/beyond-mla>.

ve gümüş rezerv karşılığı dışında basacağı her kağıdın hiç bir şeyi temsil etmeyeceğini ifade etmiştir[3].

Ricardo, hükümetin monopol bir biçimde para basmasına ilişkin detayları anlatan (1824) kitabında para kurulunu tasvir etmekteydi. Para basmanın İngiltere Bankasının monopolünden ziyade bir devlet monopolünde olmasını ve basılan paralara karşılık tutulmasını belirtmiştir. İngiltere Bankası ve diğer bankaların bastığı banknotların 1833 yılında değeri düştüğünde, İngiltere Bankasının para basma ayrıcalığının gözden geçirilmesini bütün ülkelerde senyorajın devlete ait olması ve para basma işlemlerinin devlet monopolünde olması gerektiği fikrini tekrarlamıştır[4].

Nakit okulu iki temel konuya dikkat çekmiştir. Bunlardan birincisi, paranın altın akımına[*] hemen cevap verememesi ve banknot basımının altın para basımından daha kolay ve maliyetsiz oluşudur. Bu nedenle para basımının etkin bir kurum tarafından yapılması istenmiştir. İkincisi, para basım işlemlerinin mevduat işlemlerinden ayrılması için İngiltere Bankasının para basım ve mevduat hizmetlerini ayrı ayrı yürütecek biçimde yapılandırılması istenmiştir. Bu amaçla, para ve mevduat işlemlerinin birlikte yapılmasının düzensiz bir bankacılığa yol açtığı ileri sürülmüştür. Ayrıca basılan para ve mevduatlar için ortak rezerv tutulmasına karşı çıkılmıştır[5].

1.2.Bankacılık Okulu (Banking School)

Bankacılık okulu özel bankalara para basma izninin verilmesiyle bankacılık sisteminde rekabetin kendi kendine sağlanabileceğini

---

[3] J.K.Galbraith, **Para-Nereden Gelir Nereye Gider**, Çev: Nilgün Himmetoğlu-Belkis Çorakçı, Altın Kitaplar Yayınevi, İstanbul, Ekim 1990, s.41.

[4] Vural Fuat Savaş, **İktisatın Tarihi**, Avcıol Basım-Yayım, 2.Baskı İstanbul 1998, s.345.

[*] Altın akım mekanizmasına göre para arzındaki artışlar, yurtiçi fiyatları yükseltmekte, ithalat artarak ülke aleyhine gelişmekte ve ülkeden altın çıkmaktadır. Altın çıkışı ile birlikte para arzı azalmakta, fiyatlar düşmekte, ihracat artmakta, ülkeye altın girmekte ve bu mekanizma bu şekilde devam etmektedir. Çolak, Togay, Finansal Piyasalar ve Para Politikası, s.27.

[5] Schuler, Currency Board, <www.erols.com./kurrency/webdiss1.html.>

savunmuştur. Monopol biçimde para basma hakkına sahip olan İngiltere Bankası'nın diğer bankaların iflası durumunda bu bankaların paralarını ellerinde bulunduranların kayıplarını telafi edemeyeceğini belirtmiştir. Okul, sınırsız bir biçimde para basılmasına İskoçya Bankacılık sistemini örnek göstermiştir. Thomas Tooke, rekabetçi bir şekilde para basılarak para arzını genişletmenin fiyatları yükseltmeyeceğini, para arzı genişlemeden de fiyat artışlarının olabileceğini savunmuştur. Para arzının fiyat hareketlerine bağlı olarak artırılmasını istemiştir. Para arzının altın rezervlerine göre yapılmasının para darlığına yol açacağını ve para arzının piyasa talebine göre yapılması gerektiğini belirtmiştir[6].

Bu tartışmalar sonucunda 1844 tarihli "Bankacılık İmtiyaz Yasası" ile İngiltere Bankasına %100 altın karşılığı para basma zorunluluğu getirilmiştir. Bu zorunluluğa rağmen bu sistem bir para kurulu sistemi olarak ifade edilmemektedir. İngiltere Bankasının monopol bir biçimde para basma işlemi bütün İngiltere bankacılık sistemi altın rezervinin İngiltere Bankasında toplanmasına neden olmuştur. Para kurulu sistemi hakkında çalışmalar yapan Schuler'e göre teorik açıdan İngiltere Bankasının bankacılık bölümü her zaman maksimum düzeyde para basma imtiyazını koruyabilseydi, para kurulu olarak ifade edilebilirdi. Başka bir yorumla İngiltere Bankası bankacılık bölümü bağımsız bir biçimde iflasa gidebilecek varlığa sahip olsaydı, gene para kurulu olarak ifade edilebilirdi. Para basma monopolü İngiltere'de yerleştikten sonra monopolün ne oranda olması gerektiği gündeme gelmiştir[7].

Genel bir ifadeyle 1844 yılında hazırlanan Bankacılık İmtiyaz Yasası İngiltere Bankasını para kuruluna dönüştürme belirtileri taşımaktadır. Banka para kurulu sisteminde olduğu gibi karşılık bulundurmuş fakat bu %100

---

[6] Feridun Ergin, **Para ve Faiz Teorileri**, Beta Yayınları 2.Baskı İstanbul 1983. s.83.
[7] Çolak, Togay, s.27.

oranında olmamıştır. Diğer bankalar da mevduatlar için gerekli yabancı rezerv karşılığına sahip olamamıştır. Karşılık oranının %100 olmaması "İngiltere Bankası"nın para kurulu yerine merkez bankasına dönüştürülmesine olanak tanımıştır. İngiltere Bankasını merkez bankasına dönüştürmenin nedenlerinden birisi o dönemde İngiltere'nin dünyanın en güçlü ekonomisine sahip olması ve diğer ülkelerin İngiltere ekonomisine ve parasal sistemine bağımlılığıdır. İngiltere, para kurulu sistemini kendi ülkesinde uygulamamasına rağmen, ortodoks para kurulu sistemini geliştirmiş ve sistem İngiltere sömürgelerinde uygulanmaya başlanmıştır[8].

2. PARA KURULU SİSTEMİNİN TANIMI

Para kurulu sistemi basit bir ifade ile bir ülkenin parasal tabanının belirlenen sabit bir kur üzerinden döviz rezervlerine bağlı olarak düzenlenmesidir. Para kurulu, rezerv varlıklarını sabit bir oranda kurul parasına çeviren veya tersini yapan bir kurumdur[9]. Para kurulu sisteminin dolaşıma çıkardığı paraya karşılık tuttuğu yabancı ülke parasına "rezerv para", yabancı ülkeye de "rezerv ülke" denmektedir. Para kurulu sisteminde rezerv para olarak döviz tutulması gerekmesine karşın kuruluşundan günümüze kadar geçen zaman içerisinde altın, yabancı-yerli tahvil tutan kurullar da oluşturulmuştur[10].

Para kurulu sisteminde parasal tabanın döviz rezervlerine bağlı olması nedeniyle döviz gelirlerinde artış, ödemeler dengesini artırmakta, ödemeler dengesindeki artış dolaylı yoldan parasal tabanı artırmaktadır. Parasal tabanın ödemeler dengesindeki artışlar yoluyla yapılması nedeniyle para arzı üretimi konusundan herhangi bir devlet müdahalesine gerek duyulmamaktadır.

---

[8] Schuler, Currency Board, <www.erols.com./kurrency/webdiss1.html.>

[9] Balino, J.T.Tomas, Charles Enoch, August 1997, **Currency Board Arrangements Issues and Experiences**, IMF, Occasional Papers, Washington D.C. s.1.

[10] Gürgan Çelebican, "Para Kurulu Sistemi" **ASOMEDYA**, Temmuz 1998, s.32.

Finansal kurumlar için litikide sıkıntısı durumunda bir son başvuru mercii (LOLR, Lender of Last Resort*) bulunmamaktadır[11].

Para kurulu sistemi düzenlemelerinin iyi işleyip işlememesi kurul kurallarının etkin bir biçimde yerine getirilip getirilmemesine bağlıdır. Kurul kararları para kurulunun hareket sınırlarını belirleme açısından önemlidir. Merkez bankacılığı sisteminde finansal kararlar merkez bankası kanunları ile yapılmaktadır. Para kurulu sistemine geçen bir ülkenin ihtiyaç duyduğu temel kararlar, rezerv paranın seçimi, kur oranının belirlenmesi ve finans sektörünün güvenliğine yönelik olarak "güvenlik marjı"nın oluşturulmasıdır. Temel kararlar konusunda yapılacak değişimler için para kurulu ile hükümet arasında yetki sınırlarının belirlenmesi gerekmektedir[12].

Para kurulunun bağımsız bir kurum olması gerekmektedir. Finansal sistem içinde düzenleyici, maliye bakanlığı çatısı altında faaliyet gösteren veya mevduat sigorta fonu gibi hizmet sunan bir kurum olmamalıdır. Kurula yüksek düzeyli bir bağımsızlık verilmeli ve kanuni koruma sağlanmalıdır. Herhangi bir ekonomik kriz durumunda nakit sıkıntısı çeken bankaların kurtarılmasına yönelik izlenen yöntemler para kurulu sistemi düzenlemelerine ters olmamalıdır. Kurul ülkesi finansal sistemi liberal bir yapıyla dünyadaki diğer finansal piyasalarla entegrasyon içine girebilir. Aynı zamanda rezerv ülke finans piyasası ile yapılan entegrasyon dünyanın geri kalanı ile yapılmış

---

* Lender of Last Resort (Son Başvuru Mercii) Kriz zamanlarında piyasada zor durumda kalan tarafların, özellikle nakit konusunda ortaya çıkan sıkışıklıgın giderilmesiyle ilgilidir. Kriz zamanlarında nakte sıkışan taraf bankalardır ve son borç verici ise merkez bankasıdır. Merkez bankası bu işlemi reeskont kredileri yoluyla yapabilir. Bazen de merkez bankasının son borç vericilik görevini yapacağını duyurması krizi sona erdirmek için yeterli olabilmektedir. Melih Bulu, **Para ve Finans Ansiklopedisi**. Creative Yayıncılık ve Tanıtım Ltd.sti.1996,ss.1430-32.

[11] Bülent Gültekin, Kamil Yılmaz, **Para Kurulu: Nedir, Ne Zaman Gerekir?** Tesev Yayınları, İstanbul 1996 s.12.

[12] Charles Enoch and Anne-Marie Gulde, "Are Currency Boards a Cure for Monetary Problems", **IMF, Finance and Development**, December 1998, vol:35, no:4. <www.ımf.org.external/pubs/ft/fandd/1998/12/enoch.htm >(Haziran 2000)

anlamına gelmektedir. Finans piyasasında yabancı ortaklıklar kurmak, likidite sağlama olanağını artırmakta ve finansal sistemi güçlendirmektedir. Yapılacak olan entegrasyon döviz kontrollerini kaldıracak, faiz oranına müdahalelere gerek duyulmayacaktır. Finans sektöründe yurtiçi ve uluslararası parasal akımların gelişmesi para kurulunun son başvuru mercii olma gereksinimini azaltacaktır[13].

Para kurulu sisteminde rezerv para seçimi önemli bir konudur. Seçimde kullanılan kriterlerden birisi, seçilen paranın büyük oranda ülkeye geliyor olması ve seçilen paranın uluslararası piyasalarda geçerliliğinin yüksek olmasıdır. Günümüzde uygulanmakta olan 14 para kurulu ülkesinin 7 tanesi ABD Dolarını, 3 tanesi Alman Markını, 2 tanesi İngiltere Sterlini, 1 tanesi Singapur Dolarını ve 1 tanesi de Danimarka kronunu rezerv para olarak seçmişlerdir. Rezerv para seçiminde kullanılan bir diğer kriter de rezerv paraya sahip olacak ülke ile ticaret ve parasal akımların kuvvetli olmasıdır. Ticari bağın yüksek olduğu ülkenin parasının dışında bir paranın ülke içerisinde ikamesi yüksek düzeyde ise rezerv para seçimi güçleşmektedir[14]. Örneğin, Estonya'nın Avrupa ülkeleri ve Finlandiya ile ticari bağlarının yüksek olmasına ve Avrupa ülkeleri paralarının ülke içerisinde yaygın bir biçimde kullanılmasına rağmen, doların rezerv para olarak seçilmesi rezerv para teminini bir ölçüde güçleştirmiştir. Bulgaristan'ın IMF'den mali destek almasına rağmen Alman Markını rezerv para olarak seçmesi ticari bağın etkinliğini göstermektedir. Uygulamada para kurulu sistemini seçen bütün ülkeler tek parayı rezerv olarak seçmişlerdir.

---

[13] Kurt Schuler, "The Importance of Being Ortodox", **International Workshop on Currency Boards: Convertibility; Liquidity Management and Exit Conference,** 9 October 1999, Hong Kong Babtist University, Hong Kong, <www.hkbu.edu.hk/~econ/99wsSchuler.doc.>(Haziran 2000)

[14] Atish R.Ghosh, Anne-Maria Gulde, Holger C.Wolf, "Currency Boards: The Ultimate Fix?",**IMF Working Paper**, WP/98/8, January 1998, s. 9.

Para kurulu daha etkin bir parasal kontrol için, rezerv karşılığını büyük oranda nakit varlıklardan oluşturabilir. Rezerv karşılık oranı kurulun elinde bulundurduğu rezerv miktarına bağlı olarak değişmektedir. Para kurulları herhangi bir resesyon durumunda ekonomik ve politik rahatsızlıkları önlemek için çok seyrekte olsa devalüasyona veya revalüasyona başvurabilirler. Koloni para kurulları sterlinin uluslararası piyasada değer kaybetmesi ile revalüasyon yapmak zorunda kalmışlardır. Ayrıca, enflasyonun kurul parasının değerini artırması ve bu değer artışının uluslararası ticareti olumsuz etkilemesi nedeniyle bazı para kurulları devalüasyon yapmışlardır.

Para kurulu sistemini hayata geçirmek için gerekli olan zaman ülkeler arasında farklılıklar gösterebilir. Bu farklılıklar, kanun yapıcıların bilgi birikimine ve para kurulu kurallarını kanunlaştırmak için parlamenter sistemin etkin bir şekilde çalışıyor olmasına bağlıdır. Sistem ile ilgili kanunların çıkarılması parlamenter tartışmalar ile uzun zaman alabilir. Buna rağmen bazı ülkelerde para kurulu sistemine geçiş dönemi çok kısa olmuştur. Para kurulu sistemi uygulayan ülkelerin pek çoğu mevduat bankacılığı ve döviz hizmeti içeren birincil bankacılık hizmetine dayalı finansal sistemden interbank, repo, swap vb. işlemleri de içeren modern finansal sisteme geçiş yapmışlardır. Para kurulu uygulayan bazı ülkelerin ticari özellikleri para kurulu uygulamasının devam ettiği dönemde belirginleşmiştir. Örneğin, Batı Afrika'da fıstık ve kakao, Malezya'da kalay ve kauçuk, Hong Kong'da finansal hizmet ve tekstil bu ülkelerin en temel ihracat sektörleri olmuştur[15].

---

[15] Charles Enoch and Anne-Marie Gulde, "Are Currency Boards a Cure for Monetary Problems", <www.ımf.org.external/pubs/ft/fandd/1998/12/enoch.htm>

3.PARA KURULU SİSTEMİNİN TÜRLERİ

Ricardo'nun prensipleri doğrultusunda oluşturulan para kurulu sistemi parasal üretim için %100 rezerv para bulundurma zorunluluğu ve para politikası araçlarını kullanmama gibi katı kuralları içeren bir sistemdir. Böyle bir uygulamanın siyasi otoriteye para politikası konusunda hareket alanı sağlamaması ve yaşanılan bir takım ekonomik güçlükler, ülkelerin para kurulu sistemini esnekleştirmesine neden olmuştur. Ortodoks para kurulu sistemi olarak ifade edilen ilk uygulamalardan sonra esnekleştirilmiş uygulamalara yarı(melez) para kurulu sistemi, iki paralı sistem ile yapılan uygulamalara paralel para üreten para kurulu sistemi ifadesi kullanılmaktadır.

3.1.Ortodoks Para Kurulu Sistemi

Para kurulu sisteminin ilk oluşturulduğu modeldir. Bu modele göre bir ülkenin parasının yetkili bir kurul tarafından sabit kur ile %100 rezerv para karşılığında üretilmesidir. Karşılık rezervi yalnızca döviz olarak tutulmaktadır. Günümüzde merkez bankacılığı sisteminin kullandığı çok sayıda para politikası araçları kullanılmamakta, son başvuru mercii bulunmamakta, kamu finansmanı yapılmamaktadır. Bu model sadece ilk dönem para kurulu ülkelerinde uygulama olanağı bulmuştur[16].

Ortodoks para kurulu sisteminde döviz kuru iki nedenden dolayı sabitlenmektedir. Birinci neden, altın standardındaki gibi parasal üretimin ve dolaşımın otomatik olarak sağlanabilmesi isteği, ikinci neden, döviz kurunun sabitlenmesi ile döviz arbitrajı olanağının ortadan kaldırılmasıdır. Resmi

[16] Judy, Richard W., "Currency Boards: An Idea Whose Time Has Come", **Economic Reform Today, Banking and Financial Reform**, No. 1, 1995, Center for International Private Enterprise, Washington D.C. USA. <www.cipe.org/ert/015/guest.html> (Haziran 1999)

döviz kuru ile piyasa döviz kuru arasında farklılıkların olmaması, dövize yönelik spekülatif atakları önleyebilmektedir[17].

3.2. Yarı (Melez) Para Kurulu Sistemi

İlk para kurulu uygulamalarından ardından ortodoks para kurulu sistemi ilkelerinden sapmalar olmuştur. Karşılık rezervi olarak döviz dışında varlıklar tutmaya, para politikası araçlarının bir veya bir kaçının kullanılması ile merkez bankacılığı ve para kurulu sistemi arasında bir oluşum meydana getirilmiştir. 20. yüzyılın başlarında bu tür uygulamalar yaygınlaşmış ve ülkelerin ekonomik koşullarına göre farklı özellikler taşımıştır. Yarı (melez) para kurulu benzeri isimlerle ifade edilen bu sistemde, rezerv varlıkları içinde devredilebilirliği ve faiz kazancı yüksek tahviller tutulmaktadır. Tahvil faizleri ile bu tahvilleri tutma masrafları arasında kalan kısım ile kurula gelir sağlanmaktadır. Bazı para kurulu ülkeleri merkez bankası kanunlarının devam etmesini veya kurulun merkez bankası ile uyumlu çalışmasını istemektedirler. Arjantin'de kurul, merkez bankasının bir kurumu gibi faaliyet göstermekte, Estonya'da merkez bankası "bankacılık bölümü" ve "para basım bölümü" gibi departmanlara ayrılmaktadır. Böyle bir uygulama ile kurumların yetkilerinin belirlenmesi ve departmanlar arasında simetrik çalışılmanın sağlanması amaçlanmaktadır[18].

Merkez bankasının oluşumuna yönelik kurallar, bir para kurulu sisteminde merkez bankasının faaliyet göstermesi için yol gösterici olabilir. İkinci bölümde para kurullarının kullandığı parasal araçları gösteren tablo.28'de görüleceği gibi Arjantin Bankası ve Hong Kong Para Otoritesi birçok para politikası aracı kullanmaktadırlar. Bu ülkelerde para politikası

---

[17] Tsang Shu-ki, "Currency Board Complication:The AEL Model", Focused Researh Area, Hong Kong Babtist University, Hong Kong, February 1998, <www.hkbu.edu.hk/¨web.982.html> (Mayıs 1999)

[18] Charles Enoch and Anne-Maria Gulde, "Making a Currency Board Operational", **Paper on Policy Analysis and Assessment,** IMF, PPAA/97/10, November 1997, s.10

araçları kullanım yetkilerinin hangi kuruma ait oldugu belirlenerek, yetki karmaşası önlenmeye çalışılmaktadır. Merkez bankasının bulunduğu bir para kurulu sistemi oluşturulurken merkez bankasının rezerv yönetiminde nasıl bir fonksiyon taşıyacağı gözden geçirilmelidir. Nakit kullanımının yaygın olduğu eski mübadele dönemlerde para kurulu sisteminin ihtiyacı karşılaması daha kolaydır. Finansman sistemindeki teknolojik gelişmeler dolayısıyla paranın elektronik olarak el değiştirmesi ve nakit kullanmaksızın parasal akımların gerçekleştirilmesi uygulamaları farklılaştırmaktadır. Finansal araçların çeşitliğinin artması, sermaye akımlarının teşvik edilmesi, ülkeye yabancı sermaye giriş-çıkışını hızlandırmakta ve para kurulunun hareket alanının artışı uygulamada farklılıklara yol açmaktadır[19]. Günümüz para kurulu sistemi uygulamalarında farklılıklar ikinci bölümde ülke bazında ele alınmaktadır.

3.3.Paralel Para Üreten Para Kurulu Sistemi

Para kurulu sistemi oluşturmanın bir diğer biçimi, ülkede dolaşımda bulunan merkez bankası parası ile birlikte yeni bir paranın piyasa sürülmesi ve zaman içerisinde kurul parasının merkez bankası parasının yerini almasıdır. Paralel para üreten para kurulu sistemi oluşturmak, 60 gün gibi kısa sürüde tamamlanabilmiştir. Kuzey Rusya para kurulu günümüz iletişim araçları bulunmaksızın, 11 haftada uygulamaya geçirilebilmiştir. Paralel para üreten para kurulunun oluşturulabilmesi için izlenmesi gereken aşamalar şöyle sıralanabilir[20];

İlk aşamada, para kurulu sistemi için gerekli başlangıç rezerv karşılığı temin edilmelidir. Başlangıç rezervlerinin ne olacağı kurulun nasıl oluşturulacağına bağlıdır. Merkez Bankası, para kuruluna dönüştürülecekse, parasal taban için %100 rezerv karşılığına ihtiyaç duyulmaktadır. Sistemin

---

[19] Yam, Joseph, "A Modern Day Currency Board system", **Hong Kong Monetary Authority** 1999, <www.info.gov.hk/hkma/eng/public/mdcbs/content.htm> (Haziran 1999)

[20] Steve H.Hanke, Kurt Schuler, **Currency Board for Developing Countries: A Handbook**, ICE Press, San Francisco, 1994, ss. 65-72.

ihtiyaç duyduğu rezerv para, parasal taban büyüklüğüne ve döviz kuruna bağlı olarak değişmektedir. Ticari bankalardaki rezerv paranın hepsinin para kurulu parasına çevrilmesi gerekmemektedir.

Para kurulu sisteminde bankaların zorunlu karşılık uygulaması yoktur. Bankalar karşılık oranını kendisi belirlemektedir ve bu nedenle mevduatlarına cüzi bir oranda rezerv karşılığı tutmaktadırlar. Schuler ve Hanke'ye göre, merkez bankasının para kuruluna dönüştürülmesi durumunda gerekli başlangıç rezervinin dolaşımdaki para+vadesiz mevduatın %10'u oranında olması yeterlidir. Çünkü, para kurulu merkez bankasının dolaşımdaki parası için rezerv karşılığı bulundurmak zorunda değildir. Kurul parası oluşturulduğu miktarda rezerv karşılığı tutması gerekmektedir.

İkinci aşamada, para kurulu parasının vergi ödemelerinde ve kamu borçlanmalarında kullanımı zorunlu hale getirilmelidir. Özel kesimler tarafından yapılan borçlanmalarda bu tür zorunluluk bulunmamalıdır.

Üçüncü aşamada, para kurulu parası başlangıçta rezerv para miktarına eşit olarak basılmalıdır. Rezerv para arttığı oranda kurul parası artırılmalıdır. Kur bire-bir oranında belirlenirse rezerv paraya eşit oranda para basılmalıdır.

Son aşamada, para kurulu parası merkez bankası parasından daha istikrarlı olacağı için hesap birimi ve değer saklama aracı olarak kullanılacaktır. Bu işlem merkez bankası parasını kurul parası ile rekabet etmek zorunda bırakacaktır. Küçük ödemeler için merkez bankası parası büyük ödemeler için kurul parası kullanılmaya başlanılacaktır. Merkez bankası parasının dolaşımdaki paranın (MB parası+kurul parası) %10'undan daha aşağı düşmesi durumunda merkez bankası kaldırılmalıdır.

4.PARA KURULU SİSTEMİNİN GELİŞİMİ

İngiltere sömürgeleri, 19. yüzyılda büyük oranda sterlin ve bölgesel paralar kullanmaktaydılar. Sterlinin bu bölgelere ulaşımındaki aksaklıklar ticarette olumsuzluklar meydana getirmiştir. Sömürge ülkeleri bu aksaklıkları gidermek için sabit bir kur üzerinden sterlin karşılığında kendi paralarını basmak istemişlerdir. Bu isteğe ilk etapta İngiltere tarafından karşı çıkılmasına rağmen rezerv karşılığının sterlin olması, karşılıkların Londra'da tutulması koşulu ile kendi paralarını basmalarına ve para kurulu sistemi uygulamasına izin verilmiştir. Bu uygulama ile sömürgelerle İngiltere arasındaki parasal bağın devam ettirilmesi amaçlanmıştır. Bir diğer amaç, sömürgeler ile parasal birliğin sağlanması, kolonilerdeki askeri harcamalar için para taşımacılığının önlenmesi, kolonilerde kullanılan farklı paralar ve sterlin arasında sabit döviz kuru oluşturulabilmektir[21].

Para kurulu sistemi ilk kez Hint Okyanusunda bir İngiliz kolonisi olan Mauritius'da 1849 yılında uygulamaya konmuştur[22]. Mauritius Para Kurulu ilk uygulama olması nedeniyle para kurulu sisteminin temel ilkelerini belirlemiştir. Daha sonra Orta Afrika'daki İngiliz kolonileri, Güneydoğu Asya Ülkeleri, Orta Doğu ülkelerinin bazıları ve pek çok küçük ülke para kurulu uygulamasına geçmiştir. Seylan 1884 yılında, Penang ve Malarca 1899 yılında para kurulu sistemi uygulamaya başlamıştır[23]. Para kurulları 19. yüzyıl biterken koloni yönetimleri tarafından yaygın bir çözüm olarak görülmüştür. İlk para kurulu sistemlerinden sonra, para kurullarının tuttuğu karşılık bileşimleri ve oranlarında değişimler olmuş ve rezerv para ile kurul parası arasındaki dönüşümlerden komisyonlar alınmaya başlanmıştır[24]. 1899 yılında İngiltere'nin desteği ile Falkland Adaları'nda para kurulu sistemi oluşturulmuştur. Para kurullarına yeni geçen ülkeler Mauritius modelini

---

[21] A.J.Schwartz, "Currency Boards: Their Past, Present, and Possible Future Role", **Carnegie-Rochester Conference Series on Public Policy** Vol:39, North-Holland, 1993, s.151.
[22] Steve H.Hanke, "The Disregard for Currency Boards Realites", **CATO Journal**, Vol:20, No: 1, Spring/Summer 2000, s.50.
[23] John Williamson, **What Role for Currency Board?**, Institute for International Economic", Washington D.C. 1995, s.5.
[24] Schwartz. s.157.

benimsemelerine rağmen, zamanla sistemi kendi ekonomik yapıları doğrultusunda değiştirmişlerdir. Batı Afrika İngiliz sömürgelerinden Gambiya, Gana, Nijerya, Sierre Leone 1912 yılında ortak bir para kurulu oluşturmuşlardır. Batı Afrika para kurulu sistemi Mauritius ve Seylan para kurulu sistemine göre modern görünüşü ile daha sonraki para kurulu uygulamalarına örnek teşkil etmiştir[25].

İngiltere sömürgelerindeki para kurulu sistemi uygulamaları, diğer sömürgeci devletlerin de kendi kolonilerinde para kurulu sistemi uygulamalarına yol açmıştır. ABD, 1903 yılında Filipinler'de, 1904 yılında Panama'da para kurulu sistemine geçişte öncülük etmiştir[26]. İtalya aynı dönemde yönetimine kattığı Somali'de ve Libya'da para kurulu sistemine benzer bir sistemi uygulamaya koymuştur. Fransa da aynı şekilde para kurulu sistemine benzer bir sistemi "emisyon kurumları" gibi farklı bir isimle hayata geçirmiştir. Emisyon kurumlarında rezerv karşılık oranı, tedavüle sürülen paranın üçte biri oranında tespit edilmiş ve rezerv karşılığı olarak Fransız Frangı ile birlikte ülkenin yurtiçi varlıklarının tutulmasına izin verilmiştir[27].

Para kurulu sistemi hakkında ilginç bir uygulama Kuzey Rusya'da olmuştur. İngiltere hazinesi J.M. Keynes'in teşviki ile devrim sırasında Kuzey Rusya'da para kurulu sistemi uygulamıştır. İngiltere hazinesi Kuzey Rusya'nın tutmak zorunda olduğu rezerv parayı kendisi temin etmiştir. Bu uygulama yalnızca bir yıl sürmüş[28] ve 1919 yılı sonrası Kuzey Rusya'nın Polonya ve Sovyetler Birliğinin kontrolüne girmesiyle kurul sona ermiştir[29].

---

[25] Gültekin, Yılmaz, s.10.
[26] Norman S.Fielike, "The Quest for Sound Money: Currency Boards to the Rescue?", **New England Economic Review**, Federal Reserve Bank of Boston, November-December 1992, s.14.
[27] Gültekin, Yılmaz, ss.10-11.
[28] Williamson, s.6.
[29] Beyaz Rusya, Ülke Raporu, **ASOMEDYA**, Temmuz 1999, s.17.

Para kurulu sistemini uygulayan ülke sayısı 1940'lı yıllarda yaklaşık 50 adede ulaşmıştır. 1950'li yıllardan itibaren sömürge devletlerin bir kısmı siyasi-ekonomik bağımsızlık, ulusal paraya sahip olma ve merkez bankası araçlarını kullanabilme isteklerinden dolayı para kurulu sistemi uygulamasını terk etmişlerdir. Bu ülkeler, para kurulu sistemleri yerine merkez bankacılığı sistemine geçmişlerdir.

ABD Dolarının 1971 yılında altın karşılığının kaldırılması ile para ve mali disiplin sağlama sorunu ortaya çıkmıştır. Para kurulu sisteminde para arzının ödemeler dengesi yoluyla sağlanması zorunluluğu, parasal disiplin sorununu ortadan kaldırmaktadır. Parasal disiplinin mali disiplin sağlanmasına yardımcı olması, ilerleyen yıllarda para kurulu sistemine tekrar olumlu bir bakış açısı sağlamıştır[30].

Arjantin ve Brezilya'da 1980'lerde büyük oranda ekonomik istikrarsızlıklar yaşanmış ve bu ülke paralarının değerlerinde büyük dalgalanmalar meydana gelmiştir. Bu ülkelerden Arjantin'in sabit kur uygulama isteği para kurulu sistemine geçişte etkili olmuştur[31]. Estonya 1992 yılında, Litvanya 1994 yılında serbest piyasa ekonomisine geçmek, Bulgaristan Doğu Blokunun dağılmasından sonra ekonomik daralmayı önlemek ve enflasyonu düşürmek için 1 Temmuz 1997 tarihinde, Bosna-Hersek 1 Ağustos 1997 tarihinde para kurulu sistemine geçmişlerdir[32].

Endonezya, 1997-1999 döneminde yaşanan Asya krizi nedeniyle para kurulu sistemi uygulamasına geçmeyi düşünmüştür. Geçiş için gerekli olan

---

[30] Robert A.Mundell, "Currency Boards, Fixed Exchange Rates and Monetary Discipline" **Proceedings of a Conference on Currency Substitution and Currency Boards**, Edited by Nissan Leviathan, World Bank Discussion Papers, 207, The Word Bank, Washington D.C. 1993, s.27.

[31] R.A.Mundell, "Currency Areas, Common Currencies and EMU" **AEA Papers and Proceeding**, Vol:87, No:2, May 1997, s.214.

[32] Ghosh, Gulde, Wolf, "Currency Boards: The Ultimate Fix?", s.4.

rezerv karşılığını borçlanma yoluyla temin etmek istemiş ve bu istek IMF ve diğer finansal kurumlar tarafından uygun görülmediğinden Endonezya isteğinden vazgeçmiştir[33]

Brezilya 20. yüzyılın başından beri yüksek düzeyde enflasyon yaşayan ülkelerin başında gelmektedir. Ülkedeki yüksek faiz oranları, borçlanma olanağını olumsuz etkimiştir. Ülke bu yüzyıl boyunca gevşek bir para politikası uygulamış, uygulanan gevşek para politikası sermaye kaçışına ve yüksek düzeyli enflasyona neden olmuştur. Gevşek para politikalarının önüne geçilmesi, Arjantin'de yaşanan enflasyon başarısının Brezilya'da da yaşanabileceği düşüncesi, para kurulu sisteminin Brezilya'da uygulanması gerekliliği düşüncesini ortaya çıkarmıştır. Brezilya'da bütçe gelirlerinin artırılması, giderlerin azaltılması, etkin bir harcama politikasının sağlanması için mali reformun para reformundan önde gelmesi gerektiği düşüncesi, para kurulu sisteminin uygulanmasına neden olmuştur[34]. Robert Mundell, AB'ne katılma isteği olan ülkelerin üye kabul kriterlerini yerine getirebilmesi için para kurulu sistemine geçmelerini veya paralarını EURO'ya sabitlemelerini önermektedir[35].

5.PARA KURULU SİSTEMİNİN UYGULAMA KOŞULLARI

Her sistemi oluşturan kendine özgü uygulama koşullarının bulunması kaçınılmazdır. Para kurulu sisteminde ise sabit kur, konvertibilite, rezerv para bulundurma ve rezerv karşılığının %100 olması koşulları bulunmaktadır. Rezerv karşılığının %100 olmaması ve karşılığın rezerv para dışında varlıklardan oluşması durumunda sistem yarı para kurulu sistemine

[33] Kurt Schuler, "Information on The Currency Board Systme, Dollarization, and Related Topics", <http://users.erols.com/kurrency/intro.htm>

[34] Kurt Schuler, "Brazil's Yo-Yo Monetary Policy", January 1999, <www.erols.com/currency/brazil.html>, (Mayıs 1999)

[35] İpek Cem, "Nobel Ekonomi" Sabah Gazetesi, 18 Ekim 1999.

dönüşmektedir. Sistemin kendine özgü konvertibilite anlayışı olmasına rağmen, sabit kur, rezerv karşılığı bulundurma ve konvertibilite koşullarından herhangi birinin yerine getirilmemesi para kurulu sistemi uygulamasının yürürlükten kalktığı anlamına gelmektedir.

5.1.Sabit Kur İlkesi

Para kurulu sisteminde sabit kur uygulaması ile kurul parası ile rezerv para arasındaki değişim oranı sabitlenmektedir. Sabit kur sistemi uygulaması ekonomik koşullar ne olursa olsun değiştirilmemektedir. Seçilen döviz kuru etkinlik açısından ne aşırı derecede düşük ne de aşırı derecede yüksek belirlenmelidir. Belirlenen kur oranının piyasada oluşan kurdan farklılık göstermemesi gerekmektedir. Resmi kur ile piyasa kuru arasındaki farklılıklar spekülatif faaliyetlerin aşırı derecede yoğunlaşmasına neden olmaktadır. Herhangi bir depresyon ortamında spekülatif faaliyetlerin aşırı derecede yoğunlaşmaması için resmi kur ile piyasa döviz arasında farklılıklar önlenmelidir[36]. Döviz kuru istikrarının sağlanması için ülke içine döviz girişi ile para arzı işlemlerinin eş zamanlı yürütülmesi gerekmektedir[37].

Döviz kuru sisteminin seçimi ekonomiler için uzun bir tartışma süreci içerebilir. Belirli bir kur döviz kurunun sisteminin her ülkede aynı sonuca ulaşması beklenilemez. Ülkeler "pegged", "crawling peg" (yönlendirilmiş sabit kur), "crawling band" (yönlendirilmiş sabit band), "sabit", "sepet", "serbest" "managed floot" (gözetimli dalgalanma) kur sistemlerinden* birini

---

[36] Adam G.G.Bennett, "Currency Boards: Issues an Experiments", **IMF Finance and Development:** Cilt:32, Sayı 3; September 1995, s.41.

[37] Steve H.Hanke, "A Tale of Pesos: A Comparison of Currency Policies in Mexico and Argentina" 12 December 1995, <www.http//patriot.het/¨bernkopf/c-boards.html> (Kasım 1999)

* **Pegged Kur**: Spesifik bir kur oranının (genellikle yakın bir band) seçildiği ve oranın devamı için müdahale edildiği bir sistemdir. Devlet kur oranını korumak için döviz piyasasında kendi parasını veya döviz alım satımı yapmaktadır.Parasal taban hem yurtdışı hem de yurtiçi varlıklardan oluşabilir. Pegged Exchange Rate, <http//courses.ncsu.edu/classer/bus 42/03a/sld004.htm>
Crawling Peg: Bu kur sisteminde ülke parasının degeri sabitlenmiştir. Belirlenen sabit deger ülkenin

seçebilirler. Sistemin seçimi ekonomi politikalarının etkinliğini ve piyasanın serbestliğini belirleyen önemli bir karardır. 1990'larda Latin Amerika ve Doğu Asya'da yaşanılan krizler döviz kuru sistemi seçimi tartışmalarını artırmıştır. Gelişmekte olan ülkeler için döviz kuru seçimi, ücret ve kiraların ne kadar esnek olduğuna, para ve maliye politikaların etkinlik ve esnekliğine, sermaye hareketlerinin sınırlanabilme kapasitelerine bağlıdır. Herhangi bir ülke kur sistemini seçerken sermaye piyasasının açıklık oranına göre hareket etmelidir. Çoğu gelişmekte olan ülke için tamamen esnek bir kur politikası son derece maliyetli olabilir. Sermaye hareketleri kontrolünün zorlaşması ile spekülatif faaliyetlerin aşırı derecede yoğunlaşması ülkeyi krizlere sürükleyebilmektedir[38]. Para kurulu sistemi sabit kur uygulaması ile bu tür atakları önlemeye alternatif bir çözüm sunmaktadır.

Sabit kur ile pegged kur sistemi birbirine benzemelerine rağmen aralarında temel farklılıklar vardır. Pegged kurda serbest döviz piyasası yoktur, para ve döviz kuru politikalarını yürütmek için para otoritesine ihtiyaç duyulmaktadır. Parasal taban hem yurtiçi hem de yurtdışı varlıklardan oluşmaktadır. Pegged kurda para ve kur politikalarında çatışmalar olabilir. Örneğin ülkeye yoğun bir sermaye akımı olduğu zaman para otoritesi parasal taban içerisindeki yerel varlıkları azaltmak suretiyle sterilizasyon yapabilir. Parasal taban bileşenlerinden yabancı para ödemeler dengesi krizini önlemede kullanılamaz. Böyle bir işlemin yapılması para

---

ekonomik göstergelerine ve özellikle ödemeler dengesindeki gelişmelere bağlı olarak ayarlanmaktadır.**Crawling Band**: Ülke parasının değeri önceden açıklanmış sabit bir değer etrafında belirli limitler içinde dalgalanmaktadır. Sabit değer seçilmiş ekonomik göstergeler ve özellikle ödemeler dengesindeki gelişmelere bağlı olarak ayarlanmaktadır. **Managed Floot**: Para otoritesi döviz kurlarına müdahale etmekle birlikte bu müdahale önceden belirlenen kurallara göre yapılmaktadır. Azim Özdemir, Gülbin Şahinbeyoğlu, "Alternatif Döviz Kuru Sistemleri", TCMB Araştırma Genel Müdürlüğü, **Tartışma Tebligi**, Eylül 2000, ss.2-4.

[38]Jane Sneddon Little, Giovanni P.Olivei, "Rethinking the International Monetary System: An Overview", **New England Economic Review**, Federal Reserve Bank of Boston, Nov/Dec.1999,s.7-9.

politikası ve döviz kuru arasında çelişkiye neden olur, spekülasyonları artırır, devalüasyona yol açar. Bu tür bir işlem 1994 Meksika Krizinde yaşanmıştır.

Tablo.1.Serbest, Sabit ve Pegged Kur Sistemlerinin Temel Özellikleri

Kur Sistemi	Kur Politikası	Para Politikası	Parasal Taban Kaynakları	Kur ve Para Politikası Çatışması	Ödemeler Dengesi Krizi
Serbest	Yok	Var	Yurtiçi	Yok	Yok
Sabit	Var	Yok	Yurtdışı	Yok	Yok
Pegged	Var	Var	Yurtiçi+Yurtdışı	Var	Var

Kaynak: Steve H.Hanke, "How to Establish Monetary Stability in Asia", **CATO Journal**, Winter 1998, Vol: 17, Num:3. <www.cato.org/pubs/journal/cj17n3-9html>.(Ekim 2000)

Tablo.1'e göre, serbest kur sisteminde kur politikası, kur ve para politikası çatışması yoktur, fakat para politikası uygulaması vardır. Sabit ve dövize müdahale edilmemesi nedeniyle ödemeler dengesi krizi olmamaktadır. Pegged kur sisteminde ise kur müdahaleleri ve sterilizasyon uygulamaları ortaya çıkmakta, spekülatif baskılar oluşmakta, ödemeler dengesi krizi olabilmektedir. Serbest kur uygulamasının gelişmiş ülkeler, sabit kur uygulamasının gelişmekte olan ülkeler ve para kurulu ülkeleri, pegged kurun gelişmekte olan ülkeler için uygun olduğu vurgulanmaktadır[39].

Sabit kur sisteminin uygulandığı bir ülkede ülkenin kendisini krize hazırlaması zaman alabilmektedir. Bu noktada optimal kur oranının belirlenmesi gündeme gelmekte, cari hesap dengelerinin iyi tahmin edilmesi, sermaye akımların ülke aleyhine dönüştürülmemesi gerekmektedir. Ülkelerin sabit döviz kuru veya sürünen döviz kuru paritesi izlemesinin arkasında yatan bir olgu da, yerel para faiz oranı ile yabancı para faiz oranı arasındaki eşitsizlikleri önleyerek, sermaye akımlarının aleyhe dönmemesini sağlamaktır.

---

[39] Steve H.Hanke, "How to Establish Monetary Stability in Asia", **CATO Journal**, Winter 1998, Vol: 17, Num:3. <www.cato.org/pubs/journal/cj17n3-9html> (Eylül 2000)

Para kurulunun sabit kur sistemi izlemesi durumunda enflasyonun disipline edilebileceği düşüncesi hakimdir. Para kurulu sistemine sahip ülkelerin çoğunda enflasyon oranlarında düşüşler olmuştur. Sabit döviz kuru uygulaması ilk başta Arjantin'de olduğu gibi enflasyonu hemen düşürmese bile (1991 yılı %171,7, 1992 yılı %24,9) zamanla önemli oranlarda düşüşler sağladığı görülmüştür[40].

Para kurulu sistemi uygulamasına günümüzde de devam eden Arjantin, Brunei ve Darüsselam'da kurul parası ile rezerv para arasındaki kurun değiştirilebilmesi "yürütme yetkisine" dayanmaktadır. Estonya parasının değerini değiştirme yetkisi Estonya merkez bankasına verilmiştir. Litvanya merkez bankası yürütme organından izin alarak döviz kuru değişikliği yapabilmektedir. Sabit kur uygulaması para kurulu sistemi için zorunluluk, merkez bankacılığı sistemi için bir tercihtir. Bu nedenle para kurulu sisteminden farklı olarak merkez bankaları rezerv varlıklarını istediği oranlarda tutabilmektedir. Bu oran parasal tabanın %25-50-100 hatta %200 ü oranında olabilmektedir[41].

5.1.1. Döviz Arbitrajının Önlenmesi

Döviz arbitrajı, resmi döviz kuru ve piyasada arz talep koşullarına göre oluşan kur arasındaki farktan ekonomik birimlerin kar elde etmeleridir[42]. Para kurulu sistemlerinde tam konvertibilite ilkesi ile sınırsız bir biçimde kurul parası ve döviz (rezerv para) değişiminin yapılması piyasa kuru ve resmi kur arasında fark olması durumunda döviz arbitrajı sağlanmasına yol açabilmektedir. Piyasada oluşan döviz kuru, para

---

[40] Nissan Liviatan, "Summary and Evaluation of Main Topics" **Proceedings of a Conference on Currency Substitution and Currency Boards**, Edited by Nissan Liviatan, World Bank Discussion Papers, 207, The Word Bank, Washington D.C. 1993, s.xiii.

[41] Williamson, ss.16-17.

[42] Emel Yurt, "Arbitraj", **Para ve Finans Ansiklopedisi**, T.C.Ziraat Bankası ve Creative Yayıncılık Tanıtım Ltd. Şti., 1997, s.97.

kurulunun belirlediği döviz kurundan daha düşükse, bankalar piyasada kurul parası satıp karşılığında döviz alabilirler. Satın aldıkları dövizleri kurulda tekrar kurul parasına çevirerek aradaki kur farkından gelir elde edebilirler. Bankalar, atıl rezervlerini arbitraj elde etmede kullanabilmek için bu rezervlerin müşteriler tarafından bankadan çekilmesini önlemede piyasa kuru ve resmi kur arasındaki fark kadar bir (komisyon) işlem maliyeti uygulayabilirler. Komisyon uygulaması döviz kurunun istikrarını sağlamada bir faktör haline gelebilir.

Arbitraj amacına yönelik kurul parası ile rezerv para arasındaki değişim hacmini, bankaların veya para kurulunun bizzat kendisinin uyguladığı değişim komisyonları ve arbitraj geliri elde etmek isteyenlerin işlem maliyetleri (kurula gidiş dönüş, kırtasiye vb.) belirlemektedir. Arbitrajcılar değişim komisyonu ile kur farkından elde edeceği arbitraj gelirini karşılaştırmakta, kazancı ile katlanacağı komisyon gideri eşit ise bu işleme başvurmamaktadırlar. Düşük bir kazanç söz konusu ise kurula gidiş-dönüş, kırtasiye, ülkede bu tür işlemlere vergi uygulaması durumunda vergi giderlerini hesaba katmak zorundadırlar. Diğer bir yöntemle döviz işlemleri spot[43*] veya forward[**] biçiminde de yapılabilmektedir[44].

Para kurulu sisteminde döviz arbitrajına yönelik oluşan spekülatif amaçlı faaliyetlerin aşırı derecede yoğunlaşması ekonomik istikrarsızlıklara yol açabilir ve para kurulunun kredibilitesini azaltabilir. Para kurulu gereksinim duyduğunda döviz veya kurul parası temin etmek için değişim komisyonlarını (reeskont politikasına benzer biçimde) bir para politikası aracı olarak

---

[*] Spot:İki taraf arasında bir dövizin işlem tarihinde belirlenen kur üzerinden alış veya satışını iki gün sonra valörü ile gerçekleştirmektir. İşlemlerin gerçekleştiği piyasaya spot piyasa denilir. Döviz piyasası işlemlerinin 2/3 sini spot işlemler oluşturur.

[**] Forward: İki taraf arasında belirli bir döviz varlığı gelecekte belirli bir tarihte ve belirli bir fiyattan alınıp satılmak üzere yapılan sözleşmedir. Forward işlemlerinde süre iki tarafın antlaşmasına bağlıdır.

[44] Yam, "A Modern Day Currency Board system", <www.info.gov.hk/hkma/eng/public/mdcbs/content.htm>

kullanabilir. Kurul, spot ve forward işlemlerini bir politika aracı olarak kullanabilmesine karşın bu işlemin özel sektör tarafından daha etkin kullanımı kurulun parasal hedefleri gerçekleştirmesini güçleştirebilir. Para kurulu sisteminin iyi işleyebilmesi için kur oranının ve spot, forward döviz kurlarının sabit olması gerekmektedir[45]. Para kurullarının sabit kur uygulamasıyla döviz arbitrajı dalgalı kur sisteminde daha düşük düzeyde olmaktadır.

Fiyat arbitrajı, para kurulu sisteminde para arzını değiştirmede önemli bir faktördür. Para kurulu ülkesindeki fiyatlar rezerv ülkedeki fiyatlardan daha düşükse, ihracat yoluyla döviz girdisi artmakta, yüksekse tersi işlem ortaya çıkmaktadır. Böyle bir akımı önlemek için para kurulu yurtiçi fiyatları rezerv ülke fiyatlarına sabitleyebilir. Fakat bu işlemin ülkedeki nominal ve reel fiyatların aynı düzeyde kalmasını sağlayacağı kesin değildir[46].

5.1.2.Faiz Arbitrajının Önlenmesi

Faiz arbitrajı, yurtiçi faiz oranları ile uluslararası faiz oranları arasındaki farktan kazanç sağlanmasıdır. Bu kazanç, para kurulu sisteminde kurul parası faiz oranları ile rezerv para faiz oranları arasındaki fark ile oluşur. Kurul parası reel faiz oranı rezerv para reel faiz oranından yüksek ise, rezerv paralar kurul parasına çevrilip faize yatırılır, dönem sonunda elde edilen faiz+kurul parası rezerv paraya çevrilerek başlangıçtaki durumdan daha fazla rezerv para elde edilmiş olur. Faiz, günümüz para kurulu sistemlerinde etkinliği sağlayan araçlardan birisi haline gelmiştir. Özellikle sabit kur sisteminin uygulandığı ortamda kurul parası faiz oranlarının rezerv para faiz oranlarından yüksek olması durumunda, spekülatörler kurul parasına, tersi durumda rezerv paraya yöneleceklerdir. Kurul parası talep şiddetini, faiz oranları dışında etkileyen diğer faktörler; hükümetin uygulamış olduğu mali

---

[45] R A. Mundell, "Currency Areas, Common Currencies and EMU" s.216.

[46] Steve H.Hanke, Lars Jonung, Kurt Schuler, **Russian Currency and Finance, A Currency Board Approach to Reform**, ROUTLEDGE, New York 1993, s.65.

ve diğer ekonomik politikaların kredibilitesi, finansal sistemi etkileyen dışsal ve içsel çevre, ekonomik ve politik çevre vb. faktörlerdir[47]. Para kurulu faiz arbitrajını önleyebilmek için kurul parası ve rezerv para faiz oranlarının büyük ölçüde birbirine yakın olmasını sağlamaya çalışmaktadır.

5.2.Konvertibilite İlkesi

Konvertibilite, bir ülke parasının diğer ülke paraları ile sınırsız bir biçimde değiştirilebilmesi ve uluslararası piyasalarda işlem görmesidir. Uluslararası Para Fonuna göre, tam konvertibilite, geniş ve mutlak anlamda bir ülkede yerleşik olan veya olmayan gerçek ve tüzel kişilerin o ülke parası veya diğer yabancı paralar ile olan alacaklarını serbest bir şekilde yerine getirebilmesi ve diğer yabancı paralar ile değiştirebilmesidir. Konvertibilite için öne sürülen şartlardan[*] birinin eksik olması durumunda kısmi konvertibilite söz konusu olabilmektedir. Uygulamalarda özellikle yabancılar için kısıtlamalar bulunmaktadır[48].

Para kurulu sisteminde konvertibilite, kurul parası ile döviz (rezerv para) arasındaki sınırsız değişimdir. Geçmiş dönem para kurulu ülkelerinde konvertibilite yalnızca rezerv para-kurul parası arasında iken günümüz para kurulu ülkelerinde bütün uluslararası paralar piyasada işlem görmektedir. Örneğin, Hong Kong'da ABD Doları mevduatından daha çok Japon yeni mevduatı bulunmaktadır. Konvertibilitenin uygulanabilmesi için döviz kuru sistemlerinden herhangi birinin seçilmesinin yeterli olduğu ve sistemlerin birbirlerine üstünlüğünün olmadığı belirtilmektedir[49].

---

[47] Yam, "A Modern Day Currency Board system", <www.info.gov.hk/hkma/eng/public/mdcbs/content.htm>

[*] Şartlar hakkında geniş bilgi için bakınız, Rıdvan Karluk, **Uluslararası Ekonomi,** Beta Yayınları, İstanbul 1998, (s.293-96)

[48] Rıdvan Karluk, **Uluslararası Ekonomi,** Beta Yayınları, İstanbul 1998, ss.293-96.

[49] Yam, "A Modern Day Currency Board system", <www.info.gov.hk/hkma/eng/public/mdcbs/content.htm>

Konvertibilitenin uygulanabilmesi için üç unsurun dikkatli bir şekilde izlenmesi gerekmektedir. Birincisi; değişim işleminin yerine getirilebilmesi için konvertibilitenin kapsamının belirlenmesi, ikincisi; konvertibilitenin otorite tarafından denetlenmesi, üçüncüsü; konvertibilitenin yerine getirilme şeklidir. Konvertibilitenin yerine getirilmesi ve izlenmesi için işlemlerin bilançolar yoluyla takip edilmesi gerekmektedir. Konvertibilite uluslararası ödemelerin kolayca yapılmasına ve buna bağlı olarak ticari ve mali akımların gelişmesine yardımcı olmaktadır. Kurul tarafından seçilen rezerv paranın uluslararası piyasalarda geçerliliğinin ve güvenilirliğinin yüksek olması rezerv ülkenin kurul ülkesine döviz kazandırıcı bir yapıya sahip olmasını gerektirmektedir. Bu koşulu yerine getirebilmek için rezerv ülkenin istikrarlı, gelişmiş, rekabetçi bir yapıya sahip olması ve büyük ölçüde kendi gideriyle kendi gelirini sağlayabilmesi gerekmektedir. Bu nedenlerden dolayı para kurulu sistemine geçen bir ülke, rezerv para olarak konvertibilitesi ve satın alma gücü yüksek bir parayı rezerv para olarak seçmektedir[50].

Kurul ülkesinde her isteyen rezerv parayı kurul parasına çevirebilir veya tersi işlem yapabilir. Rezerv karşılığı olarak tutulan tahvil vb. böyle bir işleme tabi değildir. Bu şekliyle uygulamaya kısmı konvertibilite de denilebilir. Para kurulu parasal değişimi ve değişimden doğan işlem maliyetlerini azaltmak için minimum değişim miktarları belirleyebilmektedir. Örneğin, Jamaika ve Barbados 1000 sterlin, Batı Afrika Para Kurulu ise 10000 sterlin miktarında alt limit koymuştur. Bazı para kurulları, kurul parası ile rezerv para arasındaki değişime komisyon uygulamışlardır. Değişim komisyonu uygulaması ile döviz arbitrajı engellenebilecek ve döviz rezervi (rezerv para) veya kurul parasındaki

[50]Mahfi Eğilmez, "Konvertibilite", **Para ve Finans Ansiklopedisi**, Ziraat Bankası, 1996, s.1032-1033.

dalgalanmalar önlenebilecektir. Para arzı ve talebine yönelik dalgalanmaların önlenmesi ekonomik istikrar getirecektir. Uygulanan komisyonlar para kurullarına gelir sağlamasına karşın kural olarak para kurulunda böyle bir uygulama olmamalıdır[51].

Konvertibilitenin etkin bir şekilde uygulanabilmesi ve para kurulunun yükümlülüklerin yerine getirebilmesi için para kurulu sistemine %100 döviz rezerv karşılığı ile işe başlanmalıdır. Ortaya çıkabilecek herhangi bir banka başarısızlıklarını giderebilmek için fazla rezerv (%5-10) tutulması gerekmektedir. Hong Kong, 1983 yılında para kurulu sistemine tekrar döndüğü zaman "Döviz Fonu"nun rezerv parası konvertibilite ihtiyacından fazla, Arjantin'de ise parasal tabanı karşılayacak düzeyde olmuştur. Estonya, 1992 yılında para kurulu sistemine rezerv karşılık oranı %100 oranından daha düşük olarak başlamıştır. II. Dünya Savaşında Estonya'nın İngiltere Bankasında kalan altın rezervlerini Estonya'ya geri iade etmesi ile rezerv karşılığı %100 oranına aşmıştır[52].

Para kurulu sistemi uygulamasında rezerv para ile kurul parası arasındaki sınırsız değişimin herkes için geçerli olma şartı bazı ülkelerde yerine getirilmemektedir. Örneğin, Arjantin'de kurul parası ve rezerv para değişimi sadece bankalar ve Caja de Conversion arasında gerçekleşmektedir. Estonya'da para kurulu sistemine güvenilirlik sağlamak için her birime konvertibilite hakkı verilmesine rağmen, günümüzde bu işlemi yalnızca bankalar yerine getirebilmektedir. Hong Kong'ta ise para basma hakkına sahip olan 3 lisanslı banka Döviz Fonu'nda ABD Dolarını kurul parasına çevirirken; halk dövizi piyasadan sağlamaktadır[53]. Sistemde

---

[51]Hanke, Schuler, **Currency Board for Developing Countries: A Handbook**, ss. 76-77.
[52] Adam G.G.Bennett, "Currency Boards: Issues and Experiences", **IMF PPAA**/94/18, September 1994, s.45.
[53] Bennett, "Currency Boards: Issues and Experiences", s.40.

mevduat sahipleri mevduatlarını bankaların kambiyo bölümlerinde veya para kurullarında dövize çevirebilmektedirler.

Devletin döviz işlemleri üzerine koyacağı kısıtlamalar konvertibiliteyi zayıflatmaktadır. En katı uygulama ise bütün döviz işlemlerinin devlet kontrolünde yapılmasıdır. Her ülkenin ekonomik gelişimi için yabancı sermaye önemli bir faktördür ve para kurulu ülkesi için de rezerv para temin etme yoludur. Aynı zamanda sermaye hareketlerinin kısa süreli olmaması için sermayenin iyi kanalize edilmesi gerekmektedir. Birçok ülkede, hükümet döviz işlemlerine müdahalede bulunsa bile sermaye akımlarına müdahalelerde bulunmaz. Yabancı sermayenin doğrudan yatırımlar yoluyla gelmesi büyük bir avantaj iken banka ortaklıkları yoluyla gelmesi de para kurulu ülkesi bankaları için rezerv teminini (dolayısıyla LOLR rolünü) kolaylaştırmaktadır. Kurul, ülke vatandaşlarının ve yabancı uyrukluların ihracat ve ithalat yapabilmeleri için kurul parasının rezerv paraya, rezerv paranın kurul parasına kolayca çevrilmesini sağlayabilmelidir.

Para kurulu ülkede bankaların mevduatlarını kurul parasına çevirmek zorunda değildir. Bu nedenle bankalar ellerinde müşteri taleplerine yetecek kadar kurul parası tutmak zorundadırlar. Kurul parasını rezerv paraya çevirmek isteyenler yurtiçi mevduatlarını doğrudan yabancı sermaye bankalarına yatırabilirler. Bu işlem dolaylı olarak para kurulu parası için mevduatları nakde çevirmek ve kuruldaki yabancı nakdi banknota çevirmek yoluyla yapılmaktadır[54].

Para kurulu sisteminin kredibilitesini sağlamanın bir diğer yolu da rezerv varlıklarını İsviçre gibi güvenli bir ülkede tutmaktır. Rezerv varlıklarının yabancı bir ülkede olması para kurulu üzerindeki politik

---

[54] Kurt Schuler, "Information on The Currency Board Systme, Dollarization, and Related Topics" <http://users.erols.com/kurrency/intro.htm>

baskıları azaltacak ve ihtiyari para politikası uygulanmasını önleyecektir. Geçmişte sömürgelerin rezerv varlıklarını Londra'da tutmaları bu tür bir uygulamaya örnek olmasına karşın, günümüzde böyle bir uygulama mevcut değildir. Günümüzde bazı merkez bankaları döviz varlıkların yabancı ülke bankalarında tutmaktadırlar. Para kurulu sistemi oluşturulurken özellikle Doğu Avrupa ülkeleri için rezerv para olarak EURO'nun da seçilebileceği düşüncesi vardır. Tek para birimine bağlanmanın işlem maliyetlerini azaltıyor olmasından dolayı para kurulu sistemlerinde sepet kur uygulaması olmamıştır[55].

5.3.Rezerv Karşılığının Gerekliliği İlkesi

Ortodoks para kurulu sisteminde dolaşımdaki paranın %100'üne eşit miktarda döviz rezervi tutulmaktadır. Ortodoks olmayan para kurulu sisteminde rezervler altın, döviz, yerli ve yabancı tahvillerden oluşmaktadır. Yüzde 100 dışsal varlık tutulması gereksinim duyulan rezerv para miktarını artırmaktadır. Koşullar elverişli olursa para kurulu daha az likit olan ve daha yüksek kazançlı uzun vadeli varlıklar tutabilirler. Para kurulunun yerel veya yabancı tahvillerden sağladığı faiz geliri kazanç, rezerv para tutmaktan kaybettiği senyoraj, kayıp olarak değerlendirmektedir. Para kurulu elinde bulundurduğu rezerv para karşılığında faiz kazancı sağlayamamakta, rezerv ülkesine karşılıksız kredi vermiş olmaktadır[56]. Rezerv karşılık düzeyi ve maliyeti arasındaki ilişki şekil.1'de gösterilmektedir.

---

[55] Hanke, Jonung, Schuler, ss.75-76.

[56] Kurt Schuler, "Information on The Currency Board System, Dollarization, and Related Topics", <http://users.erols.com/kurrency/intro.htm>

Şekil.1.Rezerv Karşılığı Maliyeti

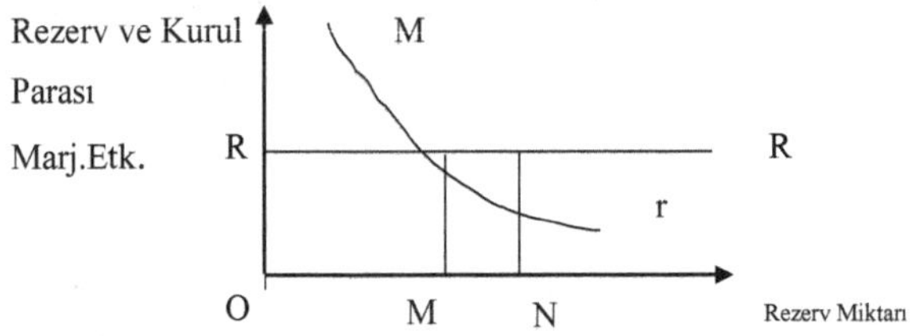

Şekilde RR doğrusu kurul parası marjinal verimliliğini, MP eğrisi rezerv para marjinal verimliliğini göstermektedir. MP eğrisi aynı zamanda rezerv para talep eğrisidir ve azalan marjinal verimler kanununa göre negatif eğilimlidir. OR'yi bir ülkenin kurul parası verimliliği olarak gösterelim. Bir para kurulu ülkesi faiz kazancı olmayan OM kadar rezerv para tutması durumunda rezerv maliyeti, rezerv karşılığında ürettiği kurul parasının marjinal verimliliğine eşit olacaktır. Ülkenin daha fazla rezerv para tutması durumunda (ON) rezervin marjinal verimliliği düşecektir. Kurul parası ve rezerv para verimliliği arasında r kadar bir açık oluşacaktır. Ülkenin bu açığı kapatmak için OM kadar rezerv para + MN kadar faiz getirili yerel ve yabancı tahvil tutması durumunda r kadar açığı faiz getirisi ile kapatarak, kurul parası ve rezerv para marjinal verimliliğini eşitleyebilecektir[57]. Para kurulunda faiz kazançları hazineye transfer edilebilmekte, faiz kazancı parasal taban büyüklüğü ve rezerv/mevduat oranına bağlı olarak değişmektedir[58].

[57] İlker Parasız, **Uluslararası Para Sistemi**, Ezgi Kitabevi Yayınları, Bursa 1996, ss.39-40.
[58] Leonardo Auernheimer, "Currency Boards and Policy Rules" **Proceedings of a Conference on Currency Substitution and Currency Boards**, Edited by Nissan Liviatan, World Bank Discussion Papers, 207, The Word Bank, Washington D.C. 1993, s.25.

Rezerv/mevduat oranı küçükse daha fazla para için daha fazla tahvil tutulması gerekecek, tahvil faiz geliri artacaktır.

Rezerv para miktarı ihtiyacı=brüt miktar-var olan rezerv para miktarı olarak hesaplanabilir. Para kurulu oluşturulacak ülkede merkez bankası dış varlıkları da rezerv hesabına dahil edilebilir. Merkez bankasının sahip olduğu dış varlıklar düşük miktarda ise temin edilmesi gereken yabancı rezerv miktarı yüksek olacaktır. Kurul rezerv karşılığını temin etmek için 3 yol izleyebilir. Birincisi; kamu iktisadi teşekküllerini satabilir veya kiralayabilir. İkincisi; IMF, Dünya Bankası gibi kurumlardan borç alabilir. Üçüncüsü; vergiler yoluyla kaynak temin edebilir ve sağlanan gelirler uluslararası piyasadan rezerv para temini için kullanılabilir[59].

Para kurulu sistemine geçişin ilk aşamasında dış varlık miktarı ne kadar az ise kurul para arzı da o oranda az olacaktır. Başlangıçta kurul parasının az olmasından dolayı ekonomik aktiviteler düşük olabilir. Para kurulu sistemine geçen ülkenin küçük olması rezerv teminini kolaylaştırmakta ve sistemin başarısını olumlu etkilemektedir[60]. Örneğin, Arjantin'in 1998 yılı itibariyle 300 milyar dolar GSYİH ve para kurulunun kullanabileceği 25 milyar dolar döviz rezervi büyüklüğü ile Estonya 3,5 milyar dolar GSYİH ve kullanabileceği 810 milyon dolar[61] döviz rezervi oranları birbirinden farklıdır. Estonya'nın GSYİH'nın ¼ oranında döviz rezervine sahip olması avantajlı görünmektedir.

Para kurulu sistemi faiz kazancından mahrum olmamak için rezerv paranın %30-50 arasındaki kısmını kısa vadeli, riski düşük ve getirisi yüksek tahvillere yatırabilir. Bu tahviller kısa vadeli olmasından dolayı likit varlıklar

---

[59] Hanke, Schuler, **Currency Board for Developing Countries: A Handbook**, ss. 72-73.
[60] James Tobin, "Financial Globalization: Can National Currencies Survive?" **Annual Word Bank Conference on Development Economics**, Washington D.C. 1998, ss.68-72.
[61] IMF, **Internatiolan Financial Statistics**, October 1999, Washington D.C. ss.92-95,88-93.

olarak adlandırılmaktadır. Geriye kalan %50-70 arasındaki rezerv para uzun vadeli (10 yıla kadar) mali araçlara (vadeli mali araçlar) yatırabilir. Para kurulunun pasifi ile rezervleri arasındaki oran %105-110 arasında değişmektedir. %100'ü aşan rezerv fazlasına "fazla rezerv" denilmektedir. Günümüzde bazı para kurulu sistemi uygulamaları ortodoks para kurulu sisteminden farklılıklar göstererek, karşılık oranlarında düşüşler görülmektedir. Arjantin'de karşılık oranı parasal tabanın %66 sına, Doğu Karaibler[*]'de %60'ına ve Cubiti 'de %70'ne denk gelmektedir[62].

Fazla rezerv merkez bankacılığı sisteminde aşağıdaki biçimde formülleştirilebilir[63].

$$TR = rd.D + ER$$

TR; toplam rezerv, ER; fazla rezerv, rd; kanuni karşılık oranı, D; mevduat

$$rd = TR/D$$

$$\frac{ER}{D} = e(TR)$$

(e), burada azalan bir fonksiyondur. Yani de/dR=e (R)<0 dır. Bu nedenle yüksek faiz oranlarının var olduğu bir bankacılık sisteminde fazla rezerv bulundurmanın maliyeti de yüksek olacaktır. Para kurulu sisteminde fazla rezerv kurul tarafından tutulmaktadır ve fazla rezerv bulundurmanın sebebi faiz değil, tamamen ekonomik resesyonlar için güvenlik marjı oluşturmaktır.

Para kurulu sisteminde likidite sıkıntısı içinde bulunan bankaları rahatlatmak amacıyla son başvuru mercii bulunmaması gerekmesine karşın bazı para kurullarında son başvuru mercii bulunmaktadır. Bu işlemi yerine

---

[*] Doğu Karaibler: Antigua , Barbuda, Dominic, Grenada, St.Kitts ve Nevis, St.Lucia, St.Vincent ve Grenadines'ten oluşmaktadır.

[62] Çelebican, s.12.

[63] Tezer Öçal, Ö.Faruk Çolak, **Finansal Sistem ve Bankalar**, Nobel Yayın Dağıtım, Ankara, Kasım 1999, s.86.

getirmek için fazla rezerve (güvenlik marjına) ihtiyaç duyulmaktadır. Bu durumda, para kurulları rezerv karşılığının %100'ünün üzerindeki güvenlik marjını piyasa düzenlemesine yönelik olarak kullanabilmektedirler[64].

Para kurulu ülkesinde rezerv paranın yaygın bir biçimde ikamesi söz konusu ise insanlar rezerv parayı kurul parasına çevirmeyeceğinden dolayı rezerv para talebi azalacaktır[65]. Yani ülkede para ikamesi (rezerv para olarak doları seçen para kurulları için=dolarizasyon) var ise ülkede kurul parası ile birlikte dolar kullanıldığı için karşılık rezerv miktarı azalacaktır. Para kurulunun %100 oranında rezerv karşılığı bulundurması parasal tabanı kolayca etkileyebilmesine ve parasal akımları etkin bir biçimde düzenlenebilmesine yol açacaktır. Bazı para kurullarının rezerv para miktarı parasal tabandan[*] veya M1[**] den daha büyük olabilmektedir[66]. Genişletilmiş parasal kavramlar için %100 rezerv karşılığı bulundurulması zorunlu değildir. Fakat herhangi bir kriz durumunda krize karşı koyabilmek için vadeli ve vadesiz mevduatları da kapsayan M2[***] para arzına da %100 karşılık ayrılması önerilmektedir[67].

Para kurulu sistemi uygulayan her hangi bir ülkede kriz esnasında ülke parası yabancı paralara tam konvertibilite garantisi ile değiştirilmeye

---

[64]Charles Enoch, Anne Maria Gulde, "Are Currency Boards a Cure for Monetary Problems", <www.ımf.org.external/pubs/ft/fandd/1998/12/enoch.htm>

[65] Hanke, Schuler, **Currency Board for Developing Countries: A Handbook**, ss. 68-70.

[*] Parasal taban: Merkez bankası tarafından tedavüle çıkarılan para (emisyon)+bankaların mevduatlarının belli bir oranda merkez bankasına yatırılan kısmı (zorunlu karşılıklar) +bankaların zorunlu karşılıklar dışında mevduat güvencesi ile kasalarında tuttukları serbest mevduatlar + açık piyasa işlemlerinden oluşur. Parasal taban işlem amaçlı tutulan paradır.

[**] M1:Dolaşımdaki para miktarı+vadesiz mevduatlardır. Paranın mübadele fonksiyonunu vurgulayan para miktarı ve "dar kapsamlı para miktarı" olarak da tanımlanır.

[66]Yam, "A Modern Day Currency Board system", <www.info.gov.hk/hkma/eng/public/mdcbs/content.htm>

[***] M2:M1+vadeli mevduatlar+mevduat sertifikası

[67] Bülent Gültekin, Kamil Yılmaz, "Para Kurulu Sistemine Geçiş" **Ekonomik Başak**, Sayı 99, Mayıs-Haziran 1998, s.32.

çalışılacaktır. Ülkenin yeterli rezerve sahip olup olmadığı konusunda rezerv para[****] (baz para/döviz rezervi Xdöviz kuru) ölçüsü kullanılmaktadır[68].

Tablo.2.Para Kurulu Sistemi Uygulayan Bazı Ülkelerin (baz para/döviz rezervi Xdöviz kuru) Oranları (1999)

Ülke Adı	(baz para/döviz rezervi Xdöviz kuru) Oranları
Bulgaristan	0,453
Estonya	0,868
Litvanya	0,855
Arjantin	0,729
Hong Kong	0,313

Kaynak; IMF, **Internatilonal Financial Statistics**, June 2000 verilerinden hesaplanmıştır.

Hong Kong para kurulu sistemi uygulamasında, rezerv oranının yüksek yani Baz para/döviz rezerviXkur oranının düşük olması bu ülkenin üretim ağırlıklı değil, hizmet ve finansal ağırlıklı bir yapıya sahip olması ile açıklanabilir. Bu ülke rezerv oranının yüksek olması nedeniyle kur ayarlamalarından ve devalüasyonlardan daha az etkilenmekte, finansal sistemin güçlü olması nedeniyle krizleri daha çabuk atlatabilmektedir[69]. Rezerv mevduat oranı ve nakit mevduat oranının istikrarını etkileyen faktörlerden biri de finansal yeniliklerdir. Finans alanında ortaya çıkan yenilikler hanehalkı ve bankaların ellerindeki fonların ekonomiye aktarımını hızlandırmakta ve ülke içerisindeki hareketini artırmaktadır. Rezerv mevduat oranı veya nakit mevduat oranları artışları para arzını düşürmekte, azalması durumunda ters etki yapmaktadır.

5.4.Tam Karşılık İlkesi

Para kurulu rezerv parası artmadıkça tedavüldeki parayı artıramayacaktır. Kurul parası ile döviz rezervi arasındaki değişim 1/5 oranında belirlenmişse, bir birim rezerv artışı ile 5 birim kurul parası artışı

[****] emisyon+zorunlu karşılıklar+serbest mevduatlar

[68] Nourial Roubini, "The Case Against Currency Boards: Debunking 10 Myths About The Benefits of Currency Boards", **Historical Development of the Agency**, Stern School of Business, New York University, February 1998, <www.stern.nyu.edu/asia/currency boards roubını.html> (Nisan 1999)

[69] Bedriye Saraçoğlu, "Küresel Krizler ve Türkiye İhracatının Geleceği" **İGEME**, Yıl: 3, Nisan-Haziran 99, Sayı:10. Ss.20-23.

sağlanacaktır. Kurul piyasadaki ekonomik birimlere (bankalar, fertlere, şirketlere vb.) kurul parasını döviz karşılığında satmak suretiyle (kayıt dışı ekonomi ve kara para olmadığı varsayımı) dolaşımdaki para miktarını belirleyebilecektir. Bu uygulama ile para miktarı piyasa ihtiyacına göre belirlenmiş olmaktadır. Ülkenin dış ödemeler dengesindeki açık ya da fazlalıklar rezerv para miktarını ve dolaşımdaki para miktarını belirlemektedir.

Tam karşılık ilkesi katı bir biçimde (%100) uygulandığında ülkenin katlanmak zorunda kalacağı alternatif maliyet yüksek olabilir. Rezerv paranın para kurulu kasasında efektif olarak tutulması ülkenin rezerv para ülkesine faizsiz kredi açması gibi bir sonuç ortaya çıkarmaktadır. Bu işlem para kurulunu senyorajdan mahrum bırakmaktadır. Para kurulu sisteminde, yerel varlıkların kazancı dışsal varlıkların faiz kaybını aşarsa; para kurulu sistemi kazançlı, tersi durumda maliyetlidir. Kurulun rezerv karşılığını tamamen altın veya değerli maden olarak tutması durumunda (altın para sistemindeki gibi) rezerv ülke, para kurulu ülkesinin kendisi olmaktadır[70].

6.PARA KURULU SİSTEMİNİN İŞLEYİŞİ

Para kurulu sisteminde kurul parasının yaratılması, parasal taban oluşum mekanizması, kurulun izlemiş olduğu para politikası, faiz politikası, kurulun ticari banka ile ilişkileri, kurulun gelir kaynakları, kurul ülkesinde yaşanılan para ikamesi ve kurul yönetimi merkez bankacılığı sisteminden farklılıklar arz etmektedir. Bu başlık altında sistemin işleyiş mekanizması ele alınmaktadır.

[70] Schwartz, s.170.

6.1.Para Kurulu Sisteminde Kurul Parasının Yaratılması

Ortodoks para kurulu sistemi parasalcı bir yaklaşımla paranın piyasaya çıkış sürecini kontrol ederek parasal güvenilirliği sağlamayı amaçlamaktadır. Sistem merkez bankacılığı sistemine oranla basit bir işleyişe sahiptir. Kurul esas olarak parasal tabanı düzenleme üzerine odaklanmıştır.

Para kurulunun oluşumu için kurul parasının rezerv karşılık oranı ne olmalıdır?, Rezerv karşılığı hangi tür varlıklardan oluşturulmalıdır?, Belirlenecek sabit kur hangi ülke para birimine göre hesaplanmalıdır?, Parasal değişim için para kuruluna kimler başvurabilecektir? gibi dört temel konu üzerinde karar vermek gerekmektedir[71].

Bazı para kurulu sistemlerinde ticari bankalar bulunmamakta veya bankalar yalnızca mevduat yaratan kurumlar olarak işlev görmektedirler. Ülkeye sermaye giriş-çıkışı olmadığı durumda cari hesap dengesine göre kurul parası azalacak veya artacaktır. Böylece, para arzı ile rezerv para arasındaki oransal ilişki tam olarak kurulabilecektir. Para kurulu sistemine bankaların kredi-mevduat yaratma fonksiyonları eklendiğinde, oransal ilişkinin sürdürülmesi güçleşmektedir. Banka mevduatlarının para ve kredi olarak kullanıldığı durumda oransal ilişkinin kurulması için üç temel koşul gereklidir. Bu koşulardan birincisi; ülkede, sermaye giriş-çıkışı olmaması, İkincisi; bankaların rezerv/mevduat oranının sabit ve tahmin edilebilir olması ve sonuncusu; hanehalkının nakit/mevduat oranı sabit ve tahmin edilebilir olması zorunluluğudur[72].

[71] Çolak, Togay, "Currency Board: Para Arzının Kontrolüne İlişkin Monetarist Bir Yaklaşım", **Finansal Piyasalar ve Para Politikası**, s.34.

[72] Coşkun Can Aktan, Utku Utkulu ve Selahattin Togay, **Nasıl Bir Para Sistemi? Parasal Disiplin ve Parasal İstikrar için Altenatif Öneriler**, IMKB, İstanbul 1998, s.170.

Yukarıda belirtilen koşulların yerine getirilmesi ile dar anlamda para hacmi cari işlemler dengesi ile aynı oranda büyümektedir. Sermaye hareketlerinin olduğu bir durumda oransal para arzı ve rezerv para arasındaki ilişki bozulmaktadır. Bankalar yurt dışından döviz borçlanarak, aynı rezerv/mevduat oranı ile daha fazla para yaratabilirler. Uzun dönemde halkın nakit/mevduat oranındaki değişmelerin etkisi bankaların rezerv/mevduat oranındaki değişimlerin etkisinden daha büyük olmaktadır.

Para kurulu sisteminde para ve maliye politikası uygulamalarına sınırlamalar getirilmektedir. Bu sınırlamalardan ilki, hükümete finansman açıklarını kapatmak için borç verilmemesidir. Hükümet, kuruldan borçlanamamasına alternatif olarak rezerv ülkesinden borçlanabilir. Uluslararası piyasalardan borçlanabilmek ülkelerin kredi itibarına göre değişmektedir. Para kurulu sistemi uygulayan ülkenin kredibilitesinin yüksek olabilmesi için bütçe denkliğini sağlamak avantajlı olmaktadır[73].

Para kurulu sisteminin oluşumunda izlenmesi gereken adımlar söyle sıralanabilmektedir[74]; İlk olarak, para kurulu sistemi kanunları oluşturulmalı, ikincisi; para kurulu için gerekli olan başlangıç rezervleri temin edilmeli, üçüncüsü; para kurulunun bastığı paraların başlangıç rezervlerinden daha fazla olmamasına dikkat edilerek %100 karşılık rezervi ilkesine bağlı kalınmalı, dördüncüsü; yeni paranın dolaşıma sürülmesi ve halka dağıtımının önceden kararlaştırılan esaslara göre yapılmalı, beşincisi; ülkede daha önceden bulunan finansal kurumların işlevlerine ve bütün yabancı paraların dolaşıma devam etmesine izin verilmelidir. Döviz bulundurma konusunda bir sınırlama olmamalı, piyasadaki işlemler yalnızca kurul parası

[73] Çolak,Togay, "Currency Board: Para Arzının Kontrolüne İlişkin Monetarist Bir Yaklaşım", **Finansal Piyasalar ve Para Politikası**, s.34.

[74] Hanke, Schuler, "Currency Boards and Currency Convertibility", **CATO Journal**, Winter 1993, vol:12, Issue 3, ss. 675-677.

ve kullanımına devam edilen merkez bankası parası ile yapılmalı, yabancı paralar arasında parasal rekabet sağlanmalı, altıncısı; iki paralı sistemin uygulandığı bir durumda para kurulunun yeni parası önceki para ile paralel bir şekilde dolaşıma devam etmeli ve rekabet sürdürülmeli, son olarak; kurul parasına konvertibilite garantisi verilmelidir.

Bu kurallara ilaveten sisteme işlerlik kazandırmak için yerine getirilmesi gereken kurallar şöyle sıralanabilir[75]; İlk olarak; para kurulunun parasal taban, toplam bilanço[*], kağıt para ve interbank işlemlerini yerine getirmek için borçlanma sertifikasına sahip olması gerekmektedir. (Bu uygulama yalnızca Hong Kong para kurulu sisteminde mevcuttur). İkincisi; para kuruluna işlerlik kazandırmak için parasal tabanın bileşenleri arasında tam dönüşebilirlik (ikame) olmalıdır. Üçüncüsü; konvertibilite bütün yabancı paraları kapsamalıdır. Dördüncüsü; para kurulu kurallarının uygulanması konusunda şeffaflık olmalı, parasal kurallar duyurulmalı ve kurallar para kurulu tarafından sıkı bir şekilde gözlenmelidir. Beşincisi; şeffaflık ilkesi gereğince parasal taban ve rezerv para varlıkları yayınlanmalıdır ve son olarak para kurulu kamu finansmanında kullanılmamalı, son başvuru merci rolü üstlenmemeli, faiz piyasasına müdahalelerde bulunmamalıdır[76]. Para kurulu sisteminin oluşturulmasında bu koşulların yerine getirilmesi başarı sağlayacaktır.

Para kurulu sisteminde kurul parasının yaratılması ortodoks para kurulu sistemi çerçevesinde ticari bankalar olmaksızın ele alındığında

---

[75] Yam, "A Modern Day Currency Board system", <www.info.gov.hk/hkma/eng/public/mdcbs/content.htm>

[*] Toplam Bilanço: Merkez bankası ile ticari bankalar tarafından tutulan rezerv hesapları ve clearing hesaplarının bilanço özetidir. Hong Kong da para otoritesi ile lisanslı bankalar tarafından tutulan clearing hesapları bilanço özetidir.

[76] Çolak, Togay, "Currency Board: Para Arzının Kontrolüne İlişkin Monetarist Bir Yaklaşım", **Finansal Piyasalar ve Para Politikası**, ss.34-35.

Rezerv para(Döviz)= $\frac{Parasaltaban}{dövizkuru(sabit)}$ esasına göre olmaktadır.

Para kurulu sabit döviz kuru ile parasal tabanı ayarlamaktadır. Değişik bir ifade ile, Parasal taban=rezerv para X döviz kurudur. Bu ifadeye göre, parasal taban döviz rezervlerine göre oluşmakta, para kurulunun emisyon üzerinde kendi insiyatifi bulunmamaktadır[77].

Para kurulu sisteminde döviz kurunun sabit kalabilmesi için parasal taban ile rezerv para stoku arasındaki ilişkinin bire bir olması gerekmektedir. Parasal taban döviz kurunun sabit kalması ile döviz rezervine bağlı olarak değişecektir. Ülkenin ihracat veya yabancı sermaye girişi gibi nedenlerle döviz rezervi %10 artarsa, sabit döviz kurunun korunabilmesi için parasal tabanın %10 artması, tersi bir durumda %10 azalması gerekmektedir. Ortodoks para kurulu sistemi gereğince para arzının itibari olarak yaratılması söz konusu değildir[78]. Bazı para kurulu benzeri sistemlerde ticari bankaların da kaydi para yaratabilmesi ile rezerv para ve parasal taban arasındaki ilişki rezerv/mevduat oranına göre değişmektedir. Arjantin yarı para kurulu sistemi olarak devlet tahvillerini uluslararası rezervlere eklemiş ve dolara veya altına endeksli devlet tahvillerinin merkez bankası içindeki payı %20 olarak sınırlandırılmıştır[79]. Bu işlem rezerv para ile parasal taban arasındaki bire-bir ilişkiyi ortadan kaldırmaktadır.

Para kurulunun sahip olduğu döviz varlıklarının artması, rezerv ülke halkının talep ettiğinden daha fazla para arz edilmesine neden olmaktadır. Rezerv ülke para arzı artığında kısa dönem faiz oranları düşmekte, fiyatlar yükselmektedir. Fiyatların artışı ile beraber ithalat eğilimi artmakta, cari

---

[77]Yamak, Rahmi, Haydar Akyazı, , "Fiyat İstikrarının Sağlanmasında Para Kurulu Sistemi ve Türkiye", **Atatürk Üniversitesi, İİBF Dergisi**, Cilt:12, Sayı: 1-2, Mayıs 1998, s.3.

[78]Carlos E.Zarazaga, "Argentina, Mexico, and Currency Boards: Another Case of Rules versus Discretion", **Economic Review,** Federal Reserve Bank of Dallas, 4th.Quarter 1995, ss. 15-16.

[79] Gültekin, Yılmaz, s.21.

hesap açığı ortaya çıkmaktadır. Kurul ülkesi yaptığı ihracat karşılığında döviz gelirlerini artırmakta ve dolaylı olarak da kurul parasını artırmaktadır. Kurul parası artışı ile fiyat ve faiz artışları, işlemi tersine çevirmektedir. Bu işlem, uzun dönemde kurul para arzını rezerv ülke para arzı ile yakınlaştırmaktadır. Kurul para arzının otomatik üretim mekanizmasına sahip olması, para kurulunun yurtiçine giren dövizi sterilize edecek araçlara sahip olmaması kurul para politikasının rezerv ülke para politikasına bağımlılığını artırmaktadır[80].

Para kurulu sisteminde sabit kurun sürdürülebilmesi ve sistemin başarılı bir biçimde çalışabilmesi için bütçe denkliğini sağlamak gerekmektedir. Bu amaçla vergi reformlarının, ülkedeki kamu payına göre özelleştirilmesinin yapılması, enflasyonist finansmanın önlenmesi, devlet sübvansiyonlarının kaldırılması, kurul parasını rezerv paraya dönüştürmek için yeterli karşılığın bulunması zorunludur.

Para kurulu ve Merkez Bankası bilançolarının sadeleştirilmiş hali tablo.3'de karşılaştırmalı bir biçimde görülmektedir.

Tablo.3.Para Kurulu-Merkez Bankası Bilançoları Karşılaştırması

Para Kurulu Bilançosu

Aktifler	Pasifler
Dış varlıklar Likit rezervler Yatırım rezervleri Fazla rezervler	Tedavüle çıkan para (Ticari Banka mevduatı) Öz varlıklar

Merkez Bankası Bilançosu

Aktifler	Pasifler
Dış varlıklar Likit rezervler Yatırım rezervleri İç Varlıklar	Tedavüle çıkan para Ticari Banka mevduatı Öz varlıklar

Kaynak: Bülent Gültekin, Kamil Yılmaz, **Para Kurulu:Nedir, Ne Zaman Gerekir?** Tesev Yayınları, İstanbul 1996 s.3-4.

---

[80] Aktan, Utkulu, Togay, s.169.

Bilançolarda görüldüğü gibi, para kurulunun aktif tarafını sadece dış varlıklar, pasif tarafını tedavüle çıkan paralar (emisyon) oluşturmaktadır. Merkez bankası bilançosuna baktığımızda aktif tarafta dış varlıklarla birlikte iç varlıkların da olduğu görülmektedir. İç varlıklar içerisinde hazineye, kamuya ve özel sektöre açılan krediler de bulunmaktadır. Krediler; reeskont, kısa vadeli avans ve selektif kredi politikaları yoluyla verilmektedir. Para kurulu sisteminde yalnızca dış varlıklar, merkez bankacılığı sisteminde ise iç ve dış varlıklar parasal tabanı belirlemektedir. Kurul, para politikası araçlarını kullanamamakta, banka sistemi ve özel kesimin para ihtiyacını rezerv para karşılığında parasal tabanı artırmak suretiyle yerine getirmektedir. Özel sektörün döviz satın alması durumunda parasal taban azalmaktadır[81].

Merkez bankası parasal tabanı kendi insiyatifi doğrultusunda iç ve dış varlıklar satın alarak artırabilir. Merkez bankası sterilizasyon uygulamasıyla özel kesimin döviz talep etmesi durumunda merkez bankası bir taraftan döviz satarak, diğer taraftan açık piyasa işlemleri ile iç varlıkları artırarak parasal tabanın küçülmesini önleyebilmektedir. Para kurulu sisteminin pasifinde banka mevduatı ve açık piyasa işlemleri olmadığından dolayı reeskont politikası, ticari banka zorunlu karşılık oranı ve likidite oranı gibi yaptırımları bulunmamaktadır. Döviz cinsinden serbest rezervlerin belirlenmesi bankalara bırakılmıştır[82]. Para kurulu ülkesinde finans sektörünün zayıf olması durumunda bankalar herhangi bir finansal krize karşı koyabilmeleri için para kuruluna munzam karşılık yatırma zorunluluğu getirilebilir. Bu işlem ile para kurulunun pasifine ticari banka mevduatı eklenmiş olmaktadır. Böylece, parasal taban miktarı emisyon ve ticari

---

[81] Yamak, Akyazı, ss.5-6.

[82] Almina Karasoy, "Para Kurulu Sisteminin Uygulaması", **TCMB Araştırmalar Genel Müdürlüğü Tartışma Tebliğleri**, Mayıs-Aralık 1996, ss.133-134.

bankaların kurulda bulundurduğu mevduata göre belirlenmektedir[83]. Merkez bankaları, para kurulu sistemine benzer biçimde bir para politikası izleyebilir. İç varlıklarını sabit tutarak parasal tabanı sadece dış varlıklarla değiştirme yoluna gidebilir.

6.2.Para Kurulu Sisteminde Parasal Taban Oluşum Mekanizması

Para kurulu parasal tabanı belirlemede aktif bir role sahip değildir. Para kurulu sisteminde para arzı için rezerv karşılığına ihtiyaç vardır ve para arzını artırmanın tek yolu rezerv para elde etmektir. Rezerv para elde etmenin en temel yolu cari hesap fazlası sağlamaktır. Cari hesap fazlası para arzını artırırken cari hesap açığı para arzını azaltmaktadır. Ayrıca ülkeye gelen doğrudan yabancı yatırımlar ve sermaye girişi rezerv para ve para arzı artışına yol açmaktadır[84].

İlk para kurulu sistemi uygulamalarında parasal tabanı yalnızca tedavüldeki paralar oluşturmuş, banknotlar günlük işlemleri yerine getirmede kullanılmıştır. Günümüzde büyük hacimli parasal işlemlerin elektronik veya diğer parasal araçlarla (çek, senet, tahvil vb.) yapılması, para kurullarının parasal kontrol amacıyla banknotlar üzerine yoğunlaşmasını yetersiz kılmıştır. Parasal taban nasıl tanımlanırsa tanımlansın, parasal tabanı oluşturan bileşenler arasındaki dönüşebilirlik (birbiri yerine geçebilirlik) kurulun etkinliği açısından dikkate alınmalıdır. Parasal tabanın bütün bileşenlerinin rezerv varlıkları yoluyla tamamen karşılıklandırılması gerekir. Para kurulu sisteminin başarısı için dönüşüm şartlarının dikkatli bir şekilde yerine getirilmesi gerekir. Parasal tabanı oluşturan kalemler arasındaki birbiri yerine ikame edilebilirlik, bankalara ve bireylere parasal seçim

---

[83] Gültekin, Yılmaz, ss.4-6.
[84] Hanke, Jonung, Schuler, ss.63-64.

olanağı sağlamaktadır. Bu seçim hem yabancı para hem de para kurulu parası tutulabilmesine imkan tanımaktadır[85].

Para kurulu ülkesinde herhangi bir bankaya gerekli izinler verildiği takdirde para kurulu ile beraber piyasaya para arz edebilir ve piyasadan rezerv para karşılığında kurul parası çekebilir veya geri ödeyebilir. Parasal değişimlerde ortaya çıkabilecek aksaklıklar basılan paraların tamamen döviz rezervleri ile karşılıklandırılmamış olmasına dayanmaktadır. Ticari bankalar merkez bankacılığı sisteminde olduğu gibi borç alan ve verenler arasında aracılık etmektedir. Bankalar ne kadar çok fazla borç verirse, borçlananlar o kadar fazla harcama yapmaktadır. Ticari bankaların borç verme kapasitesi talep edildiğinde mevduatları rezerve dönüştürecek kadar yeterli fazla rezerve sahip olma ile sınırlanmaktadır[86].

Ticari bankaların nakit/mevduat oranı değişimleri cari hesap ile parasal taban arasındaki ilişkiyi farklılaştırmaktadır. Örneğin, parasal tabanın %80 oranında rezerv para, %20 oranında devlet tahvili karşılığında oluşması parasal taban ve rezerv para arzı arasındaki ilişkiyi 1,25 oranına yükseltmektedir. Para kurulu sisteminde basitleştirilmiş bir biçimde para arzının içsel faktörlerle piyasa tarafından oluşumu ve parasal taban ve cari hesap arasındaki ilişki tablo.4 ve 5 aracılığı ile gösterilmektedir.

Tablo.4.Para Kurulu Sisteminde Basitleştirilmiş Para Arzı Artış Mekanizması

Cari hesap dengededir. (İhracat=ithalat)
İthal mallara olan yerel talep azalır veya para kurulu ülkesinin mallarına olan yabancı talep azalır.
Cari hesap fazlası oluşur (ihracat ithalattan fazladır)
Ticari banka rezervi artar
Ticari banka kredileri artar
Faiz oranı düşer
Gelir artar

[85] Yam, "A Modern Day Currency Board system", <www.info.gov.hk/hkma/eng/public/mdcbs/content.htm>
[86] Hanke, Jonung, Schuler, ss.63-64.

İç piyasa mallarına talep artar
Yurtiçi mal fiyatı artar
İthal mal talebi artar veya kurul ülkesinin ihraç mallarına yurtdışı talep azalır
Cari hesap tekrar dengeye gelir

Kaynak: Steve H.Hanke, Lars Jonung, Kurt Schuler, **Russian Currency and Finance, a currency board approach to reform,** ROUTLEDGE, New York, 1993, s.66.

Tablo.4'te cari hesap dengesi varsayımından sonra ithal mallara olan talebin azalması koşulu ile hareket edilmektedir.

Tablo.5.Para Kurulu Sisteminde Basitleştirilmiş Para Arzı Azalış Mekanizması

Cari hesap dengededir. (İhracat=ithalat)
İthal mallara olan yerel talep artar veya para kurulu ülkesinin mallarına olan yabancı talep artar.
Cari hesap açığı oluşur (ithalat ihracattan fazladır)
Ticari banka rezervi azalır
Ticari banka kredileri azalır
Faiz oranı artar
Gelir azalır
İç piyasa mallarına talep azalır
Yerli mal fiyatı azalır
İthal mal talebi azalır veya kurul ülkesinin ihraç mallarına yurtdışı talep artar
Cari hesap tekrar dengeye gelir

Kaynak: Steve H.Hanke, Lars Jonung, Kurt Schuler, **Russian Currency and Finance, a currency board approach to reform**. ROUTLEDGE, New York, 1993, s.67.

Para arzı üretim mekanizmasını sayısal açıdan incelemek için, ticari bankaların topladıkları mevduatın 1/50'sini nakit tuttuklarını ve hanehalkının ise paralarının 1/10'unu nakit tuttuğunu varsayalım. Başlangıçta cari hesapta denklik olduğunu ve kurul parasıyla rezerv para arasındaki değişim oranının bire-bir olduğunu kabul edelim. Dış ödemeler bilançosunda ortaya çıkan fazlalığın para kurulu ülkesi para arzına yansımasını para kurulu bilançosu, ticari banka bilançoları ve hanehalkı bilançosu yoluyla inceleyelim ve para kurulu ve ticari bankaların öz varlığını sıfır kabul edelim.

Ayrıca, bu mekanizmanın işleyişini tablolar yardımıyla irdelerken kabul etmemiz gereken bazı şartlar bulunmaktadır. Bunlar[87]; para arzının yalnızca para kurulu tarafından yapıldığı, ticari banka mevduatlarının sabit bir oranda para kurulu parasına konvertibil olduğu, rezerv/mevduat oranının sabit olduğu, nakit/mevduat oranının sabit olduğu, gelir ve para arzının aynı yönde hareket ettiği, para kurulu ülkesi ile rezerv ülke arasında uluslararası bankacılık birliğinin olmadığı, ödemeler dengesindeki değişimlerin yalnızca cari hesapları değiştirdiği ve sermaye hesabını değiştirmediği, kurul ve bankalar için belirli bir zorunlu rezerv karşılık oranının olmadığı ve bankaların-kamu kurumlarının yurtiçi işlemlerinde rezerv para kullanmadığıdır. Bu varsayımlar; ortodoks para kurulu sistemini ele almakta, uluslararası parasal birliğin olmaması ve para kurulu dışındaki kurumların rezerv para tutmaması, dolarizasyon olgusunu, sermaye hareketliliğini dikkate almaması gibi kısıtlar içermektedir.

Aşağıdaki tablo.6'da yer alan bilançolardan izlenebileceği gibi, başlangıçta kurulun 600 birim rezerv paraya ve %100 rezerv karşılık oranına göre dolaşıma sürdüğü para 600 birim, ticari bankaların 100 birimlik kurul parası tuttuğunu ve 4900 birim kredi verildiğini ve 5000 birim mevduata sahip olduğunu kabul edelim. Hanehalkının 5000 birim mevduatı ve 500 birim kurul parası olduğunu, aynı zamanda bankaların 4900 birim borcu ve 600 birim öz varlığı olduğunu kabul edelim.

Tablo.6.Para Kurulu, Hanehalkı ve Ticari Banka Başlangıç Bilançoları

Para Kurulu Bilançosu			
Aktifler		Pasifler	
Rezerv para	600	Dolaşımdaki para	600
Toplam	600	Toplam	600

[87] Hanke, Jonung, Schuler, s.164.

Ticari Banka Bilançosu			
Aktifler		Pasifler	
Kurul Parası (nakit)	100	Mevduat	5000
Plasmanlar	4900	Toplam	5000
Toplam	5000		

Hanehalkı Bilançosu			
Aktifler		Pasifler	
Mevduat	5000	Bankalar Borçlar	4900
Kurul Parası (nakit)	500	Öz varlıklar	600
Toplam	5500	Toplam	5500

Kaynak: Steve H.Hanke, Lars Jonung, Kurt Schuler, **Russian Currency and Finance, a currency board approach to reform**, ROUTLEDGE, New York 1993, s.165.

Sisteme ihracat sonrası 12 birimlik rezerv para girişiyle geniş anlamda parasal taban 5512 birime yükselmekte, rezerv/mevduat oranı 112/5012=0,2234 düşmekte, nakit/mevduat oranı ise 500/5012=0,0099761'e düşmektedir. Bu durum tablo.7'deki ihracat sonrası durumu gösteren bilançolar yardımıyla izlenebilir. Sonuç olarak, bankaların güvenli saydıkları orandan daha çok mevduat karşılığı tuttukları, hanehalkının elinde istenilenden daha az nakit bulundurdukları ortaya çıkmaktadır. Ticari bankalar plasmanlarını, hanehalkı ise elde tuttukları nakit parayı artırarak başlangıçtaki oranları yeniden kurma yoluna gideceklerdir.

Tablo.7.Para Kurulu, Hanehalkı ve Ticari Banka İhracat Sonrası Bilançoları

Para Kurulu Bilançosu			
Aktifler		Pasifler	
Rezerv para	612	Dolaşımdaki para	612
Toplam	612	Toplam	612

Ticari Bankaların Bilançosu			
Aktifler		Pasifler	
Kurul Parası (nakit)	112	Mevduat	5012
Plasmanlar	4900	Toplam	5012
Toplam	5012		

Hanehalkı Bilançosu			
Aktifler		Pasifler	
Mevduat	5012	Bankalar Borçlar	4900
Kurul parası (nakit)	500	Öz varlıklar	612
Toplam	5512	Toplam	5512

Kaynak: Steve H.Hanke, Lars Jonung, Kurt Schuler, **Russian Currency and Finance, a currency board approach to reform,** ROUTLEDGE, New York 1993, s.166.

Hanehalkının elinde tutmak istedikleri nakit oran "c" ile, ticari bankaların mevduat karşılık oranları "r" ile gösterilmektedir. Parasal çarpan formülü[88];

$\Delta M = \frac{1+c}{r+c}$ M0(parasal taban) para çarpanı formülüne örnekteki rakamları uygularsak,

$\frac{1+0,1}{0,02+0,10}$ 12=110 birim para arzı artışı sağlanmaktadır.

Aşağıdaki tablo.8'deki bilançolarda görülebileceği gibi parasal sistem yeniden dengeye ulaştığında parasal taban 110 birim artarak ticari bankalarının mevduat+kurul parası 5100+510=5610'a çıkmış, hanehalkının nakit/mevduat oranı 510/5100=1/10 düzeyine yükselmektedir.

Cari hesap dengesindeki 12 birimlik artış, dolaşımdaki parayı aynı oranda artırmasına rağmen, para arzını (dolaşımdaki para+ticari banka mevduatı) 110 birim artırmıştır. Para arzının büyüklüğünü etkileyen iki değişken ticari banka rezerv/mevduat oranı ve hanehalkı nakit/mevduat oranıdır. Rezerv/mevduat oranının ve nakit/mevduat oranının düşük olması para arzını artırmakta, yüksek olması para arzını azaltmaktadır.

---

[88] Rudiger Dornbusch, Stanley Fischer, **Macro Economics**, McGraw-Hill, Sixth Edition, New York: 1994, s.417.

Tablo.8.Para Kurulu, Hanehalkı ve Ticari Banka İhracat Sonrası Denge Bilançoları(1)

Para Kurulu Bilançosu			
Aktifler		Pasifler	
Rezerv para	612	Dolaşımdaki para	612
Toplam	612	Toplam	612

Ticari Bankaların Bilançosu			
Aktifler		Pasifler	
Kurul Parası (nakit)	102	Mevduat	5100
Plasmanlar	4998	Toplam	5100
Toplam	5100		

Hanehalkı Bilançosu			
Aktifler		Pasifler	
Mevduat	5100	Bankalar Borçlar	4998
Kurul Parası(nakit)	510	Öz varlıklar	612
Toplam	5610	Toplam	5610

Kaynak: Steve H.Hanke, Lars Jonung, Kurt Schuler, **Russian Currency and Finance a, currency board approach to reform**, ROUTLEDGE, New York 1993, s.167.

Günümüz para kurulu sistemlerinin para arzı mekanizması finansman sistemindeki teknolojik gelişmelerden büyük oranda etkilenmektedir. Paranın elektronik olarak el değiştirmesi, nakit kullanmasızın parasal akımların oluşması, sermaye girişlerinin teşvik edilmesi, bankaların yurt dışından borçlanabilmesi, bazı para kurulu sistemlerinde zorunlu karşılık oranları uygulanması, para arzı mekanizmasını karmaşıklaştırmaktadır.

Para kurulu ülkesinde rezerv para artışını takiben para arzının artması diğer koşullar sabitken kısa vadeli faiz oranlarının düşmesine, mal talebinin yükselmesine yol açmakta ve yurtiçi fiyatları yükseltmektedir. Para kurulu uygulayan ülkede rezerv paranın artması, rezerv ülkede halkın elinde tutmak istediğinden daha fazla düzeyde para olmasına bağlıdır. Bu zorunluluk uzun dönemde, para kurulu ülkesi ile rezerv ülke parasal genişlemesinin birbirine yakın ölçülerde olmasına yol açabilir. Sonuç olarak, para kurulu ülkesindeki parasal büyüklükler, büyük bir olasılıkla rezerv ülkede uygulanan para politikasına bağlı olacağı sonucuna ulaşılmaktadır[89].

6.3.Para Kurulu Sisteminde Para Politikası

Para kurulu, gücünü para kurulu sistemi kanunlarından almaktadır. Para kurulu sisteminin ilk uygulama türü olan ortodoks para kurulu hükümete, yerel şirketlere ve bankalara borç vermez. Hükümet, yalnızca vergileme veya borçlanma yoluyla harcamalarını finanse edebilir. Sistemin parasal düzenlemelere ilişkin kuralları hemen hemen dokunulmazlığa sahiptir. Kurulun yaptığı işlemlerde bağımsız olması esastır ve hükümet politikalarından etkilenmemelidir. Sistemin gerektirdiği kuralların dışına çıkılarak, rezerv para karşılığı olmaksızın para yaratılması, piyasa faiz oranına müdahale edilmesi gibi işlemler yapılmamalıdır. Para kurulu sistemi uygulamalarına yönelik işlemler açıklık ve şeffaflık içerisinde yerine getirilmelidir. Ödemeler dengesinin sağlanması için döviz piyasasına müdahale edilmemeli, tam konvertibilite ilkesinden vazgeçilmemelidir[90].

Günümüz para kurulu sistemi uygulamalarında para politikası araçlarının kullanımının artması ile döviz rezervleri son başvuru mercii kapasitesini; açık piyasa işlemleri hacmini, mevduat hesaplarını ve para arzını belirlemektedir. Kurul, döviz kurunu ve para talebini etkileyerek ekonomik istikrarı sağlamayı hedeflememelidir. Kurul parası veya rezerv para dönüşümünde komisyon uygulaması döviz ve faiz arbitrajlarını gidermede kullanılabilir. Sıkı maliye ve para politikası yoluyla enflasyonunun düşürülmesine çalışılmalıdır. Para politikası istihdamı

---

[89] Gültekin, Yılmaz,. ss.34-35.

[90] Steve H.Hanke, Kurt Schuler, "Currency Boards and Convertibility", **CATO Journal**, Winters 93, Vol.12, Issue 3, s. 689.

artırmak, faiz oranlarını düşürmek veya kredi hacmini belirleme amaçları için kullanılmamalıdır[91].

6.4.Para Kurulu Sisteminde Faiz Politikası

Para kurulu sisteminde faiz piyasasına müdahale edilmemekte ve faiz oranları piyasa koşullarına göre belirlenmektedir. Sistem, para kuruluna döviz rezervlerindeki artıştan dolayı ortaya çıkacak parasal taban artışını sterilize* edebilmek için açık piyasa işlemleri aracını kullanabilme olanağı vermemektedir. Para kurulu sisteminde faiz istikrarı diğer faktörlere göre daha kolay sağlanmaktadır. İkinci bölümde para kurulu performans değerlendirmesinde açıklandığı gibi para kurulu ülkesi faiz oranları rezerv ülke faiz oranları arasında %1-2 gibi küçük farklılıklar olduğu gözlenmektedir. Para kurulu ülkesi faiz oranlarının rezerv ülke faiz oranlarına yakınlaşması (eşit olması) spekülatif kazanç amaçlı faaliyetlerin aşırı derecede yoğunlaşmasını önlemede önemli bir faktördür. Bunlara ilaveten para kurulu parası faiz oranlarındaki düşüş kurul parasına güvenin sağlanabilmesine katkı yapmaktadır.

Para kurulu sisteminde faize müdahale edilmemesi esası olmasına rağmen yarı para kurulu sistemi uygulamalarında bankaların günlük ihtiyacını karşılayabilmek (interbank) ve faiz oranlarının yükselmesini önleyebilmek için piyasaya müdahaleler yapıldığı (Hong Kong) görülmektedir. Yarı para kurulu sisteminde kurul parasal ihtiyacını karşılayabilmek için kurul parası faiz oranı ile rezerv para faiz oranı farklılığını bir araç olarak kullanabilir[92].

---

[91] Richard W.Kopche, "Once and Future Monetary Regimes?" **New England Economic Review**, Federal Reserve Bank of Boston, May/June 1999, ss.25,26.

* Sterilizasyon: Ülkeye giren yada ülkeden çıkan altın veya dövizin para arzını ve fiyatlar genel düzeyini etkilemesini önlemek amacıyla uygulanan politikalardır.

[92] Çolak, Togay, "Currency Board: Para Arzının Kontrolüne İlişkin Monetarist Bir Yaklaşım", **Finansal Piyasalar ve Para Politikası**, s.35.

6.5.Para Kurulu Sisteminde Ticari Banka İşlemleri

Para kurulu, bankaların piyasa işlemlerinden ve kurul parası ile rezerv para değişiminden elde ettiği karlarda pay sahibi değildir. Herhangi bir resesyon döneminde bankaların likidite sıkıntısından kurtarılması için son başvuru mercii rolünü yerine getirmemektedir. Son başvuru merciinin olmamasına rağmen banka başarısızlıklarına ortodoks para kurulu sisteminde çok az rastlanmaktadır. Bazı ülkeler para kurulu sistemine geçmeden önce merkez bankası uygulaması sonucu oluşan bankacılık problemlerini miras alabilirler. Merkez bankacılığı sisteminde bankalar kanuni karşılık ve serbest rezervler (ihtiyat amacıyla) tutmaktadırlar. Para kurulu sisteminde bankalar merkez bankacılığı uygulamasında olduğu gibi mevduat karşılıklarını belirlenen bir oranda değil kendi koşullarına göre tutmaktadırlar. Kamu kurumları ticari bankalarda vadesiz mevduat tutabilmektedirler. Para kurulunun %100 ve daha fazla rezerv tutması bankalar için örnek teşkil etmektedir[93].

Para kurulu sisteminde zorunlu karşılığın olmadığı durumda bankaların likit varlık miktarlarını belirleyen bazı kriterler vardır. Bunlar; mevduat hacmi ve mevduat dönüşüm hızı, yükümlülük durumu (Vade yapısı), piyasanın para talebi (mudilerin), rezerv tutmanın fırsat maliyetidir. Bankalar bu kriterlere göre ellerinde likit bulundurmaktadır[94].

Para kurulu sisteminin oluşturulması, finansal ilişkilerin yeniden düzenlenmesine ihtiyaç duyuracaktır. Sistemin temel kurallarından birisi para kurulunun hükümete borç vermesine engel olmaktır. Merkez bankası uygulamasının devam ettiği para kurulu sisteminde merkez bankasının

---

[93]Kurt Schuler, Information on The Currency Board Systme, Dollarization, and Related Topics, <http://users.erols.com/kurrency/intro.htm>

[94] F.Humpage Owen, Jean M.Mclntire, "An Introduction to Currency Boards", **Economic Review**, Federal Reserve Bank of Cleveland, Vol:31, Issue, 2, Quarter 2, 1995, s.3.

devlet hesaplarını idare etmesi para kurulu sisteminin şeffaflığını azaltmaktadır. Para kurulu sistemi uygulayan bazı ülkeler (Hong Kong) merkez bankasına ait devlet hesaplarını ticari bankalara yönelterek faiz geliri sağlarken, birçoğu bu işlemi yapmayarak faiz kazancından mahrum kalmaktadır[95].

6.6.Para Kurulu Sisteminde Senyoraj Kaynakları

Senyoraj, paranın üretim maliyeti ile üzerindeki yazılı değer arasındaki farka denir. Fark, devlete gelir olarak kaydedilir. Kağıt paranın basım maliyetinin çok düşük olması nedeniyle, maliyet ile yazılı değer arasındaki fark yüksek olmaktadır. Bu yolla devlet vergi toplamadan veya borçlanmadan harcamalarının bir kısmını karşılayabilmektedir. Günümüzde senyoraj devlet için önemli bir gelir kaynağı haline gelmiştir. Diğer bir ifade ile senyoraj, para basımında monopol gücün kullanımının bir sonucu olarak hükümetin elde ettiği (satın alma gücü) reel gelirdir. Basılan kağıt ve ufaklık paralar mal ve hizmet alımında kullanılmaktadır. Rezerv ülkenin düşük maliyetle bastığı kağıt paralar ile para kurulu sistemine uygulayan ülkeden mal ve hizmet satın alması karşılıksız kazanç olarak ifade edilebilir. Senyoraj gelirini formülle gösterirsek[96];

$$\text{Senyoraj} = \frac{(M - M_{-1})}{p} = \left(\frac{(M - M_{-1})}{M}\right)\left(\frac{M}{P}\right) \quad \text{şeklindedir.}$$

Literatürde iki tür senyoraj kavramı tartışılmaktadır. Birincisi; parasal senyoraj kavramı, özel sektörün merkez bankasından M kadarlık baz para elde etmek için yapmak zorunda olduğu fiili kaynak transferini ifade eden parasal senyoraj kavramıdır. Bu transfer hükümetin para basmada monopol gücüne sahip olmasından dolayı elde ettiği gelirdir. Elde edilen gelir nominal

[95] Charles Enoch, Anne Marıa Gulde, "Are Currency Boards a Cure for Monetary Problems", <www.ımf.org.external/pubs/ft/fandd/1998/12/enoch.htm>

[96] Merih Paya, **Para Teorisi ve Para Politikası**, Filiz Kitapevi, 2.Baskı, İstanbul 1998, s.45.

olarak $S=\Delta M$ ve reel olarak $S=\Delta M/P$ biçiminde tanımlanabilir ve satın alma gücünü temsil etmektedir.

$$s=\Delta M/p=(\Delta M/M)\,(M/P)=P(M/P)$$
$$=(e+g)(M/P)$$

Bu denklemde; s= senyorajı, p= parasal genişleme oranını, e=enflasyon oranını g= ekonominin büyüme oranını, M/P= reel para dengesini göstermektedir.

İkinci tür senyoraj kavramı ise fırsat maliyeti yaklaşımıdır. Bu yaklaşımında senyoraj, nominal faiz oranı ile reel para balansı çarpımına eşittir.

$$S= i(M/P)$$

S=senyorajı, i= nominal faiz oranını göstermektedir.

Fisher özdeşliğine göre nominal faiz oranı = reel faiz oranı + enflasyon oranıdır. $i=r+e$, yi formülde yerine koyarsak;

$S=(r+e)(M/P)$ ortaya çıkar.

Sonuç olarak, parasal taban hükümete sıfır faiz oranı ile verilen bir kredi olarak ifade edilebilir[97].

Günümüzde özellikle azgelişmiş ülkeler için senyoraj en önemli ve zorunlu gelir kaynaklarından birisi haline gelmiştir. Yapılan araştırmalar Türkiye'de senyorajın önemli bir kamusal gelir kaynağını oluşturduğunu ve 1994 yılında senyorajın GSMH'da %4,76 bir paya sahip olduğunu göstermektedir. Bu payın %4,50 si devlete, %0,26'sı merkez bankasının kurumlar aracılığıyla kurduğu ilişkiyle özel sektöre gitmektedir[98].

---

97 M.H. Arslan, **Enflasyonist Finansman Teknikleri**, AK-BİL Yayıncılık, Bursa, Mayıs 1997,s.93-101.

98 Hakkı Soylu, **Türkiye'de Senyoraj Gelirleri ve Kamu Açıkları**, Sermaye Piyasası Kurulu, Yayın No:81, Temmuz 1997, s.67,

Bazı kolonilerin para kurulu sistemini kabul etmelerinde senyorajdan pay alma istekleri önemli rol oynamıştır. Koloniler bağlı oldukları ülkenin parasını kendi parası olarak kullanmaları durumunda senyorajın tamamen sömürgeci ülkeye gittiğini görmüşlerdir. Bu gelirin tamamen sömürgeci ülkeye gitmemesi için kendi parasını piyasaya sürerek, senyorajın bir kısmının ülke içerisinde kalmasını sağlamışlardır[99].

Para kurulları için en büyük maliyet para basma giderleridir. Diğer bir maliyet ise, kurul çalışanlarının ücretleridir. Para kurulu sisteminde az sayıda elemana ihtiyaç duyulması personel giderlerini azaltmaktadır. Farklı bir uygulama olarak kurul parasının yurt dışında basılması maliyetleri artıracaktır. Tahvillerden elde edilen yıllık faiz kazancı kurul parasının %4'ü oranında olması durumda, para kurulunun işlem maliyeti %0,5-1 arasında olması nedeniyle %3 oranında gelir elde edilebilecektir. Bu oran dünya genelinde GSYİH'nın %3-4 oranında senyoraj gelirine oranla tatmin edici düzeydedir[100].

Yeni yüzyılda parasal birlik oluşumlarının artacağı gözlenmektedir. Avrupa Para Birliği ve ABD'de parasal bölgelerin oluşturulmasına yönelik çalışmalar sürdürülmektedir. Uluslararası piyasada geçerliliği yüksek olan paraların pek çok ülke tarafından ulusal para olarak kullanılma (Ekvator, 9 Ocak 2000) olasılığı artmaktadır Sonuçta bir çok ülkenin uluslararası geçerliliği yüksek olan paraları ulusal para olarak kullanması sonucunda bu ülkelerin senyoraj elde etme olanakları tamamen ortadan kalkacaktır[101].

---

[99] Haydar Akyazı, **Para Kurulu ve Türkiye'de Uygulanabilirliği Üzerine Bir Araştırma**, Türkiye Bankalar Birliği, İstanbul 1999, s.82

[100] Hanke, Schuler, **Currency Board for Developing Countries. A Handbook**, ss. 80 81.

[101] Gülten Kazgan, **Küreselleşme ve Yeni Ekonomik Düzen, Ne Getiriyor? Ne Götürüyor? Nereye Gidiyor?**, Altın Yayınları, I.Baskı, Ekim 1997, İstanbul, ss.221-222.

6.7.Para Kurulu Sisteminde Ekonomik İstikrar

Sterlinin değerinde 20. yüzyıl boyunca büyük oranda dalgalanmalar olmuştur. Sterlinin altın karşılığının kaldırılması, dünyanın en geçerli parası iken bu konumunu kaybetmesi, sterlini rezerv para olarak kullanan para kurulu ülkelerinde ekonomik kayıplara neden olmuştur. Bu kayba rağmen, para kurulu ülkeleri büyük oranlı ekonomik krizlerle karşılaşmamışlardır. Bretton Woods sisteminin yıkılması sırasında para kurulu sistemi uygulayan bütün ülkeler istikrarlı paralara bağlanarak başarılı bir biçimde sabit döviz kuru ve tam konvertibilite ilkesini sürdürmüşlerdir. 1973 yılı petrol bunalımında para kurulları konvertibiliteyi koruyabilmişlerdir. Para kurulu sistemi uygulamasına devam eden en eski ülke Falkland Adaları'dır. Ülke 1899 yılında kurulduğundan beri İngiltere Paundu ile Falkland Paundu arasındaki 1£=1Falkland£ kur oranını devam ettirmektedir[102]. Sistemde para arzı mekanizmasının döviz artışına bağlı olarak otomatik biçimde yapılması ödemeler dengesi ve bütçe denkliğinin sağlanmasında etkinlik sağlamaktadır.

6.8.Para Kurulu Sistemi ve Para İkamesi (Dolarizasyon)

Para ikamesi, ulusal para yerine başka bir ülke parasının kullanılması olarak tanımlanabilir. Para ikamesinin oluşabilmesi için bazı şartlar gerekmektedir. Birincisi; ülke halkının yabancı para tutma eğiliminde olması, ikincisi; yabancı ve ulusal para büyüklüklerinin talep kanalıyla değişmesi gerekir. İthalatçılar, ihracatçılar, sık sık seyahat edenler, sınır ticareti yapanlar, dövizi tasarruf aracı olarak kullananlar para ikamesini artırmaktadır. Para ikamesi, enflasyon oranına, ekonomin kapalılık derecesine, reel büyüme hızına, döviz kuru rejimine, teknolojik gelişme seviyesi ve vergi sistemleri gibi faktörlere göre değişmektedir. Para ikamesi

[102] Hanke, Jonung, Schuler, s.81.

bir ülkedeki ulusal para kullanımını ve senyoraj gelirini azaltmaktadır. Türkiye'de yaşanılan enflasyonun önemli bir senyoraj sağladığı söylenebilir[103]. Türkiye'de 1999 yılında mevduatların %45'inin döviz tevdiat hesabı olması, enflasyonun ülkede para ikamesini artırdığına delil olarak gösterilebilir.

Para kurulu sistemi uygulayan ülkelerin büyük çoğunluğunun ve ülkelerden en büyük olanlarının rezerv para olarak dolar kullanmaları nedeniyle dolarizasyon konusuna da değinmek gerekmektedir. Resmi dolarizasyon ve resmi olmayan dolarizasyon olarak iki tür tanım yapılmaktadır. Resmi dolarizasyon bir ülke parasının tamamen elimine edilerek devlet tarafından dolar ile değiştirilmesi, bütün hesap ve ödemelerin dolar ile yapılmasıdır. Dolarizasyon ile finans sektöründeki (faiz, iskonto vb) oranlar ABD'deki düzeye getirilmektedir. Resmi olmayan dolarizasyon, halkın ekonomik faaliyetlerde yerel para yerine dolar kullanmaları ve üretimlerinin veya mallarının değerini dolar ile ifade etmeleridir[104].

Resmi dolarizasyon için aşağıdaki gibi bir model oluşturulabilir[105];

İlk aşamada, yeni bir ulusal para oluşturularak, bire-bir oranında dolara eşitlenir ve eski paraların belirli bir tarihe kadar değişimi istenir.

İkinci aşamada, piyasaya yeteri kadar yeni para sürüldükten sonra eski paralar piyasadan çekilir.

Üçüncü aşamada, ücretler, yükümlülükler, fiyatlar eski para biriminden yeni para birimine çevrilir.

---

[103] Emin Ertürk, **Türkiye İktisadında Yeni Bir Boyut Para İkamesi, Kavram, Teori, Oluşum Süreci ve Sonuçları**, Uludağ Yayınları, Bursa 1991, ss.11-14.

[104] Connie, Mack, "Issues Regarding Dollarization", **The Report of Subcommitte on Economic Policy The United State Senate,** July 1999, <www.senate.gov/~jec/bankıngdollar.htm>(Nisan 2000)

[105] Jeffrey A.Frankel, "Dollarization: Fad or Future for Latin America", **Economic Forum** IMF, Washington.D.C. June 24, 1999,

Son aşamada, faiz oranları ABD Doları ile aynı düzeye getirilir. Ödünç alım-verme ve diğer finansal işlemlerde vadeler değiştirilmez. Bu model kısmen ortodoks para kurulu sistemine ve daha çok paralel para kurulu sistemine benzemektedir. Dolarizasyon ile para politikası bağımsızlığı ortadan kalkacaktır. Dolarizasyon yaşayan ülkedeki cari hesap dengesizlikleri sonucu oluşabilecek ekonomik resesyonlar ülkeler arasında konuya yönelik bir anlaşma olmadığı takdirde Amerika Birleşik Devletleri merkez bankasının sorumluluk ve yükümlülük alanına girecektir[106].

Dolarizasyon olgusunun günümüz anlamı ile geçmişteki anlamı arasında değişmeler olmuştur. Geçmişte tasarrufların değerlendirilmesi amacıyla yurtdışında dolar hesapları açılırken, günümüzde yurtiçi bankalar tarafından döviz tevdiat hesapları açılmakta, muamele saikiyle dolar kullanılmakta, özellikle dayanıklı tüketim malları fiyatları dolar üzerinden belirlenmektedir. Döviz tevdiat hesaplarının açılması yetkililere finansal sistemi yönlendirebilme, ülke dışına sermaye kaçışını önleyebilme, döviz tevdiat hesaplarına uygulanan zorunlu karşılıklardan döviz rezervi sağlayabilme olanağı vermektedir. Bununla beraber yüksek enflasyonlu bir ülkede dolarizasyon enflasyon vergisini azaltarak Laffer eğrisini tersine çevirmektedir[107]. Dolarizasyon yaşayan ülkelerin dolara karşı esnek kur izlemesi reel faiz oranlarının belirlenmesini güçleştirmektedir[108]. Dolarizasyonda, ortodoks para kurulu sistemindeki gibi faiz politikasıyla

---

[106] Roberto Chang, "Dollarization: A Scorecard", **Economic Review**, Third Quarter 2000, Federal Reserve Bank of Atlanta, s.1.

[107] Sebastian Edwards, "Dollarization in Latin America", **Proceedings of a Conference on Currency Substitution and Currency Boards**, Edited by Nissan Liviatan, World Bank Discussion Papers, 207, The Word Bank, Washington D.C. 1993, s.1-3.

[108] Larry Sjaastad, "Dollarization and Real Interest Rates", **Proceedings of a Conference on Currency Substitution and Currency Boards**, Edited by Nissan Liviatan, World Bank Discussion Papers, 207, The Word Bank, Washington D.C. 1993, s.35.

döviz kurunu korumaya ihtiyaç duyulmamaktadır. Faize müdahale edecek bir kurum bulunmamaktadır.

Resmi dolarizasyon, para kurulu sistemlerinde yaygınlaşmaktadır. Kurul parasının değeri sabit kur üzerinden belirlenmekte ve para arzı otomatik olarak talebe göre dalgalanmaktadır. Yeterli rezerv para olmaksızın kurul parası basılamamaktadır. Bir ülke para kurulu sistemine (rezerv para=dolar) veya dolarizasyona geçtiğinde para politikası otomatik olarak ABD para politikasına bağımlı hale gelmektedir. Dolarizasyon ile enflasyon ABD enflasyon oranına yaklaşabilme ve dolarizasyon ülkesini dünyadaki finansal krizlerden uzak tutabilme ihtimali ile para kurulu sistemine benzer sonuçlara ulaşabilir. Dolarizasyon ile insanlar parasal varlıklarını çeşitlendirmezler. Devalüasyon ile kriz olasılığının azalması insanların tasarruf eğilimlerinin daha az değişmesine yol açmakta, hedging* anlaşmalarını azaltmaktadır. Dolarizasyonda devalüasyon riskinin olmaması son başvuru merciine ihtiyacı azaltabilecektir. Dünya ticaretinin büyük bölümünün ABD Doları ile yapılması nedeniyle dolarizasyon ülkesinin ticareti gelişebilir ve dış ticaretindeki işlem maliyetleri azalabilir[109].

Dolarizasyon, ticarette iki taraflı parasal antlaşmalardan daha etkili bir araç olabilir. Yabancı yatırımcılara yatırımların geri dönüşünde daha güvenli

* Vadeli piyasa işlemlerinde fiyat değişikliklerinden zarara uğramamak için alıcının veya satıcının ödeme antlaşması yapmasıdır. Bir bankanın müşterisinin (1 dolar=2,5 mark) hesabıyla bir ay vadeli dolar satışı yaptığını gözönüne getirelim. Sattığı doların miktarı 1 milyondur. Fiyat, satış anındaki kurdur. Ancak dolarlar bir ay sonra teslim edecektir. Vade tarihine kadar dolar kuru, 2,7 marka yükselirse banka 200 bin mark zarara uğrayacaktır. Bankalar genellikle açık pozisyon riski altına girmezler. Müşterilerine bir ay vadeli dolar satan banka, simultane, yani aynı anda yaptığı ikinci bir vadeli operasyonla 1 milyon dolar satın alır. Vade tarihinde dolar 2,7 marka yükselmiş olursa, birinci operasyondan kaybettiğini telafi eder. F.Ergin, **Ekonomi Ansiklopedisi**, 1 Numara ve Hearst Yayıncılık: Paymaş Yayınları

[109] Connie, Mack, (July 1999), "Issues Regarding Dollarization", **The Report of Subcommitte on Economic Policy The United State Senate,** <www.senate.gov/~jec/bankingdollar.htm>(Nisan 2000)

bir ortam sağlayabilir[110]. Dolarizasyon, Panama ve Şubat 2000 tarihinden itibaren Ekvator'da devam etmektedir. Latin Amerika ülkeleri de içine düştükleri ekonomik durumdan kurtulmak için dolarizasyonu çözüm olarak görmektedirler. Dolarizasyonu kabul eden ülkelerin senyoraj kayıplarının telafi edebilmek için ABD'ye dolar basım maliyeti karşılığında dolar satması önerilmektedir[111].

Hong Kong'da muhtemel bir dolarizasyon uygulamasının maliyetini belirlemeye yönelik çalışmada senyoraj kaybının 1998 yılı için 5,1 milyar HK$ (GSYİH'nın %0,6) olacağı hesap edilmiştir. Senyoraj kaybının telafi edilebilmesi için %3 oranında faiz oranı artışı ile yaratılacak enflasyonun, hükümetin uzun dönemli ödemelerinden elde edeceği enflasyon vergi kazancını GSYİH'nın %0,6'sına çıkaracağı hesap edilmiştir. Bu hesaba göre, Hong Kong'da muhtemel bir dolarizasyon uygulamasının olumsuzluklara yol açmayacağı belirtilmiştir[112].

6.9.Para Kurulu Sisteminin Yönetimi

Para kurulunun oluşturulabilmesi için çok az sayıda personele gereksinim duyulmaktadır. Geçmiş dönem para kurullarının bir çoğunda 3-8 arasında yöneticisi bulunmuştur. Kurul yöneticilerinin yetkileri sınırlandırılmış ve parasal tabanı ihtiyari biçimde etkilemeleri engellenmiştir. Bazı para kurullarında yöneticiler yabancı uyruklu olmuştur. Günümüzde para kurulu sistemi uygulamasına geçişte IMF'den borç alan ülkeye fon tarafından yönetici ataması yapılabilmektedir. Yöneticinin yabancı uyruklu olmasının politik baskıların azalmasına neden olacağı

---

[110] Francois R.Velde and Marcela Veracierte, "Dollarization in Argentina, Economic", **Economic Perspectives**, Federal Reserve Bank of Chicago, First Quarter 2000, s.30-32.
[111] William A.Niskanen, "Dollarization for Latin America?", **CATO Journal**, Vol:20, Num:1, Spring/Summer 2000, s.46.
[112] Kurt Schuler, "A Contingency Plan for Dollarizing Hong Kong", **Letters**, Vol:52, September 1998. <www.hku.kh/hkcer/articles/v52/kurt.htm> (Mayıs 1999)

düşünülebilir. Kurul personeli iki fonksiyonu yerine getirmektedir. Birincisi; para kurulu parası ile rezerv para değişimini yapmak, ikincisi; para kurulu varlıklarını rezerv paraya ve getirisi yüksek tahvillere yatırmaktır. Değişim işlemleri için daha az personele ihtiyaç duyulurken yatırım işlemleri için daha uzman personele ihtiyaç duyulmaktadır[113].

7.PARA KURULU SİSTEMİNE GEÇİŞTE ÜLKE UYGUNLUĞU

Günümüzde para kurulu sistemi uygulayan ülkeler uzun dönemde parasal istikrarı sağlamak amacıyla sisteme katılmışlardır. Bu ülkeler sisteme geçmeden önceki enflasyon oranlarına göre iki gruba ayrılabilir. Arjantin, Estonya ve Litvanya yüksek enflasyonlu ülke grubuna, Brunei Darusselam, Doğu Karaib Ülkeleri ve Hong Kong' düşük enflasyonlu ülke grubuna dahil edilebilir.

Para kurulu sistemine geçişte, ekonominin yapısı, ekonomi politikaların etkinliği ve hangi rezerv paranın uygun olacağının tespit edilmesi gerekmektedir. Buna rağmen para kurulu sisteminin, uluslararası piyasalarda parası geçerli olmayan herhangi bir ülkede uygulanmasının mümkün olabileceği belirtilmektedir. Dünyada uluslararası piyasalarda geçerliliği en yüksek olan paralar dolar, mark (EURO uygulanana kadar), yen, sterlin ve franktır. Gelişmiş ülkelerin yaklaşık %50'si, gelişmekte olan ülkelerin %5'i uluslararası piyasalarda geçerliliği olan paraya sahiptirler. Para kurulu sistemine geçen ülkeler seçilen rezerv paranın uluslararası geçerliliğini artırabilir[114]. Bu konuda Hong Kong'un 1999 yılında 96 milyar ABD Dolarlık döviz rezervine sahip olmasının doların uluslararası geçerliliğine katkı yaptığı söylenebilir.

---

[113]Hanke, Schuler, **Currency Board for Developing Countries: A Handbook**, ss. 77-78.
[114] Balino, Enoch, s.7.

Para kurulu sistemine geçerken ülke büyüklüğünün ne olması gerektiği konusunda tam bir açıklık yoktur. Geçmişte para kurulu sistemi uygulayan ülkeler farklı ekonomik büyüklüklerde olmasına rağmen, ekonomik başarı elde etmişlerdir. Günümüzde para kurulu sistemine devam eden Hong Kong, Arjantin, Estonya, Litvanya ve Bulgaristan gibi ülkelerde gelişme düzeyleri ve ülke büyüklükleri farklılıklar göstermektedir. Para kurullarının yalnızca açık ekonomiler* için uygun olacağı düşünülmektedir. Para kurulu sistemi için küçük ülkeye sahip olmanın yanında açık ekonomik yapıya sahip olmanın avantajlı olduğu görülmektedir. Tarihi açıdan bakıldığında para kurullarının hem kapalı, hem de küçük açık ekonomilerde iyi performanslar sergilediği görülmektedir. Hong Kong nispeten büyük bir ekonomiye sahip olmasına rağmen ihracatının GSYİH'ya oranının %100 den fazla olması ile dünyanın en açık ekonomisine sahip ülkelerinden birisidir[115]. Bununla beraber, bir ekonomi için para kurulu tarafından çıkarılan güçlü bir paranın yerine merkez bankası tarafından çıkarılan güçsüz bir paraya sahip olmanın avantajlı olmayacağı söylenebilir.

Para kurulu sistemine geçen küçük ekonomilerin etkinlik için daha yüksek oranda rezerv karşılığı tutması gerekmektedir. Ekonominin küçük olmasından dolayı para arzı az olmakta ve para arzı için gerekli rezerv karşılığının dış yardımlarla temini kolaylaşmaktadır. Para kurullarının küçük ekonomilerde, büyük ekonomilerden daha başarılı olmasında küçük ekonomilerin para kuruluna geçmesi ile senyoraj kayıplarının büyük ekonomilere göre daha az olması etkili olabilir[116].

---

* Açık Ekonomi: Dış ticaretin GSMH'da yüksek bir pay aldığı ve sermaye haraketlerinin serbest olduğu ekonomilerdir. Saruhan Özel, **Türkiye'de Enflasyon, Devalüasyon ve Faiz**, Alkım Yayıncılık, Aralık 2000, s.102.

[115] Williamson, ss.32-33.

[116] Mundell, "Currency Areas, Common Currencies and EMU", s.215.

Para kurulu sistemine geçmek isteyen bir ülkenin, ithalatın 3 veya 4 aylık değerine eşit rezerv paraya sahip olması gerektiği vurgulanmaktadır. Nispeten kapalı ve ithalatının GSYİH'ya oranı %10 olan bir ülkede, ithalat için GSYİH'nın yalnızca %2,5-3,5 civarında bir rezerv para tutulmaktadır. Nispeten açık bir ekonomide (ithalatın GSYİH'ya oranının %50 olduğu ülkede) GSYİH'nın %10-15'i oranında rezerv para bulundurmaktadırlar. Rezerv paranın GSYİH'ya oranı %4'ten %40'a varan rakamlarda olmasına rağmen, bu oranın normalde %10-15 civarında olması yeterli olabilir[117]. Türkiye açısından 1999 yılına göre bir hesaplama yapılırsa ithalatın 4 aylık kısmı 15 milyar dolar, GSYİH'nın %10'u 20 milyar dolar ve döviz rezervlerinin 25 milyar dolar olması teoriyi doğrulamaktadır. Hong Kong'un diğer ülkelere (Litvanya, Estonya, Bulgaristan ve Bosna) örnek olması para kuruluna geçmede diğer para kurullarından etkilenmenin varlığını ortaya koymaktadır.

II. PARA KURULU SİSTEMİ İLE MERKEZ BANKACILIĞI SİSTEMLERİNİN KARŞILAŞTIRMASI

Merkez bankası, ticari bankaların para arzını kontrol etme amacına yönelik işlem yapan bir otoritedir. Merkez bankası sistemi uygulaması sonucu yüksek düzeyli enflasyon ve ekonomik istikrarsızlığın yaşandığı ve parasal güvenilirliğin kalmadığı bir ortamda, para kurulu merkez bankası sistemine alternatif olmaktadır.

Para kurulu sistemi ve merkez bankacılığı sistemleri arasında önemli farklılıklar bulunmaktadır. Bu farklılıklar tablo.9'da görülmektedir. Para kurulu sisteminde uygulanacak parasal reformlar için yoğun bir hazırlık çalışmasına ihtiyaç duyulmaz. Sistemin basit bir işleyiş mekanizmasına

---

[117] Williamson, s.32-33.

sahip olması nedeniyle reformlar kısa sürede ve daha katı biçimde uygulanabilir. Merkez bankacılığı sisteminde parasal reformlar için bir hazırlık çalışması yapılması gerekmektedir. Reform hareketlerinin ne tür sonuçlara ulaşacağı tahmin yöntemiyle belirlenmeye çalışılır[118]. Diğer farklılıklar konular içerisinde ele alındığı için tekrardan kaçınılmıştır.

Tablo.9.Para Kurulu ve Merkez Bankacılığı Sistemlerinin Özellikleri

Para Kurulu Sistemi (ortodoks)	Merkez Bankacılığı Sistemi (Gelişmekte olan ülke)
*Para arzı, sabit döviz kurunda rezerv karşılığına bağlı olarak yapılır. *Rezerv karşılık oranı %100 dür. *Tam konvertibilite uygulanır *Kurala bağlı para politikası uygulanır *Son başvuru mercii yoktur. *Sistem şeffaftır. *Politik baskılardan korunmuştur. *Sistemin kredibilitesi yüksektir. *Yalnızca tahvil faizinden kazanç sağlanır. *Gelir amacıyla enflasyon yaratılamaz. *Kamu harcamaları finanse edilemez. *Para reformu için yoğun bir hazırlık çalışmasına gerek yoktur. *Parasal reform hızlıdır. *Az sayıda personel çalışır.	Para ve mevduat arzı sabit, sepet ve dalgalı döviz kuru uygulamasından herhangi birinde olabilir. Rezerv karşılık oranı değişkendir. Sınırlı konvertibilite uygulanır İhtiyari para politikası uygulanabilir. Son başvuru mercii vardır. Sistem yeterince şeffaf değildir. Politik baskılara maruz kalır. Sistemin kredibilitesi düşüktür. Faiz ve enflasyondan kazanç sağlanır. Gelir amaçlı enflasyon yaratılabilir. Kamu harcamaları finanse edilebilir. Para reformu için yoğun bir hazırlık çalışmasına gerek vardır. Parasal reform yavaştır. Çok sayıda personel çalışır.

Kaynak: Hanke, Jonung, Schuler, **Russian Currency and Finance: a currency board approach to reform,** ROUTLEDGE, New York, 1993. s.6. Hanke, Schuler, **Currency Board for Developing Countries: A Handbook,** ICF Press San Francisco, California, 1994, s.6.

Para kurulu sistemi ve merkez bankacılığı sistemleri karşılaştırması yapılırken para kurulunun merkez bankasından daha fazla kurallara bağlı kaldığı ve kurulun, kurala bağlı kalabilmesinde kamu otoritesinin güvencesinin etkin olduğu sonucuna varılmaktadır. Para kurulu sisteminde kurula verilen bu ayrıcalığın merkez bankasında da sağlanıp sağlanamayacağı sorusu akla gelmektedir.

---

[118] Steve H.Hanke, Kurt Schuler, **Currency Board for Developing Countries: A Handbook**, 1994, update June 2000. <www.erols.com/kurrency> (Ekim 2000)

Merkez bankaları ilk kez para arzını kontrol etmek amacıyla oluşturulmasına rağmen ilerleyen zamanlarda devletin bankası olma, kamu finansmanı sağlama, kredi arzını kontrol etme fonksiyonlarına sahip olmuştur. Ekonomik gelişmeler merkez bankalarının daha fazla fonksiyonlar elde etmesine neden olmuştur. Bankanın bazı önemli görevleri; para arzını kanunlar çerçevesinde düzenlemek, ülke parasının değerini korumak, para politikasını belirlemek, hazine adına bankacılık hizmetlerini yürütmek, finansal sisteme istikrar sağlamak, son başvuru mercii rolünü yerine getirmek, devletin hazinedarlığı görevini yerine getirmek, uluslararası ödemeleri yönetmek, altın ve döviz rezervi bulundurmak olarak sıralanabilir[119].

Merkez bankasının bu görevlerini sağlıklı bir şekilde yerine getirebilmesi için bankaya etkin bir hareket alanının sağlanması, devletin kurumları arasındaki yerinin ve fonksiyonlarının ne olması gerektiğinin bilinmesi gerekmektedir. Bu noktada bankanın bağımsızlığı ve özerkliği konusuna değinmek gerekmektedir.

Siyasi otoritenin hem para hem de maliye politikaları uygulama yetkisine sahip olması fiyat istikrarının sağlanmasını güçleştirmektedir. Bu zorluk karşısında para politikası yürütülme işlemlerinin merkez bankasına devredilmesi bağımsızlık olgusunu ortaya çıkarmaktadır. Merkez bankasının bağımsızlığı para politikasına ilişkin temel kriterleri belirleme konusunda kuruma verilen serbestliktir. Bu serbesti merkez bankasının kamu otoritesinden tamamen bağımsız olacağı anlamına gelmemektedir. Bağımsızlık ile siyasi otorite-merkez bankası arasındaki işbirliği ve yetki-sorumluluk paylaşımı akla gelmelidir. Tam anlamda merkez bankasının bağımsızlığından bahsedebilmek için yetki ve sorumluluğun birlikte

[119] Tezer Öçal ve diğerleri, **İktisat**, Gazi Kitabevi, Ankara 1997, ss. 422-425.

devredilmesi gerekmektedir. Sorumluluğun verilmediği bir durumda merkez bankası yetki kullanımını aşabilir veya daha rijit bir ifade ile yetkilerini kötüye kullanabilir. Merkez bankasının bağımsızlığı tanımını yaparken özerklik konusuna da değinmek gerekmektedir. Bağımsızlık ile merkez bankasının ekonomi politikasının diğer karar birimlerinin etkilerinden yasal olarak korunması, özerklik ile ekonomik ve politik ortamda, belli bir kurumsal çerçevede karar alma gücünün verilmesi anlaşılmalıdır[120].

Merkez bankası bağımsızlığı yasal ve fiili bağımsızlık olarak ikiye ayrılabilir. Yasal bağımsızlık, hükümet veya başka bir otorite ile merkez bankası ilişkilerinin ayrıntılı bir şekilde tanımlanarak, bankanın görev ve sorumluluklarının bir kanun ile belirlenmesi ve siyasi otoritenin ekonomi yönetimiyle ilgili bankaya baskı yapma veya etkilemelerinin önlenmesidir. Bağımsızlık düzeyi siyasi otoritelerin ekonomik önceliklerine göre değişmektedir. Fiili bağımsızlık, merkez bankasına verilen yasal bağımsızlığın ne oranda kullanıldığıdır. Fiili bağımsızlığı belirleyen unsurlar; merkez bankası başkanının görevde kalış süresi, başkanın diğer kurumlar ile ilişkileri gibi unsurlardır. Merkez bankasının başkanının statüsünün yasal belirlenme süreci gerçek bağımsızlığı belirleyen unsurlardan birisidir. Statüyü belirleyen yasanın çok açık olması durumunda bile fiili bağımsızlık oranı farklı olabilmektedir[121].

Merkez bankası bağımsızlığı yasal ve fiili bağımsızlık ayrımının yapılması ile birlikte politik, ekonomik ve fonksiyonel bağımsızlık ayrımı da yapılmaktadır. Politik bağımsızlık ile merkez bankasının siyasi otoritenin etkisinde bulunmaksızın kendi parasal politikalarını belirleyebilmesi anlaşılmaktadır. Politik bağımsızlığın kaynağını, banka ve siyasi otorite

[120] Aktan, Utkulu, Togay, s.111-113.
[121] Kadir Eser, "Merkez Bankasının Bağımsızlığının Makroekonomik Performans Üzerindeki Etkileri" **Uzman Gözüyle Bankacılık**, Sayı:7, Eylül 1994, s.60.

arasında oluşan kurumsal ilişki, siyasi otorite ve banka arasındaki işbirliğinin yoğunluğu, banka yöneticilerinin göreve atanma ve görevden alım şekli, siyasi otoritenin banka yönetimindeki etkinliği belirlemektedir. Ekonomik bağımsızlık ile merkez bankasının herhangi bir kısıtlama olmaksızın para politikası araçlarını kullanabilmesi anlaşılmaktadır. Ekonomik bağımsızlığın kaynağını, siyasi otoritenin bütçe finansmanında merkez bankası kaynaklarını ne oranda kullandığı, merkez bankası başkanının görev süreleri, siyasi otoritenin merkez bankası yönetiminde ne oranda söz sahibi olduğu ve merkez bankası başkanının uygulayacağı para politikaları için siyasi otoriteden izin alması belirlemektedir. Fonksiyonel bağımsızlığı ise bankanın para politikası oluştururken siyasi otoriteye bağımlılık oranı belirlemektedir[122].

Merkez bankacılığı sisteminde para politikası etkinliğinin sağlanabilmesi için sorumluluk kavramının yerine getirilmesi gerekmektedir. Merkez bankası uygulamaları toplumun bütün kesimlerini etkilemektedir. Bu nedenle merkez bankaları bir yandan bağımsızlıklarını korumaya çalışırken diğer yandan siyasi otoriteye ve kamuoyuna açıklama yapmak zorundadır. Bu işlem, siyasi otoriteye hesap verme şeklinde iken kamuoyuna uygulayacağı politikaları ve sonuçlarının neler olduğunu bilançolar ve sözlü olarak açıklamak şeklinde olmaktadır. Para kurulu sisteminde olduğu gibi şeffaflık ilkesinin yerine getirilmesi gerekmektedir. Her iki sistemde şeffaflık ölçüsü arttığı oranda kamuoyunun kurumlara güveni artmaktadır[123].

Merkez bankacılığı sisteminin başarısını ölçmeye yönelik en önemli araştırma Cukierman-Webb-Neyapti'nin Dünya Bankası desteğiyle 1992 yılında yapmış oldukları çalışmadır. Bu çalışma 21 gelişmiş, 51 gelişmekte

---

[122] Akyazı, s.15.
[123] Aktan, Utkulu, Togay, ss.115.

olan ülkeyi ve 1950-1989 yıllarını kapsayan bir bağımsızlık ölçümünü kapsamaktadır. Ülkelerin yasal bağımsızlıklarını ölçmeye yönelik teste merkez bankası kanunları, başkan ve üyelerin görev süreleri, kamu kesimine yapılan finansman, merkez bankası amaçlarının belirlenmesi ve para politikasının belirlenme şekli kriterleri kullanılmıştır. Bu kriterlere en yüksek bağımsızlık endeksi sırasıyla Almanya, İsviçre, Avusturya, Danimarka ve ABD'dedir. Türkiye 72 ülke içerisinde 9., 51 gelişmekte olan ülke içerisinde 5. sırada yer almıştır. Arjantin ise, sırayla 17. ve 24. olmuştur. Türkiye enflasyon konusunda 51 gelişmekte olan ülke içerisinde 41. ve Arjantin sonuncu olmuştur[124].

Merkez bankası başkanlarının görevde kalma sürelerine göre yapılan test sonucunda Türkiye 51 gelişmekte olan ülke içerisinde 42. sırada yer almış ve merkez bankası başkanlarının görevde kalma süresi ortalama 2,5 yıl olmuştur. Arjantin'de merkez bankası başkanının görevde kalma süresinin 1,07 olması ile sonuncu sırada yer almıştır. Gelişmiş ülke merkez bankası başkanlarının görevde kalma süreleri ortalama 10,6 yıl ve İzlanda'da 33 yıl olmuşken, gelişmekte olan ülkelerde merkez bankası başkanlarının görevde kalma süresi ortalama 5,4 yıl olmuştur[125].

Merkez bankalarının fiili bağımsızlığını ölçmeye yönelik testte Türkiye gelişmekte olan ülkeler içerisinde 30. sırada, Arjantin ise sonuncu sırada yer almıştır. Testler sonucunda ülkelerin yasal bağımsızlık ile fiili bağımsızlıkları arasında farklılıklar olduğu sonucuna, ülke fiili bağımsızlığının ve merkez bankası başkanlarının görevde kalma sürelerinin enflasyon ile doğru orantılı olduğu sonucuna ulaşılmıştır. Enflasyonu

[124] Alex Cukierman, Steven B.Webb. Bilin Neyapti, "Measuring the Independence of Central Banks and Its Effect on Policy Outcomes", **The Word Bank Economic Review**, Vol:6, Number:3, 1992, s. 362.
[125] Cukierman, Webb, Neyapti, ss. 363-364.

düşürebilmesi için merkez bankalarına daha fazla yasal bağımsızlık verilmesi ve yasal bağımsızlığın fiili bağımsızlığa dönüşmesi gerekmektedir. Bu amaçla bağımsızlık kriterlerinin anayasal güvence altına alınmasının daha etkin bir sonuç sağlayacağı kanaatine varılmıştır. Diğer taraftan para kurulu sistemi oluşturulurken kurala bağlı para politikası ve para kurulu özerkliğinin merkez bankasına verilmesi, merkez bankasına enflasyonu düşürmede başarı getirebilecektir.

İKİNCİ BÖLÜM

PARA KURULU UYGULAMALARI

I.GEÇMİŞ DÖNEM PARA KURULU UYGULAMALARI

Geçmiş dönem para kurulları, ilk para kurulu uygulamaları ve yirminci yüzyıl para kurulu uygulamaları olarak iki gruba ayrılabilir. İlk para kurulu uygulamaları para kurulu sistemi modelini biçimlendirmiş ve diğer para kurulu uygulamalarına örnek olmuştur. İlk para kurulu uygulamalarının oluşumunda ülkelerin içine düştükleri krizden kurtulma çabaları ve ortodoks para kuruluna bağlılık dikkati çekmektedir. Yirminci yüzyıl para kurulu uygulamalarında ortodoks para kurulu sistemi modelinden uzaklaşıldığı ve ülkeleri para kurulu uygulamasına iten nedenlerin farklılaştığı ortaya çıkmaktadır.

1. İLK PARA KURULU UYGULAMALARI

Para kurulu sistemi en yaygın biçimde İngiltere kolonilerinde uygulanmış ve zamanla ABD ve Fransa kolonilerinde de uygulamaya geçilmiştir. 1850'lerde İngiltere sömürgelerinin nüfusu yaklaşık 60 milyon ve dolaşımdaki para miktarı 150 milyon sterline ulaşmıştır. Sömürgelerin yıllık ticaret hacmi yaklaşık 500 milyon sterlin iken, 1937 yılında 700 milyon sterline yükselmiştir. O dönemin koşullarına göre böyle bir ticaret hacminin düzenli bir parasal sistem olmaksızın yürütülmesi güç olmuştur. Ayrıca, parasal sistemin ticaret hacmindeki değişime uygun bir esneklik göstermesi gerekmiştir. Sömürge ülkelerinin ticaret hacminin ve ekonomik potansiyelinin bilinmemesi, parasal ihtiyaçların tespit edilememesine neden olmuştur. İngiltere'nin parasal ihtiyaçlara karşılık verememesi, sömürgelerin bölge ülkeleri parasını (Hindistan, Danimarka, Almanya, İspanya ve Fransa paraları ile birlikte altın ve bakır sikkeler) kullanmasına yol açmıştır. Sömürgelerdeki askeri birliklerin harcamaları için düzenli bir parasal sisteme ihtiyaç duyulması ile İngiltere hazinesi, çözüme yönelik olarak 1825 yılından itibaren sterlinin imparatorluk genelinde para standardı olarak (sterlin para sahası) kullanılmasını kararlaştırmıştır. Bu uygulama ile sömürgelerde kullanılan paralar arasındaki değişim oranı sabitlenmiştir. Hazine tarafından sömürgelere gönderilen sterlin, askeri harcamalar için kullanılarak piyasaya sürülmüştür. Sterlinin değerinin diğer paralara karşı yanlış tespit edilmesi, Londra'ya aktarılan sterlin fonlarına %3 komisyon uygulanması ve zengin altın yataklarının bulunması sterlinin sömürgelerde kullanımını azaltmıştır.

Sterlin para sahası uygulamasına rağmen sömürgelerde istikrarlı parasal sistem oluşturulamamıştır. Sömürgelerde merkez bankacılığı sistemi, banknot ihraç eden bankaların merkez bankasına karşı çıkmaları, sömürgeci ülkeler tarafında merkez bankasının bağımsızlık sembolü gibi görülmesi ve merkez bankası oluşturmak için sömürgelerin yeterli altyapıya sahip olmamaları nedeniyle kurulamamıştır. Sömürge ülkelerine getirilen para basımı kısıtlamaları bazı kolonilerde suni para kıtlığına yol açmış, para kurulu uygulamasını teşvik etmiştir Bütün bu gelişmeler sömürgelerde en uygun uygulamanın para kurulu sistemi olacağı düşüncesine yol açmıştır[126].

1.1.Mauritius Para Kurulu (1849-1967)

İngiltere'nin 1810 yılında Mauritius'u Fransızlardan almasıyla koloninin Amerika ile olan ticari bağlantısı kesilmiş ve şeker sektörüne büyük yatırımlar yapılmıştır. Yatırımlar ile Mauritius'un şeker üretimi dünya

[126] Akyazı, ss.92-94.

üretiminin %7'sine ulaşarak, İngiltere'nin en büyük şeker üreticisi olmuştur[127].

İngiltere'de 1847 yılında yaşanan finansal kriz, temel ihraç maddesi olan şeker fiyatının düşmesine neden olmuştur. Adada para arz etme yetkisine sahip olan 2 bankadan birisi ve en büyük dış kaynaklı banka olan "Mauritius Bankası" kullandırdığı kredilerin geri ödenmemesinden dolayı zarar ederek, 25 Şubat 1848 tarihinde tasfiye edilmiştir. Bankanın iflası ile bankacılık sektörüne duyulan güven azalmış ve bankaların kendi adına tedavüle sürdükleri banknotlara itibar kaybolmuştur. Piyasadaki tüm banknotlar nominal değerinin altında işlem görmüştür. Adadaki diğer banka "Mauritius Ticari Bankası" önlem olarak para değişimlerinde iskonto uygulamıştır. Koloni hükümeti, Mauritius bankasının başarısızlığından sonra kendi ticari bankasını kurmuştur. Hükümet, 1848 yılında Mauritius ticari bankasının para basma imtiyazını iptal etmiştir. Mauritius hükümeti para kurulu sistemine 1849 yılında kur oranını 1 Mauritius Rupisi=1 Hindistan Rupisi belirleyerek geçmiştir. Mauritius para kurulu sistemine rezerv karşılığını yalnızca yurtiçi tahviller tutularak başlanmış ve zamanla Hint Rupisini rezerv para olarak tutmuştur[128].

Süveyş Kanalının 1869 yılında açılması, Mauritius için sterlin para sahası uygulamasını imkansız hale getirmiştir. Gümüş, 1870 yılından sonra, altına karşı değer kaybetmeye başlamıştır. 12 Ağustos 1876 tarihli konsey ile adada o zamana kadar varolan dolaşımdaki Hint metal parası ile İngiltere paraları yerine para basılmasına karar verilmiştir. I. Dünya savaşı boyunca ve sonrasında gümüşün fiyatı hızlı bir şekilde artmış ve hükümet gümüş

---

[127] L.Amedee Darga, "A Comparative Analysis of The Accumulation Process and Capital Mobilization in Mauritius, The United Republic of Tanzania and Zimbabwe" **United Nations Conference on Trade and Development**, Study No: 3, United Nations, Geneva, September 1998, ss.5-6.

[128] Akyazı, s.99.

sikke ihracatını yasaklamıştır. 1920-25 tarihleri arasında sterlin standardının uygulanma tartışmalarından sonra da gümüşün fiyatındaki dalgalanmalar devam etmiştir. Kurul gelir sağlamak amacıyla kurul parası ile rezerv para arasındaki değişimlere komisyon uygulamıştır[129]. 1934 yılında hükümet 15 rupi=1 sterlin kur oranında sterlin standardı uygulamasına geçmiştir. Mauritius para kurulu para arzının monopolleşmesi, kurul merkezinin sömürgede olması ile bir model oluşturmuştur[130].

Mauritius 1964 yılında bağımsızlık kazandıktan 3 yıl sonra merkez bankasının kullandığı para politikası araçlarından yararlanmak ve ticaretin bölge ülkelerine yönelmesi ile merkez bankası kurarak, para kurulu sistemini uygulamadan kaldırmıştır[131].

1.2.Yeni Zellanda Para Kurulu (1850-1856)

Kendi kendini yönetmeyen bir koloni durumunda olan Yeni Zellanda 25 Kasım 1847 tarihinde Mauritius'dan daha önce para kurulu sistemine geçme çalışmaları yapmıştır. İngiltere para kurulu sistemini test edebilmek için Yeni Zellanda'nın çok uygun bir koloni olacağı düşüncesi ile oluşuma öncülük etmiştir. O dönemde Yeni Zellanda'da "Avustralya Ulusal Bankası"nın para basma imtiyazının bulunmasına rağmen özel şahıslar da para basma hakkına sahiptiler. İngiltere, yalnızca dışsal varlıkların rezerv karşılığı olarak tutulmasını (%25 oranında sterlin, %75 oranında sterlin tahvilleri) kararlaştırmıştır. Bu özelliği ile kurul, ortodoks para kurulu sistemine benzemekte ve Mauritius para kurulundan farklı biçimde rezerv değişim komisyonları uygulamıştır.

Yeni Zellanda halkı kurul parasının zamanla enflasyonist etki yaratmasından rahatsız olmuşlardır. Yeni Zellanda parlamentosu 1854

---

[129] Schwartz., s.152.
[130] Akyazı, s.100.
[131] Hanke, Jonung, Schuler, s.176.

yılında kurulun devam ettirilip-ettirilmemesi isteği konusunu araştırmak için bir komite oluşturmuştur. Komite, kurulun kaldırılması yönünde görüş bildirmiştir. Yeni Zellanda'nın kendi kendini yönetmeye başladığı 1856 yılında parlamento, para kurulunu kaldıran Kağıt Para Kanununu çıkarmış, yerel ve imparatorluk bankalarının ülkede banknot basmasına izin vermiştir. Hükümetin bir kurumu gibi hareket eden Avustralya Ulusal Bankasının 1856 yılında dolaşımdaki para kurulu banknotlarını geri çekmesi ile rekabetçi bir para basımı ortamı yaratılmıştır. 1934 yılında merkez bankası kuruluna kadar uygulama devam etmiştir[132].

1.3.Seylan Para Kurulu (Sri Lanka) (1984-1950)

Nisan 1884 tarihinde kahve endüstrisinin ağır bir depresyona girmesinden sonra Seylan'da faaliyet gösteren bankalar büyük kayıplarla kapanmaya başlamış ve Seylan parası %5 oranında değer kaybetmiştir. "Seylan Kağıt Para Kanunu" 1884 yılında yürürlüğe girerek, Mauritius para kurulu modelinde bir para kurulu sistemi oluşturulmuştur. Kur oranı, 1 Seylan Rupisi=1 Hindistan Rupisi olarak belirlenmiştir. Seylan para kurulu sistemi, Mauritius deneyiminden geniş çapta yararlanmasına rağmen, iki deneyim arasında farklar vardır. Birincisi; Seylan'da özel bankaların tedavüle para çıkarma yetkilerinin kaldırılmasıdır. İkincisi; Seylan hükümetinin yurtiçi menkul değerlerin karşılık olarak tutulmasına izin vermemesidir[133].

Seylan para kurulu, yalnızca sterlini karşılık olarak kullanan ilk İngiltere koloni para kuruludur ve daha sonraki para kurulları için Batı Afrika para kurulu ile birlikte örnek teşkil etmiştir. Seylan, Mauritius para kurulu sistemi uygulamasında olduğu gibi 1948 yılında bağımsızlık kazanmasının ardından merkez bankası para politikası araçlarını kullanma

[132] Schuler, Currency Board, <www.erols.com./kurrency/webdiss1.html.>
[133] Gültekin, Yılmaz, s.10.

isteğiyle 1950 yılında merkez bankası kurarak para kurulu sistemi uygulamasını kaldırmıştır[134].

1.4.Boğazlar Yerleşkesi Para Kurulu (Singapur, Penang, Malacca) (1899-1973)

Boğazlar Yerleşkesi para kurulu 1899 yılında işleme başlamıştır. Kurul, %100 rezerv karşılığına ilave olarak %10 oranında ulusal ve yabancı tahvillerden depresyon fonu oluşturmuştur. Rezerv karşılığının maksimum %50'si tahvil, geriye kalan %50'si gümüşten meydana getirilmiştir. Boğazlar Yerleşkesi bölgesinde bulunan Malaya 1963 yılında bağımsızlık ilanının ardından Malezya Cumhuriyeti adını almış, 1967 yılında merkez bankası sistemine benzeyen "Monetary Authority" kurmuştur. Para otoritesi merkez bankasının sahip olduğu araçları da (reeskont, açık piyasa, iskonto, kredi tayınlaması) kullanabilme yetkisine sahip olma özelliği ile günümüz para kurulu sistemlerine benzerlik göstermektedir[135].

Singapur, 1899-1973 yılları arasında para kurulu sistemi uygulamıştır. 1973 yılından sonra esnek kur sistemine geçmesiyle para kurulu sisteminden uzaklaşmıştır. Ülkede para basım işlemini "Board of Commissioners of Currency" isimli bir kurum yapmış ve para kurulundan ayrı olarak piyasaya para arz etmiştir[136]. Kurum, bu özelliğiyle merkez bankası fonksiyonlarını da yerine getirmiştir. Singapur'da halen %100 ve daha fazla oranda rezerv karşılığı bulunmaktadır. Ulusal para karşılığında döviz talep edilmesi durumunda dönüşüm yapılmamaktadır[137].

---

134 Hanke, Jonung, Schuler, s.173.
135 Schwartz, ss.155-156.
136 Gültekin, Yılmaz, s.13.
137 Haydar Akyazı, A.Kadir Topal, "Enflasyonla Mücadelede Arjantin Mucizesi ve Türkiye'de Enflasyon Duyarsızlığı", **İktisat İşletme ve Finans**, Haziran 1997. s. 24.

2.YİRMİNCİ YÜZYIL PARA KURULU UYGULAMALARI

Yirminci yüzyılda İngiltere sömürgeleri dışında da para kurulu uygulamalarına geçilmiştir. Bu uygulamalarda birden fazla ülkenin ortak para kurulu sistemi oluşturdukları dikkati çekmektedir. Yirmici yüzyıl para kurulu uygulamalarının hızla arttığı bir dönem olmuştur.

2.1.Koloni Para Kurulları

Ondokuzuncu yüzyılda para kurulu uygulamalarının tamamı İngiltere sömürgelerinde olmuştur. Yirmici yüzyılda para kurulu uygulamaları İngiltere kolonileri dışına çıkmıştır. Bu başlık altında İngiltere koloni para kurulu sistemleri incelenmektedir.

2.1.1.Batı Afrika Para Kurulu (1913-1964)

Batı Afrika para kurulu Kamerun 1916-1959, Gambia 1913-1971, Gold Coast(Gana) 1913-1958, Nijerya 1913-1959, Sierra Leone 1913-1964, Togoland (Gana'nı bir bölümü) 1914-1958 ülkelerini kapsamaktadır[138].

Para kurulu sistemi Batı Afrika para kurulu ile klasik bir ifade kazanarak, ilk modern para kurulu sistemi olmuştur. Batı Afrika para kurulunun oluşumunu destekleyen hareket; Seylan ve Mauritius'da olduğu gibi mali krizler ve Yeni Zellanda'daki gibi para kurulu doktrinine bağlılık değildir. İngiltere sömürge ofisi tarafından Kıbrıs, Mauritius ve bazı Hindistan bölgeleri için 1930'larda oluşturulması düşünülen parasal düzen için bir model hazırlığı olması açısından ayrı bir öneme sahiptir. Batı Afrika Para Kurulu, bölgesel bir para oluşturmak, sabit bir kur oranında Batı Afrika Sterlinini İngiltere Sterlinine çevirmek, bölge hükümetleri arasında senyoraj gelirini paylaşmak gibi farklı amaçlar gütmüştür[139].

---

[138] Hanke, Jonung, Schuler, ss.172-179.
[139] Fielike, s.15.

İngiltere'nin sahip olduğu Batı Afrika kolonilerinde (Gambia, Yeni Gine, Sierre Leone ve Nijerya) 20. yüzyıla kadar İngiltere gümüş sikkesi kullanılmıştır. İngiltere'nin Nijerya kolonilerinden biri olan Lagos, İngiltere Koloni Sekreterliğine 1898 yılında, İngiltere Hazinesi ile senyorajın paylaşılması önerisinde bulunmasına rağmen, öneri hazine tarafından reddedilmiştir. Koloni yönetimi Batı Afrika'da para basma olasılığının araştırılması için bir komite oluşturmuştur. Oluşturulan "Barbourd Komitesi" 1900 tarihli raporunda İngiltere gümüş sikkesinin kullanımına devam edilmesini, Batı Afrika ülkelerine senyorajın yarısının verilmesini ve diğer yarısının da altın rezervi oluşturmak için kullanılmasını önermiştir. Kolonilerde parasal durumu araştırmak için kurulan Emmott Komitesi, İmparatorluk hükümetine Batı Afrika'da gümüş sikke ve banknot basmak için bir para kurulu oluşturulmasını önermiştir. Öneri sonucunda 1912 yılında oluşturulan kurul, ilk defa 1913 yılında Batı Afrika'da kurul parası basmıştır. Para basma görevi kurulun kendi kurumlarının dışında İngiltere Batı Afrika Bankasına verilmiştir. Rezerv karşılığı altın ve tahvil olarak Londra'da tutulmuştur. Komite, zamanla rezerv içerisinde tahvil oranının artırılabileceğini belirtmiştir. Kurul, parasal değişimler için %0,75 oranında komisyon uygulanmış ve komisyon oranlarında değişimler yapmıştır[140].

Batı Afrika para kurulu karşılık rezervi başlangıçta %100 oranında olmamasına rağmen, 1926 yılında bu oran %100'ü geçmiştir. Ocak 1920 tarihinden itibaren 37 milyon WA(Batı Afrika) Sterlin tutarında senyoraj kurul ülkeleri tarafından paylaşılmıştır. Herhangi bir depresyona karşı koyabilmek için %10'luk bir rezerv fazlası oluşturulmuştur. Değişim komisyonları kurulun en önemli gelir kaynaklarından biri olmuştur. Batı Afrika para kurulu sistemi I. Dünya Savaşı sırasında Almanya'dan alınan Batı

[140] Akyazı, ss.101-102.

Kamerun ve Togo'nun katılması ile genişlemiştir. Kendi parası bulunmayan Liberya ABD Dolarını resmi para olarak kabul ettiği 1944 yılına kadar Batı Afrika para kurulu sterlinini kullanmıştır. Gana 1958 yılında, Nijerya 1959 yılında, Sierre Leone 1964 yılında, Gambia 1971 yılında merkez bankası kurarak kuruldan ayrılmışlardır. Kurul parası 1973 yılına dolaşıma devam etmiştir[141].

Kurulun önemli özelliklerinden birisi kurul merkezinin Londra'da olmasıdır. Merkezin Londra'da olması kurul parası ile rezerv para arasında değişim sürecini uzatmıştır. Her bir banka Batı Afrika Sterlini ile İngiltere Sterlini değiştirmek istediğinde bu paraları kurul sömürge temsilcisine, (İngiltere Batı Afrika Bankası) temsilcinin de Londra'daki para kuruluna bildirmesi gerekmiştir. Kurul, Londra'daki temsilcisi "Joint Stock Bank"a sömürgelerin banka hesabına komisyon düşüldükten sonra sterlin yatırılmasını istemiştir. Kurulun Joint Stok Bank'taki döviz hesabı yetersiz ise ödemelerin yapılması için altın, tahvil vb. satılması istenmiştir. Bu uygulamalarla birlikte sömürge bankaları da değişim komisyonları alabilmişlerdir[142].

2.1.2.Doğu Afrika Para Kurulu (1919-1966)

Doğu Afrika para kurulu Aden 1951-1972, İngiltere Somali'si 1942-1961, Eritre (İtalya Somali'si) 1942-1945, Kenya 1897-1963, Etiyopya 1942-1945, Tanganyika (Tanzanya) 1920-1966, Zanzibar (Tanzanya) 1936-1966, Uganda 1919-1966 ülkelerini kapsamaktadır[143].

I. Dünya savaşından sonra Hint Rupisinin değerinde dalgalanmalar olmuştur. Bu dalgalanmalar, İngiltere'nin 1920 yılında sterlin para sahası

---

[141] Schwartz, ss.162-164.
[142] Akyazı, s.104.
[143] Hanke, Jonung, Schuler, ss.172-179.

içinde bulunan Kenya ve Uganda'yı kapsayan Doğu Afrika para kurulunu oluşturmasına yol açmıştır. Batı Afrika para kurulu gibi Doğu Afrika para kurulu merkezi Londra'da olmuş ve İngiltere bankası ile Koloni Ofisi tarafından yönetilmiştir[144].

Büyük tarımsal alanlara ve üretime sahip olan Tanzanya, 1920 yılına kadar İngiltere kolonisi olarak varlığını sürdürmüştür. Tarımsal ticaret GSYİH'nın %46,7'sini, tarım dışı ticaret ve finans sektörü %22,1'ini ve madencilik ve taş ocakçılığı %2,5'ini oluşturmuştur. Tanzanya kolonilikten kurtulduktan sonra bu sektörel yapı değişmeye başlayarak kamu ve özel sektör hizmetlerinin payı artmaya başlamıştır[145]. O dönemin koşullarına göre iyi bir ekonomik yapıya sahip olan Tanzanya aynı yıl Birleşik Uluslar mandası haline geldikten sonra kurula katılmıştır.

Kurul, 1920 yılı Mart ayında 20 Doğu Afrika (EA) Şilini=sterlin değerinde yeni bir Doğu Afrika parasını piyasaya sürmüş ve kurul ülkelerinde Hindistan Rupisinin kullanımını durdurmuştur. Doğu Afrika para kurulu Batı Afrika para kurulunun aksine değişim komisyonunu sık sık değiştirmiştir. Kurulun rezerv karşılığı 1950 yılına kadar %100 oranına ulaşamamış ve üye ülkelere senyoraj ödenmemiştir. Doğu Afrika para kurulu üye sayısı 1930'lu ve 1940'lı yıllarda artmıştır. Zanzibar 1936 yılında, İtalya Somali'si (bugün ki Somali'nin bir kısmı), Eritre, Etiyopya, İngiltere Somali'si (bugün ki Somali'nin bir kısmı) ve Aden (bugün ki Yemen'in bir kısmı) II. Dünya Savaşı sırasında kurula katılmışlardır. Savaş nedeniyle banknot miktarı sikke miktarını ilk kez 1941 yılında aşmıştır. Etiyopya 1945 yılında kendi merkez bankasını kurarak kuruldan ayrılmışlardır[146].

---

144 Schuler, Currency Board, <www.erols.com./kurrency/webdiss1 html >

145 L.Amedee Darga, ss.7.

146 Schuler, Currency Board, <www.erols.com./kurrency/webdiss1.html.>

Kurul, 1956 yılına kadar merkez bankası fonksiyonlarına uygun olarak kendi hükümet tahvillerini karşılık olarak tutmuştur. 1960'lardan sonra bağımsızlık hareketleri, merkez bankası ve son başvuru merciine sahip olma isteği kurulun etkinliğini azaltmıştır. İtalya Somali'si ve İngiltere Somali'si 1960 yılında birleşmiş ve kendi merkez bankasını kurmuşlardır. Aden, 13 Ekim 1964 tarihinde Güney Arap para kuruluna katılmak için sistemi terk etmiştir. Üye ülkelerden Tanzanya, Zanzibar ve Uganda'nın sistemden ayrılması ile 1966 yılında kurul uygulamadan kalkmıştır[147].

2.1.3.Orta Doğu Para Kurulları (1927-1974)

Orta Doğu para kurulları Filistin 1927-1948, Ürdün 1927-1964, Irak 1931-1949, Kuveyt 1961-1969, Yemen Arap Cumhuriyeti 1964-1971, Aden 1951-1972, Bahreyn 1965-1973, Katar/Dubai 1966-1973, Umman 1970-1974 para kurullarını kapsamaktadır[148].

Filistin para kurulu, 11 Şubat 1927 tarihinde 1 Filistin£=1£ kur oranı ile oluşturulmuştur. 1929 yılından 1937 yılına kadar Filistin para kurulu diğer para kurullarına oranla çok düşük düzeyde (dolaşımdaki paranın %8,4'ü oranında) döviz rezervi, hükümet ve İngiltere tahvilleri tutmuştur. Irak para kurulu, 1931 yılında kur oranı 1£=1 Irak Dinarı belirlenerek İngiltere tarafından oluşturulmuştur. Irak para kurulu devletin atadığı iki kişi tarafından yönetilmiştir. Yönetim ticari bankaların başkanı ve İngiltere bankası tarafından seçilen bir İngiliz bakandan oluşmaktaydı. Kurulun merkezi Londra'daydı ve 1947 yılında Ulusal Irak Bankası kurularak 1949 yılında kurulun yerini almıştır[149].

İsrail, 1927-47 arasında sterlin para sahasından çıkarak esnek kur sistemine geçmiştir. Bu dönemde ekonomik işlem hacmi ve işsizlik düzeyi

---

[147] Fieleke, s.15.
[148] Hanke, Jonung, Schuler, ss.172-179.
[149] Schuler, Currency Board, <www.erols.com./kurrency/webdiss1.html.>

yüksek olmasına rağmen ülkede fazla göç hareketi yaşanmamıştır. Ekonomik işlem hacmi dünya ekonomisi tarafından etkilenmemesine rağmen dünya parasal hacminden ve sermaye hareketlerinden etkilenmiştir. Bu özellikleri ile para kurulu pratikte diğer para kurullarından farklılık göstermiştir[150]. 1948 yılında kazanılan bağımsızlığın ardından bir ticari bankaya merkez bankası fonksiyonları verilerek, "Anglo-Palestine Bankası" kurulmuş ve daha sonra "İsrail Bankası"na dönüştürülmüştür. Filistin para kurulu 1951 yılında Ürdün para kurulu olarak ismini değiştirmiş ve 1959 yılına kadar faaliyetlerine devam etmiştir. Arap Yarımadası kolonilerinden Kuveyt 1961, Yemem Arap Cumhuriyeti 1964, Aden 1965, Bahreyn 1964, Katar/Dubai 1966 ve Umman 1970 yılında para kurulu oluşturmuşlardır. Birleşik Arap Emirlikleri bağımsızlığını kazandıktan sonra 1973 yılında merkez bankasının bulunduğu bir para kurulu sistemi uygulamasına geçmiştir. Bazı Orta Doğu ülkeleri para kurulları altın, dolar ve sterlin tahvillerini rezerv olarak tutmuşlardır[151].

Bahreyn, 1964 yılında dolaşımdaki Körfez Rupisinin yerine Bahreyn Dinarını basarak para kurulu sistemine geçmiştir. Para otoritesinin fonksiyonlarını geliştirmek, ekonomiyi canlandırmak ve Bahreyn'i finans merkezi haline getirmek için 1973 yılında "Bahrain Monetary Agency" kurmuştur. Bahreyn günümüze kadar Orta Doğu'nun en önemli finans merkezi olma çabalarını sürdürmektedir. Kurumun başlıca amaçları; Bahreyn parasının emisyonunu yürütmek, para ve döviz piyasalarının düzenli bir şekilde işleyişini sağlamak, bankacılık sistemini kontrol etmek, hükümet politikalarıyla uyumlu krediler vermek, Bahreyn finans piyasasının

---

[150] Michael Michaely, "Round Table on Stabilization and Currency Boards", **Proceedings of a Conference on Currency Substitution and Currency Boards**, Edited by Nissan Liviatan, World Bank Discussion Papers, 207, The Word Bank, Washington D.C. 1993, s.91.

[151] Schuler, Currency Board, <www.erols.com/kurrency/webdiss1.html>

gelişimi sağlamak, hükümetin parasal araçları kullanmada bir mali kurum gibi görev yapmasını sağlamaktır[152]. Kurulun yerine getirdiği bütün fonksiyonlar ve sorumluluklar merkez bankacılığı sistemi ile uyum göstermektedir.

2.1.4.Güney Rodezya Para Kurulu (1938-1956)

Güney Rodezya (şimdiki adı Zimbabwe) 1929 yılında kendi kendini yönetebilen bir koloni haline gelmiştir. 1938 yılında 1 Rodezya£=1£ kur oranıyla Kuzey Rodezya (şimdiki Zambia) ve Nyasaland'ı (Malawi) kapsayan Güney Rodezya para kurulunu oluşturmuştur. "Standard Bank of South Afrika" ve "Barclays Bank"ın üç kolonide banknot basması serbest bankacılık sisteminin varlığına dayanmaktaydı. Kurul, 1940-42 yılları arasında %100 sterlin rezervi, 1942-47 yılları arasında %100 sterlin, %10 Rodezya sterlini, 1947-56 yılları arasında %50 sterlin, %60 Rodezya sterlini tutması rezerv uygulaması farklılığını göstermektedir. Kurul, %0,25 oranında komisyon uygulamıştır. Bu üç koloni 1950 yılında "Central African Federation of Rhodesia"yı oluşturmuş ve kurulun adını "Merkezi Para Kurulu" olarak değiştirmiştir. Kurul, 1956 yılında merkez bankasına dönüştürülerek, sistem uygulamadan kalmıştır[153].

2.2.Koloni Dışı Para Kurulları

Yirminci yüzyılda İngiltere kolonileri dışında bağımsız ülkelerde de para kurulu uygulamasına başlamıştır. Bu ülkelerden Arjantin ve Filipinler'de para kurulu uygulamasında kesintiler olmuştur. Koloni dışı para kurullarından para kurulu uygulamasına devam edenler, dolarizasyona geçen veya rezerv para değişimi yapan ülkeler olmuştur.

[152]Nouriel, Roubini, "The Case Against Currency Boards:, Debunking 10 myths About The Benefits of Currency Board", <www.stern.nyu.edu/asia/currency boards roubini.html>
[153] Schuler, Currency Board, <www.erols.com/kurrency/webdiss1.html>

2.2.1.Arjantin Para Kurulu (1902-1914, 1927-1929)

Arjantin, para kurulu sistemi uygulaması 3 döneme ayrılmaktadır. Bunlardan birincisi; 1902-1914 dönemi, ikincisi; 1927-1929 dönemi, üçüncüsü; 1991 yılında başlayan ve günümüzde de devam etmekte olan dönemdir[154].

Arjantin verimsiz bir üretim dönemini izleyen bankacılık krizinden sonra 1890 yılında dış borçlarını ödeyememiştir. Para basma işleminin devlet borçlarına bağlanıp-bağlanamayacağını yeniden gözden geçirerek, Ekim 1890 tarihinde "Caja de Conversion"u kurmuştur. Bu kurum ile monopol bir biçimde para basma gücü elde etmek istemiştir. Ülkedeki zenginlik artışının banknot talebini artırdığı 1902 yılında ülke para kurulu sistemi uygulamasına geçmiştir. Altın rezervi 1902 yılında dolaşımındaki paranın %11'inden 1913 yılında %73'e yükselmiştir[155].

Arjantin I. Dünya Savaşının ortaya çıkması ile altının yurtdışına çıkışını önlemek için altın ihracatını yasaklamış ve Ağustos 1914 yılında altın standardını kaldırmıştır. Bu işlem ile para kurulu sistemi kesintiye uğramıştır[156]. Konvertibilitenin kesilme sebebi Arjantin'in deflasyon riskini göze alamaması olarak görülebilir. Arjantin, 1925 yılında altın ihracatına izin vererek, 25 Ağustos 1927 tarihinde tekrar altın standardına dönmek suretiyle para kurulu sistemine dönmüştür. Caja bankası 45 yıllık yaşamı boyunca (1890-1935) yalnızca 14 yıl (1902-1914 ve 1927-1929) para kurulu

---

[154] Williamson, s.6.

[155] Steve H.Hanke, Kurt Schuler, "Currency Boards for Latin America", **Proceedings of a Conference on Currency Substitution and Currency Boards**, Edited by Nissan Liviatan, World Bank Discussion Papers, 207, The Word Bank, Washington D.C. 1993, s.18.

[156] Guilermo Calvo, "Financial Aspects of Currency Boards", **Proceedings of a Conference on Currency Substitution and Currency Boards**, Edited by Nissan Liviatan, World Bank Discussion Papers, 207, The Word Bank, Washington D.C. 1993, s.22.

olarak işlem yapmıştır[157]. Günümüzde Arjantin'de uygulanan sistem bir sonraki kısımda incelenmektedir.

2.2.2.Filipinler Para Kurulu (1903-1918, 1923-1942, 1945-1949)

Filipinler, 1898 yılında ABD yönetimine geçmiştir. Bu geçişin ardından ABD'den çok büyük yatırım ve ticaret kaynağı elde ederek, altın standardını uygulamasına başlamıştır. ABD, para reformuna yönelik araştırmalardan sonra 1903 yılında Filipinler'de para basılmasını kabul ederek, para kurulu sistemine geçilmesini uygun görmüştür. Filipinler Pesosunun değeri 1 dolar = 1 peso olarak belirlenmiştir. Kurulun merkezi New York'ta bulunmuştur[158].

ilipinler para kurulundan ilk sapma 1916 yılında gümüş sertifika rezervlerinden 15 milyon pesoluk bir kısmın satılması ve bu satıştan gümüş fiyatlarındaki artış nedeniyle hazineye gelir sağlanmasıdır. Mart 1918 tarihinde hükümetin peso sikkelerindeki gümüş oranını azaltması sistemde daha büyük bir sapma meydana getirmiştir. Gümüş sertifikalara tutulan karşılık oranının %75'ten %60'a düşürülmesi para kurulu sisteminin biteceği anlamına gelmiş ve 1903 yılında başlayan ilk deneyim 1918 yılında sona ermiştir.

Filipinler, 1922 yılında aldığı kararla altın standardına dönmek için 23,5 milyon dolar borçlanarak, para kurulu sistemine dönmüştür. Hükümet, Şubat 1934 tarihinde altına karşı doların devalüe edilmesinden dolayı pesoyu devalüe etmiştir. Sistem, II. Dünya Savaşında Japonların Filipinler'i işgaline kadar varlığını sürdürmüştür. İşgal sırasında Japonya para basmış ve savaştan sonra

---

[157] Hanke, Schuler, "Currency Boards for Latin America", s.19.
[158] Schwartz, ss.164-165.

eski sistem tekrar gözden geçirilmiştir. 1922 yılında başlayan ikinci deneyim 1942 yılında sona ermiştir[159].

Filipinler, 1945 yılında para kurulu sistemine tekrar dönüş yapmıştır. Amerika, 1947 tarihli Filipinler-Amerika komitesi görüşmelerinden sonra bir merkez bankası kurulmasını tavsiye etmiştir. Rezerv karşılığının %100 olmamasının ekonomik olmadığı vurgulanmıştır. Filipinler merkez bankası, 1 Ocak 1949 tarihinde açılarak monopol bir biçimde para basmaya başlanmış ve para kurulu sistemi uygulamadan kalkmıştır[160].

2.2.3.Panama Para Kurulu (1904-....)

Amerika Birleşik Devletleri, Panama'da bölgesel gümüş standardı uygulamak istemiştir. Bu amaçla Panama'yı ekonomik gücünden dolayı Kolombiya'dan ayırdıktan sonra para kurulu sistemi oluşturmuştur[161]. ABD'nin 1913 yılında hükümete para basma yetkisi vermesiyle "Banca de Panama" kurulmuştur. Banca de Panama para basımını karşılamak için New York Bankasında rezerv karşılığı tutmuştur. Panama, günümüzde para basma hakkına sahipken Panama halkı ABD Dolarını kullanmaktadır. 1970 yılından itibaren serbest faiz ve serbest bankacılık politikası uygulaması ile ülkede 30'un üzerinde uluslararası banka açılmıştır. Gelişmenin devam etmesi ile Panama bölgenin uluslararası finans merkezi konumuna gelmiş ve ülkeye büyük miktarda uluslararası sermaye girişi olmuştur[162].

Panama, 1904 yılından beri resmi bir biçimde dolarizasyon olgusu yaşamaktadır. Hükümet kendi parasını basabilme hakkına sahip olmasına

---

159 Schuler, Currency Board, <www.erols.com./kurrency/webdiss1.html>

160 Schwartz, ss. 165-166.

161 Fielike, ss.14-15.

162 Juan Luis Moreno-Villalaz, "Lessons from the Monetary Experience of Panama: A Dollar Economy with Financial Integration", **CATO Journal**, Vol:18, Issue:3, winter 1999, Washington, ss. 421-439.

rağmen sadece metal paralar basmakta[163] ve toplam içerisinde önemsiz bir miktarı oluşturmaktadır. Dolar ve "balboa" arasındaki döviz kuru asla değiştirmemektedir. Panama, 1934 yılında yapılan devalüasyon ve 1941 yılında merkez bankası kurulmasından sonra para kurulu olarak tanımlanmamasına rağmen ülkede resmi olmayan bir dolarizasyon yaşanması bakımından ilginç bir örnektir[164].

2.2.4.Kuzey Rusya Para Kurulu (1918-1919)

I.Dünya Savaşında Kuzey Rusya'da yaklaşık 10 bin müttefik asker kendi ihtiyaçları için paralar harcamışlardır. Bölgede heterojen bir biçimde "crazist", "kerensky", "bolshevik" ve Kuzey Rusya hükümeti paraları dolaşımda olmuş ve bu paraların değerlerinin düşük olması nedeniyle ödemelerde sıkıntılar yaşanmıştır[165]. Bu sıkıntılar nedeniyle İngiltere, Keynes'in Kuzey Rusya'nın kendi parasını basması görüşüne katılmış ve bu görüşü ifade eden taslakta Keynes'in Batı Afrika para kurulundan etkilendiği görülmüştür[166]. Kuzey Rusya para kurulunun oluşturulmasında İngiltere hazinesinden alınan yardım Kuzey Rusya rezerv karşılığı varlıklarının %25'ini oluşturmuştur[167].

Kuzey Rusya Hükümeti "National Emission Caisse" adıyla bir kurum oluşturarak kur oranını 1 sterlin = 40 yeni ruble=48 eski ruble olarak belirlemiştir. Caisse, ABD Doları ve Fransız Frangını da parasal değişim için kabul etmiştir. Halkın, Caisse'nin bastığı paraları kullanmak istememesi nedeniyle hükümet bu paraları devlet garantisi altına almıştır. Caisse

---

[163] Hanke, Schuler, "Currency Boards for Latin America", s.14.

[164] Kurt Schuler,. "A Contingency Plan for Polarizing Hong Kong", **Letters,** Vol:52., September 1998, <www.hku.kh/hkcer/articles/v52/kurt.htm>

[165] Steve H.Hanke, "The Case for a Russan Currency Board System", **CATO Foreign Policy Briefing**, No.49, 14 Aralık 1998, s.6, <www.cato.org/pubs/.../fpb-049es.html> (Mart 2000)

[166] Steve.H.Hanke, "Only the Dollar Can Rescue Russia", **Wall Street Journal**, August 21 1998.

[167] Williamson, s.14.

dolaşımdaki para için en az %75 oranında sterlin rezerv karşılığı tutmuştur. Caisse'nin (%100) yeterli sterlin rezervini sağlaması için İngiltere, 100 milyon ruble yardımda bulunmuştur. Bu paralar Archangel ve Murmansk'ta İngiltere askerlerinin mal ve hizmet alımları yoluyla piyasaya sürülmüştür. Caisse, rezerv karşılığını Bank of England'ın kasasında bulundurmuş ve değişimler için %1 oranında komisyon uygulamıştır. Caisse ve Kuzey Rusya hükümeti para basma gelirlerini yarı yarıya paylaşmışlardır. Kuzey Rusya'da uygulanan sistem günümüze kadar uygulanmış tek paralel para üreten para kurulu sistemi olarak tanımlanmaktadır[168].

İngiltere, Mart 1919 tarihinden itibaren Kuzey Rusya'dan birliklerini çekmeye başlamış ve son müttefik kuvveti 27 Eylül 1919 tarihinde ülkeyi terk etmiştir. Emission Caisse, 30 Nisan 1921 tarihine kadar Londra'da açık kalmaya devam etmiştir. 1921 yılından sonra Caisse parası ve rezerv para arasındaki değişim durdurulmuş ve halkın elinde kalan rublenin çoğu hiç bir zaman değiştirilemeyerek halk gelir kaybına uğratılmıştır. Halkın gelir kaybetmesine rağmen bu değişimin durdurulmasından İngiltere kazanç sağlamıştır[169].

2.2.5.Serbest İrlanda Para Kurulu (1928-1948)

Serbest İrlanda'da para kurulu öncesi 4 mevduat bankası ve hem Londra hem de Kuzey İrlanda'da para basma ayrıcalığına sahip 6 bankası vardı. Serbest İrlanda, Londra para piyasasında işlem yapabilen bir bankacılık sistemine sahip olmanın avantajı ile 1928 yılında merkez bankası kurmuş ve 1 İrlanda£=1£ kur oranıyla para kurulu sistemine geçmiştir. Bankaların kamu hesaplarını tutabilme olanakları ile ilk kez para kurulu görevi yapacak bir bankanın kamu hesaplarını da tutabileceği sistem

---

168 Alan Walters, "A Hard Ruble for the New Republics", **National Review**, Vol:44, issue 2, 2/3/1992.

169 Akyazı, ss.105-106.

oluşturulmuştur. İngiltere altın standardını yürürlükten kaldıran 1931 tarihli depresyon ile hükümet 1934 yılında para kurulunun devamı konusunda araştırmalar yapmak için bir komisyon kurmuştur. Komisyon, Mart 1938 tarihli raporunda Serbest İrlanda için merkez bankasının daha avantajlı olacağı sonucuna varmıştır. Oluşturulan merkez bankasına araştırma komisyonunun önerisinden daha fazla bir güç verilerek, İrlanda merkez bankası 1 Şubat 1943 tarihinde para kurulunun yerini almıştır[170].

2.2.6.İtalya Somali'si Para Kurulu (1941-1959)

İtalya Somali'si 1941 yılında 20 Doğu Afrika£=1£ kur eşitliğinde para kurulu sistemini kurmuş ve bu kur oranını 1950 yılına kadar devam ettirmiştir. 18 Nisan 1950 tarihinde 20 somali=1£ değerinde somali isimli paralar basmıştır. Dolaşımdaki para 55 milyon somali olarak sınırlanmıştır. Para arzının miktar olarak bir otorite tarafından sınırlanması para kurulu sistemlerinde alışılmamış bir uygulamadır. 1941-50 yıllarında sterlin ve tahvil, 1950-59 arası altın ve her tür döviz rezerv karşılığı olarak tutulmuştur. Her tür dövizin rezerv karşılığı olarak tutulması günümüz uygulamaları ile yakınsama göstermektedir. İtalya Somali'sinin bağımsızlığını kazanmasından sonra kurul, kurumlara yeni güçler ve yeni isimler vermiştir. Bu isimlerden biri bir merkez bankasına dönüştürülen "Somali Ulusal Bankası"dır. İtalya Somali'si, 1960'larda bağımsızlık kazanarak Doğu Afrika para kurulu bölgesinden ayrılan İngiltere Somali'si ile birleşerek günümüz Somali'si haline gelmiştir[171].

2.2.7.Libya Para Kurulu (1950-1956)

Libya, II. Dünya Savaşına kadar bir İtalya sömürgesi ve 1951 yılında bağımsızlığını kazanıncaya kadar Birleşmiş Milletler mandasında kalmıştır.

---

[170] Schuler, Currency Board, <www.erols.com./kurrency/webdiss1.html>
[171] Schwartz, ss.167-168.

II. Dünya Savaşından önce Libya'da İtalyan Lirası dolaşıma devam etmiştir[172]. Libya hükümeti ve IMF ortak bir para kullanımının nasıl başarılacağını araştırmak için bir çalışma yapmıştır. Araştırmacılar, raporlarında Libya'nın merkez bankası için uzman personeli olmamasından dolayı para kurulunun daha yararlı olacağını belirtmişlerdir. Libya'da bankacılık sisteminin çok zayıf olması nedeniyle merkez bankasının para kurulunun sağladığı faydaları sağlayamayacağını söylemişlerdir. IMF, para kurulu konusunda ilk kez devreye girmekte ve olumlu tavır takınmaktadır[173].

Kurulun merkezi Libya'da olmasına rağmen yöneticileri Londra'da toplanmıştır. Kurul yönetiminin çok uluslu olması dikkat çekicidir. Kurul başkanı herhangi bir ulustan olabilmiş ve ilk başkan İngiltere vatandaşı olmuştur[174]. Libya bankacılık sektörü 1950'li yıllarda hızla büyümüş, diğer bankalar Barclays Bank ile rekabete açılmıştır. 26 Nisan 1955 tarihinde "Libya Ulusal Bankası" kurulmuş, 1 Nisan 1956 yılında banka, 5,16 milyon sterlin olan sikke ve Libya parasını kurulundan devralmış ve para kurulu sistemi uygulamadan kalkmıştır[175].

2.3.Fransız Kolonileri Para Kurulları

Fransa'da parasal işlemleri düzenlemek ve para basımını gerçekleştirmek amacıyla 1848 yılında "Bank of France" kurulmuştur. Kolonilerde bu işlemleri yerine getirmek için "Instituts d'Emission" adında bir kurum oluşturulmuştur. Hindiçini (Indochina) dışında her bir kolonide basılan para, Fransız Frankı paritesine eşitlenmiştir. 1930 yılında Fransız Frangı ve Fransız Kuruşu arasındaki döviz kuru dalgalanmasından sonra 10 Fransız Frangı=Fransız Kuruşu olarak yeniden tanımlanmıştır. İngiltere

172 G.A.Blowers, A.N.Mcleod, "Currency Unification in Libya", **IMF Staff Papers**, Vol:1 April 1951 No:3, s. 441.

173 Schwartz, ss.168-169.

174 Hanke, "Currency Boards for Latin America", s.16.

175 Schuler, Currency Board, <www.erols.com./kurrency/webdiss1.html>

koloni para kurulu sistemlerinin rezerv olarak çoğunlukla Sterlin tutmalarına rağmen, Fransız koloni para kurulları iskonto edilebilen Fransa kaynaklı varlıklar ve yerel varlıklar tutmuşlardır.

Fransa, Batı Afrika'da (Benin, Ivory Coast, Nijerya, Senegal, Togo ve Yukarı Volta) ve Orta Afrika'da (Kamerun, Orta Afrika Cumhuriyeti, Cad, Kongo ve Gabon) iki ayrı kurul oluşturmuştur. Kurullar, Fransız Koloni Afrikası (CFA, French Colonies of Africa) Frangını kullanmışlardır. Her bir kurul kendi merkez bankasına sahip olmuşlardır. CFA Frankı, Fransa Hazinesi tarafından garanti edilen Fransız Frankı ile sabit bir paritede her bir bölgedeki talebe göre basılmıştır. Her bir bölgenin kendi paraları olmuş, Institut d'Emission bir merkez bankası olarak görev yapmış ve ticari bankaların iskonto gereksinimlerini yerine getirmiştir[176].

II.GÜNÜMÜZ PARA KURULU UYGULAMALARI

Para kurulu oluşturulduktan bir yüzyıl sonra sayısal ve bölgesel yaygınlık açısından 1950'lerde zirveye ulaşmıştır. Koloni para kurullarının çoğunluğunda ekonomik açıdan iyi sonuçlar elde edilmesine rağmen, 1950'lerde para kurulu sistemi çok büyük bir uygulama sahasına sahipken niçin bu kadar hızlı azaldığı sorusu gündeme gelmiştir. Bu sorular sonucunda Oxford Üniversitesi gelişme ekonomisti J.Mars para kurulları hakkında ilk teorik tartışmayı yapmıştır. Mars, 1948 tarihli "Niyerya Finansal Sistem Hesabı" isimli eserinde para kurulu sisteminin ekonomik gelişmeyi teşvik için kullanılabilecek rezerv parayı, para kurulu ülkesi dışında (Londra) tutmasının gereksiz olduğu iddiasında bulunarak ilk temel eleştiriyi yapmıştır. Mars istatistiki araçları kullanarak gelişmiş ve gelişmemiş ülkeler arasındaki ticaretin sürekli gelişmiş ülkeler lehine bozulduğunu ve %100 sterlin karşılığı uygulamasının Nijerya'da sürekli deflasyonist etkiye sahip

[176] Schwartz, s.167.

olduğunu vurgulamıştır. Nijerya gibi fakir bir ülkenin, zengin bir ülke gibi %100 döviz karşılığı uygulayamayacağını ve bu nedenle para kurulu ile bağımsız merkez bankacılık arasında bir düzenleme olan "Managed Sterling Exchange Standart Currency" isimli bir modelin uygulanmasını önermiştir. Bu öneriler doğrultusunda para kurullarının %100'den daha düşük oranda sterlin rezervi tutma eğilimi artmıştır[177].

Para kurulu oluşturmak için gerekli yabancı rezervi bulma güçlüğü para kurulu sisteminin azalmasında etkili olmuştur. Çoğu ülkede, II. Dünya Savaşını takiben ekonomik sıkıntılar ve döviz temin etme güçlükleri ortaya çıkmıştır. Merkez bankacılığı sisteminin işletilebilmesi için para kurulu sistemindeki kadar dövize ihtiyaç duyulmamaktadır. Para kurulu sisteminde daha az dış varlığa ihtiyaç duyulması ülkelere merkez bankası kurma tercihi yaptırmıştır. Para kurulları tarafından rezerv ülke tahvillerine ve paralarına yatırım yapmanın para kurulu ülkesinden rezerv ülkeye kaynak transfer etmesi nedeniyle rezerv ülkenin haksız gelir sağlamaktadır. Bu haksız gelirle birlikte geçmiş dönemde kolonilerde faaliyet gösteren rezerv ülke bankacılık birimlerinin bölgesel amaçlardan çok aile kurumları gibi hizmet sunuyor olmaları düşüncesi para kurulu ülkelerinin rezerv ülke varlıklarına yatırımını azaltmıştır[178].

Para kurulunun %100 rezerv karşılığı tutmaması gerektiği eleştirisinden sonra para kurulu rezerv karşılığının ne kadarlık bir oranının ulusal varlıklara yatırılırsa güvenli olur? sorusu tartışılmıştır. Rezerv karşılıkları içerisinde uzun dönemli varlıkları oluşturan yatırım rezervinin dış varlıklardan çok ulusal varlıklara yatırmanın güvenli olabileceği vurgulanmıştır. Rezerv karşılıkları içerisinde yatırım varlıklarına yatırım

[177] Schuler, Currency Board, <www.erols.com./kurrency/webdiss1.html.>
[178] "The ABC of a Currency Board", **The Economist**, November 1st. 1997, s.6.

yapmanın koloni para kurullarının tahvil faiz gelirleri elde etmesine, daha fazla kaynağı ekonomiye aktarılabilmesine olanak tanıyacağı belirtilmiştir[179].

Para kurulu sistemi uygulamasının azalmasına katkı yapan bir diğer faktör, cari hesap dengesini sağlamak için para arzını sıkı kontrol altına almanın gereksizliği üzerine yapılan eleştiridir. Para okulu, para kurulu benzeri bir sistemin denk bütçe için yeterli olduğunu düşünmesine rağmen, Mars ve diğer ekonomistler para arzı için %100 karşılık sisteminin gereksiz bir uygulama olduğunu düşünmüşlerdir. Bunların dışında bir ülkenin para arzı, uluslararası ticaretteki geçici dalgalanmalardan çok fazla etkilenmiyorsa, ülkede etkin bir mali disiplin sözkonusu ise parasal istikrarın sağlanabilmesinin %100 karşılık rezervi ayırmadan da mümkün olabileceğini belirtmişlerdir[180]. Diğer bir düşünce koloni statüsünün ülkede uygulanması gereken ekonomik programlara engel olmasıydı. Merkez bankasının olmamasının ekonomik gelişmeyi yavaşlattığı düşüncesi yaygınlaşmıştır. Aynı zamanda uluslararası yardım kuruluşları ile daha büyük yatırımlar yapılması isteği para kurulu sisteminden vazgeçmede etkili olmuştur[181].

18 Eylül 1949 tarihinde sterlini 2,80 Dolara eşitleyen devalüasyon, sterlin tutanları daha fazla zarara uğratmıştır. Koloni hükümetleri minimum düzeyde sterlin tutmaya ikna edilmesine rağmen; sterlin, dolara, marka ve yene oranla uluslararası para olma özelliğini kaybetmiştir. 18 Kasım 1967 tarihinde 1£=2,40$ olarak tekrar devalüe edilmesi sterlin bölgesindeki sömürgelerin kaybını artırmıştır. Bu kayıplar sonucunda Hong Kong ve Singapur gibi ülkelerin sterlin bölgesinden çıkma istekleri artmıştır. İngiltere bu isteklere engel olmak için 1968 yılında bu ülkelerin gelecekte olabilecek

[179] Schwartz, ss.170-171.
[180] Schuler, Currency Board, <www.erols.com./kurrency/webdiss1.html.>
[181] Schwartz, ss.169-170.

devalüasyon kayıplarını telafi edeceğini belirtmiştir. Bu işlemi, İsviçre'deki Uluslararası Sömürge Bankası yoluyla krediler vererek yapmayı planlamasına rağmen ikna edici olmamıştır[182].

Para kurulu sistemi uygulamasının azalmasına neden olan teorik eleştirilerle birlikte ulusal egemenlik ifadesi gibi görülen merkez bankası kurma isteği, Bretton Woods sistemi ile sterlinin zayıflaması ve merkez bankacılığı sisteminin hükümetlere harcama yapma kolaylığı sağlamasıdır. 1960'lardan itibaren IMF her yeni bağımsızlığını kazanan ülkeye merkez bankası kurulması yönünde tavsiyelerde bulunmuştur. IMF, bu dönemde İngiltere Bankası ile başa baş bir etkinliğe ulaşarak; yeni bağımsızlığını kazanan Batı Afrika Ülkelerinin merkez bankası kurmalarında etkili olmuştur[183].

Son dönemde merkez bankacılığı ve para kurulu sistemleri arasındaki tartışmalar Doğu Blokunun dağılmasından sonra serbest piyasa ekonomisine geçmek isteyen ülkelerle birlikte tekrar gündeme gelmiştir. IMF'nin merkez bankacılığı konusundaki görüşleri değişerek, 1994 yılı sonu itibariyle Arjantin, Estonya ve Litvanya gibi ülkelerdeki para kurulu sistemlerini savunmakta ve Bulgaristan ve Bosna-Hersek para kurulu sistemlerinin kurulması için teşviklerde bulunmuştur[184].

Günümüze kadar yaklaşık 150 yıllık para kurulu sistemi uygulaması tarihi boyunca 70 kadar para kurulu sistemi uygulamasından yalnızca 14 tanesi günümüzde devam etmektedir. Bunlar; Hong Kong, Singapur, Brunei, Cayman Adaları, Gibraltar, Falkland Adaları, Faroe Adaları, Estonya,

---

[182] Melih Bulu, "Sterlin Alanı", **Para ve Finans Ansiklopedisi**, Creative Yayıncılık ve Tanıtım Ltd.Şti, 1996, s.1452-1453.

[183] Michael R.Pakko, "Currency Boards: Monetary Magic?", **International Economic Trends**, The Federal Reserve Bank of St.Louis, May 1998,

[184] Hanke, Steve H., "New Currency Boards Come to the Balkans", **The Newsletter About Reforming Economies Transition**, The World Bank Group, 1997, <www.worldbank.org/htm//prddr/trans/jan1997/arts.htm> (Nisan 2000)

Litvanya, Bulgaristan, Bosna-Hersek ve Arjantin'dir. Hong Kong, Cayman Adaları, Gibraltar, Brunei ilk İngiliz kolonileridir. Faroe Adaları, Danimarka güdümünde bir ülke olmasına rağmen İngiltere kaynaklı para kurulu sistemine sahiptir.

Tablo.10.Günümüzde Para Kurulu Sistemi Uygulayan Ülkeler

Ülke/Bölge	Kuruluş Tarihi	Nüfus	Rezerv Para
Arjantin	1991	33.912.994	ABD Doları
Bermuda	1915	61.158	ABD Doları
Brunei	1987	284.663	Singapur Doları
Cayman Adaları	1972	31.970	ABD Doları
Estonya	1992	1.616.862	Mark
Falkland Adaları	1899	2.261	Hanehalkı
Faroe Adaları	1940	48.427	Danimarka Kronu
Cebelitarık	1927	31.684	Hanehalkı
Hong Kong	1983	5.548.754	ABD Doları
Litvanya	1994	3.848.389	ABD Doları
Bulgaristan *	1997	8.400.000	Mark
Bosna-Hersek*	1997	3.500.000	ABD Doları
Doğu Karaibler	1965		ABD Doları
Cubiti	1949		Mark

Kaynak: John Williamson, **What Role for Currency Boards**? Institute for International Economics, Washington D.C. September 1995, s.7., Atis R.Ghosh, Anne-Maria Gulde, Holger C.Wolf, Currency Board: The Ultimate Fix?, **IMF Working Paper**, WP/98/8 January 1998.s.9.*Bulgaristan ve Bosna-Hersek tabloya sonradan ilave edilmiştir.

Tablo.10'da görüleceği üzere, para kurulu sistemi uygulayan ülkelerin çoğunluğunun rezerv para olarak ABD Dolarını seçmesine rağmen nüfus, gelişmişlik ve coğrafi açısından farklılıklar bulunmaktadır.

1.HONG KONG PARA KURULU

Hong Kong para kurulu sistemi iki döneme ayrılmaktadır. Sterlinin rezerv para olarak kullanıldığı 1935-1972 yıllarını kapsayan birinci dönem ve 1983'ten günümüze kadar devam eden ABD Dolarını rezerv para olarak kullanan ikinci dönem ayrı ayrı incelenmektedir.

1.1. 1935-1973 Dönemi Hong Kong Para Kurulu

ABD'nin 1934 yılında yüksek bir fiyattan gümüş almaya karar vermesiyle Hong Kong ve Çin'den büyük oranda ülke dışına gümüş çıkışı yaşanmıştır. Büyük oranlı gümüş çıkışı sonucu her iki ülkede gümüş standardı uygulamasını kaldırmıştır. Döviz Fonu, Aralık 1935 tarihinde kurulduğu zaman rezerv para olarak sterlini seçerek kur oranı 1 sterlin=16,45 HK Doları olarak belirlemiştir. Hong Kong hükümeti 6 Aralık 1935 tarihinde ülkedeki gümüş rezervlerini devletleştirmiştir. Döviz Fonunda toplanan gümüş 12,313 milyon sterline veya kabaca 200 milyon Hong Kong Dolarına çevrilerek, para kurulu uygulamasına başlanmıştır[185].

Hong Kong'da günümüzde de banknot basma yetkisine sahip olan üç banka vardır. Banknot basma yetkisine sahip olan bankalar başlangıçta rezerv karşılığı olarak %100-105 oranında rezerv para tutarlarken, daha sonraki dönemlerde rezerv para yerine borçlanma sertifikası tutma uygulamasına geçilmiştir. Daha fazla para basmak için Döviz Fonundan daha fazla borçlanma sertifikası almak gerekmektedir. Üç banka dışında diğer bankaların 1895 yılından beri banknot basmaları yasaktır ve mevduatları Hong Kong Dolarına çevirmek için üç bankadan birinin parasına gereksinim duymaktadırlar. Para basma yetkisine sahip bankalar "Hongkong and Shanghai Banking Corporation", "The Chartered Bank of India, Australia and China" ve "The Mercantile Bank of India, Australia and China" dır. Bu bankalar faiz getirisi olmayan borçlanma sertifikalarını karşılık olarak tuttuklarından dolayı bütün para basım kazançlarını günümüzde de Döviz Fonu elde etmektedir[186].

Japonya, 26 Aralık 1941 tarihinde Hong Kong'u işgal etmiş ve Hong Kong parasını kanunsuz bir biçimde harcamasına rağmen, rezerv karşılığının Londra'da tutulmasından dolayı Döviz Fonu varlıklarını harcama olanağı

[185] Tsang Shu-ki, "Currency Board Complications: The AEL Model", <www.hkbu.edu.hk/"econ/web982.html>

[186] Yum K.Kwan, Francis T.Lui, "Hong Kong's Currency Board and Changing Monetary Regimes", **NBER, Working Papers** Series, 5723, s.3.

bulamamıştır. Ocak 1943 tarihinde Japonya kanuni parası olarak lanse edilen "Askeri Yen" isminde yeni bir para piyasaya sürülmüştür. Askeri Yenin paritesi 1 yen=4 HK Doları oranında belirlenmiş ve halk bu parayı antipati duyarak düşük oranda kullanmıştır. Dolaşımdaki Askeri Yen+Hong Kong Doları savaş öncesi nüfusun yarıya düşmesine rağmen bu dönemde 3 kat artmıştır. Askeri Yen savaş sonrasında değer kaybetmeye başlamış ve İngiltere, Hong Kong Dolarının değerini yeniden düzenleyerek, 1 HK Doları=100 Askeri Yen olarak değişimin yapılmasını sağlamıştır. 1953 yılına kadar Döviz Fonu, Sterlin rezervini dolaşımdaki paranın %100'ü düzeyine getirmiştir. 1935'ten 1967'ye kadar geçen dönem, özel bankaların para basması dışında klasik koloni para kurulu sistemi olarak ifade edilebilir[187]

Amerika Birleşik Devletleri 18 Aralık 1971 tarihinde doları devalüe etmiş ve 1 ons altın 35 dolardan 38 dolara yükselmiştir. Hong Kong, İngiltere gibi parasını %8,57 oranında revalüe ederek devalüasyonu dengelemiş ve 1 ABD Doları=5,582 HK Doları olmuştur. 23 Haziran 1972 tarihinde sterlinin ABD Dolarına karşı dalgalanmaya bırakılması ile sterlin %3,7 oranında değer kaybetmiştir. Hong Kong'un sterlin rezervi tutması ve sterlinin dalgalı kur izlemesinden dolayı Döviz Fonu 91,3 milyon HK Doları kayba uğramıştır. ABD Dolarının 1971 yılında altın garantisinden çıkmasından dolayı bütün değerli paralar serbest kur politikasına geçmişlerdir. ABD Dolarına karşı yapılan spekülasyonlar Hong Kong'a sermaye akımına yol açmıştır. Hong Kong fiyat istikrarını korumaya yönelik olarak Hong Kong

---

[187]Kenneth Kasa, "Why Attack a Currency Board?" **Economic Letter**, Number: 99-36, November 26,1999, Federal Reserve Bank of San Francisco, <www.frbsf.org/econrsrch/wklyltr/wklyltr99/el99-36.html> (Mart 2000)

Dolarını ABD Dolarına karşı dalgalanmaya bırakmıştır. Bu işlem sonucunda para kurulu sistemi uygulaması kalkmıştır[188].

Hong Kong, 1974-1983 döneminde serbest kur politikası uygulamıştır. Serbest kur politikası Hong Kong'da yüksek enflasyona, düşük büyüme oranına ve özellikle de hem üretim hem de fiyatlarda büyük salınımlara neden olmuştur[189]. Serbest kur sisteminin uygulandığı 1974-1983 dönemi para basma yetkisine sahip olan bankaların para arzını artırmak için Döviz Fonu'ndan borçlanma sertifikası alma zorunluluğu devam etmiştir. Döviz Fonu banka hesaplarını tutmuş, ve bankalardan kaynak transferleri yapmıştır. Mayıs 1978'den itibaren bankalar, Döviz Fonunun kısa dönem mevduatlarına karşı %100 likit varlıklar tutmuşlardır. Bu dönemin başında Hong Kong Doları değeri yüksek bir para iken 1977'den itibaren değerinde düşüşler başlamıştır. Dış ticaret açıkları büyümüş, para arzı (M2) bankacılık kredilerinin hızlı büyümesinden dolayı yılda yaklaşık %25 artmıştır. 1982 yılında Hong Kong'un geleceği hakkında Sino-British anlaşmasının başlaması ile finansal ve sermaye piyasası krizleri ortaya çıkmış, gayri menkul fiyatları artmış, küçük bankalar batmış ve HK Doları hızlı bir değer düşüşü yaşamıştır [190]. Bu olumsuzluklar 1983 yılında para kurulu sistemi uygulamasını tekrar gündeme getirmiştir.

1.2.1983 Yılından Günümüze Kadar Devam Eden Dönem

Hong Kong, para kurulu sistemine geçmeden önce sömürgenin geleceği hakkında Çin ve İngiltere arasındaki politik görüşmeler yapmıştır.

---

[188] John Dadsworth and Dubravka Mihaljek, Hong Kong, China, Growth, Structural Change and Economic Stability During the Transition, **IMF Occasional Paper** 152, Washington D.C. August 1997,s.5.

[189] Alan Walters, "The Experience of Hong Kong", **Currency Boards and External Shocks, How Much Pain? How Much Gain?**, The World Bank, Washington D.C.1996, ss.12-13.

[190] Yum K.Kwan, T.Lui Francis, "How Well Has the Currency Board Performed? Evidence from Hong Kong" **Working paper**, Center for Economic Development, Hong Kong University of Science and Technology, March 1999, <www.bm.ust.hk/¨ced/main.html>, (Haziran 2000)

Bu görüşmelerden sonra Ekim 1983 tarihinde rezerv para ABD Dolarını seçmiş, kur oranını 1 ABD Doları 7,8 HK Doları sabitleyerek tekrar para kurulu sistemini uygulamaya koymuştur. Ekonomik şoklar ve diğer bazı etmenlerden dolayı 7 Eylül 1998 tarihine kadar geçen zaman içinde paritenin 7,7 HK Doları düzeyine kadar düşmesine izin verilmiştir[191]. Rezerv karşılık oranı bazı dönemlerde %180'ler düzeyine yükselmiştir. Hong Kong'da para arzı büyük oranda talep tarafından belirlenmektedir. Para basmaya yetkili bankalar HKMA'ya(Hong Kong Monetary Authority) borçlanma sertifikası verdiği her durumda para basabilmektedirler[192].

1.2.1.Hong Kong Para Kurulu Sistemi Kurumsal Düzenlemeleri

Hong Kong, Hong Kong Para Otoritesini 1 Nisan 1993 yılında ve 1996 yılı sonunda da Real Time Gross Settlement (RTGS) sistemini kurmuştur. RTGS sistemi ekonominin üst kurumları ile alt kurumları arasında direkt ilişkiye izin veren ve bütün ticari bankalar ile HKMA arasında bir hesaplama mekanizmasıdır. RTGS'nin oluşum nedeni her bankanın HKMA ile direkt işlem yapmak amacıyla yeterli rezerve sahip olabileceği bir sistemi oluşturmaktır. HKMA, bankalara mevduat rezerv karşılığı zorunluluğunu yükleyebilme yetkisine sahiptir. Mevduat karşılığı uygulamaktaki amaç bankaları vergilemek değil, yeterli likidite düzeyini sağlayabilmektir[193].

RTGS sisteminin kurulması ile Hong Kong'un ödemeler sisteminde değişiklikler olmuştur. Bu değişiklik ile bankalara eski sistemde "Hong Kong Associatinon of Banks" tarafından yürütülen interbank işlemlerinin

---

191 Tsang Shu-ki, , "Is a Currency Board System Optimal for Hong Kong", Hong Kong Babtist University, May 1998, <www.hkbu.edu.hk/> (Mayıs 1999).

192 Alan Walters, "Currency Boards and Their History", **Proceedings of a Conference on Currency Substitution and Currency Boards**, Edited by Nissan Liviatan, World Bank Discussion Papers, 207, The Word Bank, Washington D.C. 1993, s.5.

193 Tsang Shu-ki, "Currency Board Complications: The AEL Model", <www.hkbu.edu.hk/˜econ/web982.html>

HKMA'nın denetiminde yapılması uygulamasını getirmiştir. Bu uygulama ile bankalara gün ortası likidite temini kolaylığı sağlanmış, paranın değerini koruma amaçlanmıştır[194].

HKMA, açık piyasa işlemleri yoluyla döviz kurunu etkileyebilmek için bono basabilmekte ve 1992 yılından beri "Liquidity Adjustment Facility" ismiyle bir iskonto aracını kullanabilmektedir. Bu işlem para üretimini etkilemenin yanısıra interbank faiz oranları üzerinde etkin bir kontrol sağlamaktadır. HKMA'ya mevduat karşılıklarını toplama yetkisi verilmiştir. Bu yetkiler ile HKMA, bir merkez bankasının çoğu araçlarına (reeskont, zorunlu karşılık, interbank, döviz piyasası) sahip bulunmaktadır[195].

Hong Kong'ta 1994 yılı Eylül ayında kayıtlı olan 179 bankanın 4/5'i koloni dışında birleşmeler yaparken, bankacılık sektöründeki krizlerden küçük bankaların korunabilmesi için Hongkong Shanghai Banking Corparation'a son başvuru mercii fonksiyonu verilmiştir. Hongkong Shanghai Banking Corparation bankacılık sektöründen borçlanma sertifikası yoluyla fazla borçlanması durumunda, borçlandığı orana göre HKMA'ya ceza ödemek zorundadır. HKMA'nın bankacılık sisteminden borçlanması; doğrudan borç alma, döviz piyasasına müdahale, açık piyasa işlemleri yoluyla yapılmaktadır[196].

Hong Kong Para Otoritesi, Hong Kong'un uluslararası finans merkezi olabilmesi için diğer merkez bankaları ile yakın ilişkiler içerisine girmiştir. Kurum, Tayland, Filipinler, Yeni Zellanda, Malezya, Kore, Japonya,

---

[194] Kwok-chuen Kwok, "Money and Banking", **The Other Hong Kong Report** edit by Joseph Y.S.Cheng, The Chinese University Press, 1997, ss.330,331.

[195] Walters, s.12.

[196] Yum K.Kwan, Francis T.Lui, Leonard K.Cheng, "Credibility of Hong Kong's Currency Board: The Role of Institutional Arrangements" **Working Paper**, Center for Economic Development, Hong Kong University of Science and Technology, 4 June 1999, s.7, <www.bm.ust.hk/~ced/main.html> (Haziran 2000)

Endonezya, Çin, Avustralya merkez bankaları yöneticileri ile 1995 yılında Hong Kong'da toplantılar yapmıştır. Grup, finansal piyasalardaki gelişmeleri yeniden gözden geçirmiş ve merkez bankaları arasında daha ileri düzeyde ortaklıklar için fırsatları değerlendirmiştir[197].

Hong Kong bankaları iyi bir liberal yapıya ve düzenlemelere sahiptirler. HKMA, interbank işlemleri ile piyasadan para çekerek veya enjekte ederek faiz oranlarını yükseltmekte veya düşürmektedir. HKMA'nın 23 Ekim 1997 tarihinde gecelik faiz oranlarını %300'e yükselterek spekülatörleri cezalandırma işlemi ilgi çekici bir uygulamadır[198].

Tablo.11.Hong Kong'da Lisanslı Bankaların Para Arzı İçindeki Payları (%)

Lisanslı Bankalar	1997	1998
Hong Kong and Shanghai Banking Coorparation Limited	72,5	66,4
Standart Chartered Bank	13	12,5
Bank of Chine	14,5	21,5

Kaynak: History of the Hong Kong Exchange Rate System Monetary Reform Measures Since 1987,(November 17 1998), **Phnom Penh Daily**, Hong Kong, <www.phnompenhdaily.com/17-10-98t3.htm> (Ocak 2000)

Tablo.11'e göre, Bank of Chine payının önemli bir artış göstermesi Çin ile yoğunlaşan ekonomik ilişkilere bağlanabilir. Asya krizinin hüküm sürdüğü dönemlerde spekülatif faaliyetlerin aşırı derecede yoğunlaşması ile karşı karşıya kalan Hong Kong Dolarını korumak ve bankaların likidite sıkıntısını gidermek amacıyla 21-22 Ekim 1997 tarihinde büyük oranlarda ABD Doları satılmıştır. Gecelik faiz oranları %280'ler seviyesine yükselmiş ve döviz kuru aşağı çekilmiştir. 24 Ekim tarihinde gecelik faiz tekrar %5 oranına düşürülmüştür[199].

---

[197] Kwok-chuen Kwok, s.333.
[198] "The ABC of a Currency Board", **The Economist**, November 1,st. 1997, s.6.
[199] Guy M.Meredith, "Liquidity Management under Hong Kong's Currency Board Arrangements", **Prepared for the International Workshop on Currency Boards: Convertibility, Liquidity Management and Exit**, 9 October 1999, Hong Kong, <www.hkbu.edu.hk/~econ/99wsMeredith.doc> (Haziran 2000)

Hong Kong, 1999 yılı itibariyle dünyanın 3. büyük uluslararası döviz rezervine sahip ülkesidir. Bu döviz rezervi M3'ün %40'ına karşılık gelmesine karşın HKMA, döviz kurunu korumak için döviz piyasalarına müdahalelerde bulunmaktadır. Döviz kurlarına müdahale ile Hong Kong para kurulu merkez bankacılığı sistemine yaklaşan bir yarı (esnek) para kurulu sistemi özelliği göstermektedir. 1999 yılı Şubat ayı itibariyle para kurulu parasal tabanı 202,5 milyar HK Dolarıdır[200].

Hong Kong, Çin'le birleşmeden önce 1997 yılında para ve döviz kuru sistemine yönelik bir takım kararlar almıştır. Bunlardan başlıcaları [201]; Para ve finans sistemini düzenlemek, Hong Kong Dolarının resmi para olarak kullanımının ve konvertibilitenin devam etmesi, döviz kontrollerinin kalkması, bölge içine dışardan akan sermaye ve bölge içindeki sermaye hareketinin serbestleştirilmesidir. Herhangi bir durumda çoğu merkez bankası iskonto aracını son başvuru mercii rolünü yerine getirmek için kullanmaktadır. Bazı durumlarda para politikasının işletilmesini sağlayan "politika" fonksiyonunu, krize düşen bankaları "kurtarma" fonksiyonundan ayırmak güçtür. Hong Kong para kurulu sistemi her iki fonksiyonu bir arada yürütmeye çalışmaktadır[202].

HKMA, 5 Eylül 1998 tarihinde sabit döviz kuru sistemini sağlamlaştırmak ve korumak için "7 teknik önlem" almıştır, Bunlar[203];

---

[200] Exchange Fund Abridged Balance Sheet and Currency Board Account, , **Economic and Finance**, Chamber Org. Hong Kong Busines School , December 17 1999, <www.chamber.org.hk/bus_suite/daily_business_news/econ/econ99121701.htm>.(Eylül 2000)

[201] John Dadsworth and Dubravka Mihaljek, s.5.

[202] Tsang Shu-ki, "Welcome on Board, Hong Kong!", Hong Kong Babtist University, 14 September 1998, <www.hkbu.edu.hk/˜sktsang> (Mayıs 1999)

[203] Strengthening of Currency Board Arrangement in Hong Kong, **Press Realites**, Hong Kong Monetary Authority, October 1998,<www.info.gov.hk/hkma/eng/press/1998/980905e.htm>(Ekim 1999)

HKMA'nın 1 ABD$=7,75 HK Doları paritesini sürdürmesi ve piyasa koşullarına göre kurun 7,80 düzeyine çıkmasına izin vermesidir. Hong Kong'da 7 Eylül 1998 tarihinde uygulamaya konulan açık piyasa işlemleri etkisi bütün lisanlı bankaların konvertibiliteyi yerine getirmesinde yardımcı olmuştur. Bankalar, gün sonu hesaplarını kapamak için gerekli HK Dolarını temin edebilmektedirler[204].

Liqudity Adjustment Facility'e (LAF) belirlenen aralıkta (7,7-7,8) döviz kurunu değiştirebilme izni verilmesidir. LAF, bütün lisanslı bankaların HKMA ile clearing hesaplarını düzenlemede aracılık etmektedir ve LAF aracılığıyla sağlanılan kolaylık bankaların likidite yönetimini etkinleştirmiştir.

LAF, iskonto işlemleri yoluyla para tabanını belirleyebilecektir. Parasal tabanı ayarlamak için, HKMA faiz oranlarının sermaye akımlarını etkiyecek düzeyde olması gerekmektedir.

Repo işlemlerinde rezerv para ile karşılıklandırılan döviz fonu sertifikalarını gün sonu işlemlerinde kullanmak faiz oranlarında istikrar sağlayacaktır.

Yeni döviz fonu sertifikaları yalnızca döviz temin edilmesi durumunda basılabilecektir. Bu işlem döviz fonu sertifikalarına %100 rezerv karşılığı sağlamaktadır.

İskonto işlemlerinin çoğalması amacıyla lisanslı bankaların ellerinde tuttukları döviz fonu sertifikalarına zamanla değişen iskonto oranları uygulanacaktır.

---

[204] Andrew Fung, "Liability and Market Risk Management by a Bank Treasurer in a Modern Day Currency Board System", **International Workshop on Currency Boards: Convertibility; Liquidity Management and Exit Conference**, 9 October 1999, <www.hkbu.edu.hk/˜econ/99wsNenovsky.doc>. (Haziran 2000)

Döviz fonu sertifikalarını ve borç tahvillerini içeren repo işlemlerinde borç tekrarı sınırlanmaktadır. Döviz fonu sertifikalarından başka hiç bir şey iskontoya kabul edilmeyecektir. Sıralanan 7 teknik önlemle birlikte HKMA para kurulu işlemlerini gösteren döviz fonu bilançolarını yayınlamaktadır.

Para kurulu sistemine daha iyi bir işlerlik kazandırmak için "Döviz Fonu Danışma Komitesi" (Exchange Fund Advisory Committe=EFAC) kurulmuştur. Döviz Fonu Danışma Komitesinin (EFAC) görevleri şöyle sıralanmaktadır[205]; Döviz Fonu Advisory Committe tarafından alınan kararların HKMA tarafından düzenlenen politikalarla uyumlulaştırılması, para kurulu işlemleri konusunda EFAC aracılığıyla HKMA'ya raporlar verilmesi, para kurulu işlemlerinin etkinliğini sağlayacak önlemler sunulması, süreli yayınlar ile para kurulu işlemlerinin şeffaflığının sağlanması, para kurulu işlemlerinin değişen piyasa koşullarına uyumunun ve gelişiminin sağlanmasıdır. Danışma komitesi başkanı, HKMA başkanı tarafından atanmaktadır. Görev yapan diğer kimseler HKMA'nın kıdemli memurları, akademisyenler ve finans sektöründeki profesyonellerden oluşmaktadır.

Günümüzde uygulanmakta olan para kurulları içerisinde Hong Kong diğer para kurulu sistemlerinden farklı özelliklere sahiptir. Bu özellikleri ve işleyiş şekli ile diğer para kurullarından önemli ölçüde ayrılmaktadır. Para kurulu sabit döviz kurunu takip etmekle birlikte, 1988 yılından itibaren Döviz Fonu'na açık piyasa işlemleri yapma yetkisi verilmesi, 1990 yılından itibaren Döviz Fonu sertifikalarının piyasaya sürülmesi ve bankalara likidite sağlamak amacıyla reeskont ve avans işlemleri yapabilme olanağının

---

[205] Strengthening of Currency Board Arrangement in Hong Kong, (October 1998), **Press Realites**, Hong Kong Monetary Authority, <www.info.gov.hk/hkma/eng/press/1998/980905e.htm >

verilmesi kurulun merkez bankacılığı sistemine yaklaştığının işaretlerini vermektedir[206].

1.3.Hong Kong Ekonomisinde Son Gelişmeler

Hong Kong'da faiz ve enflasyon oranları rezerv ülke ABD'deki faiz ve enflasyon oranlarına yakınlık göstermektedir. Bu yakınlaşmaya paralel olarak, ticarete konu olan mallarda enflasyon oranı ABD ile aynı düzeydedir. Ticareti konu olan malların üretimindeki verimlilik artışı ticarete konu olmayan malların verimlilik artışından daha yüksektir. Bu nedenle ticarete konu olan mal fiyat artışı yılda %1-3 iken, tüketim malları fiyat artışları yıllık %8 civarında olmuştur. Ticarete konu olan mallardaki enflasyonun düşük olması toplam enflasyonu %3'e indirmiştir. Hong Kong'un 1984-1994 dönemi içerisinde elde ettiği sonuçlar şöyle sıralanabilir[207]. Yıllık GSYİH artış hızı %6,4 olmuş, kişi başına gelir 20 bin ABD Dolara ulaşmış (İngiltere'den Yüksek), dış ticaret fazlası GSYİH'nın %7,7'sine yükselmiş (Bu Hong Kong'a rezerv temininde ve dolayısıyla para kurulunun başarısına katkıda bulunmaktadır), bütçe fazlası GSYİH'nın ortalama %2,1'ine ulaşmış (Para kuruluna etkin bir kaynak kullanımı sağlamaktadır), enflasyon 1982-1994 döneminde yıllık %7,7 ve 1979-1983 döneminde yıllık %12,6 olmuştur.

Tablo.12.Hong Kong'da Ortalama Reel Büyüme ve Tüketici Enflasyonu (1961-97)

Dönem (%)	Yıllık Reel GSYİH Büyüme	Yılık Kişi Başına GSYİH Büyüme	Yıllık TÜFE Enflasyon Ortalaması
1961-70	7,9	5,5	5,3
1970-80	8,9	6,3	8,7
1980-90	6,8	5,4	8,1
1990-97	5,0	3,3	8,3

Kaynak: Tsang Shu-ki, , "Is a Currency Board System Optimal for Hong Kong", Hong Kong Babtist University, May 1998, <www.hkbu.edu.hk/ >(Mayıs 1999)

---

206 Akyazı, s.125.
207 Walters, ss.12-13.

Tablo.12'de Hong Kong ekonomisinin büyüme ve tüketici fiyatları endeksindeki değişmeler görülmektedir. Hong Kong ekonomisi için dikkati çeken noktalardan birisi yüksek enflasyon ile düşük GSYİH'nın birleştiği 1990'lı yıllardır. Bu dönemde enflasyonun Hong Kong ekonomisine yansıması iki yoldan olmuştur. Bunlar[208]; Ticaret yoluyla geçen enflasyon ve varlık (gayri menkul-finans sektörü yatırımları) enflasyonudur.

Hong Kong ekonomisinin Çin ekonomisi ile entegrasyonu sonucunda Hong Kong'da yerel varlıklara yabancı talep artmıştır. Bu talep artışı iç piyasada parasal akımları artırmış, varlık enflasyonu ortaya çıkmıştır. Varlık enflasyonunun önlenebilmesi esnek kur sistemi uygulaması ve faiz oranlarının da bu amaçla kullanılması önerisi yapılmıştır. Sabit kur sistemi altında hızlanan gayri menkul ve finansal sektör yatırımlarının (özellikle Tayvan, Malezya, Endonezya) bölge ülkelerinde enflasyonun yükselmesine neden olduğu vurgulanmıştır.

Tablo.13.Hong Kong'da Hisse Senedi, Mal Fiyatları (1984-1997)

Yıllar	Hisse Senetleri Fiyatı (Hang Seng Endeksi)	Mal Fiyatları Endeksi
1984	100,00	100,00
1985	155,43	109,74
1986	195,16	121,42
1987	286,04	148,91
1988	253,51	181,56
1989	275,75	229,10
1990	300,18	254,87
1991	379,72	350,52
1992	549,90	492,55
1993	763,08	543,532
1994	937,34	670,68
1995	902,14	623,71
1996	1154,79	683,28
1997	1406,46	958,38

Kaynak: Tsang Shu-ki, "Is a Currency Board System Optimal for Hong Kong", <www.hkbu.edu.hk/ >

[208] Shu-Ki, "Is a Currency Board System Optimal for Hong Kong", <www.hkbu.edu.hk/˜econ/>

Tablo.13'e göre, Hong Kong'da hisse senetleri fiyatlarının mal fiyatlarından daha hızlı arttığı gözlenmektedir. Özellikle, 1992 yılından sonra hisse senetleri fiyatlarında hızlı bir artış olmuştur. Hong Kong ekonomisinde dikkati çeken bir konu hizmetler sektörünün gelişmesidir. 1979 yılından sonra Çin ekonomisinin dışa açılması ile Hong Kong'lu müteşebbisler tesislerini daha ucuz emeğin ve materyalin bulunduğu Çin'e taşımışlardır. Üretim sanayi, Hong Kong'da azalmasına rağmen, daha yüksek teknoloji kullanmışlardır. Hong Kong'daki sermaye, insan ve diğer kaynak fazlalığı hizmetler sektörüne yönelmiştir. Hizmetler sektöründeki karlılık oranı, mülkiyet fiyatları ve kira yüksekliği nedeniyle erimiştir. Yatırımlar bu alanları terk ederek spekülatif hareketlere yönelip yapısal değişime neden olmuştur[209].

Tablo.14.Hong Kong'da Döviz Kuru Rejimi Uygulamaları (1900-2000)

Tarih	Döviz Kuru Rejimi	Kur Oranı
4 Ekim 1935 e kadar	Gümüş Standardı	
6 Aralık 1935 23 Kasım 1967	Sterline bağlı	16HK$=1$ 14,55HK$=1$
6 Temmuz 1972 14 Şubat 1973	%+-2,25 müdahale marjı ile ABD $ sabit kur	5,65HK$=1ABD$ 5,085HK$=1ABD$
25 Kasım 1973	Serbest Kur	
17 Ekim 1983-1992	ABD $ sabit kur	7,8HK$=1ABD$
1992-7 Eylül 1998	Pegged kur	7,7-7,8HK$=1ABD$
7 Eylül 1998-....	Sabit kur	7,8HK$=1ABD$

Kaynak: K.Yum Kwan, T.Lui Francis, "How Well Has the Currency Board Performed? Evidence from Hong Kong" **Working paper**, Center for Economic Development, Hong Kong Üniversity of Science and Technology, March 1999, <www.bm.ust.hk/˜ced/main.html.> (Haziran 2000)

Tablo.14'te Hong Kong para kurulunun günümüze kadar uygulamış olduğu kur rejimi gösterilmektedir. Genellikle sabit kur sistemi uygulanmasından dolayı ABD Dolarının diğer ülke paralarına karşı kur değişiklikleri Hong Kong Dolarının da değerini değiştirmiştir. Mal ve hizmetler

[209] Shu-ki, , "Is a Currency Board System Optimal for Hong Kong", <www.hkbu.edu.hk/˜econ/>

sektörü ABD Dolarının kur değişiminden büyük oranda etkilenmektedir. Buna rağmen sabit kur uygulaması devam etmektedir[210].

Hong Kong ekonomisinin 1983 yılından Asya Krizine kadar herhangi bir krizle karşılaşılmaması para kurulu sisteminin başarısı olarak yorumlanabilir. Bu süre içerisinde yerel bankalar bazı güçlüklerle karşılaşmış ve Hong Kong Doları Meksika krizi sırasında iki gün gibi kısa bir sürede çok şiddetli spekülatif baskılara maruz kalmasına rağmen büyük oranda bir olumsuzluk olmamıştır.

Tablo.15.Hong Kong'da 1991-1999 Dönemine Ait Bazı Ekonomik Göstergeler

	1991	1992	1993	1994	1995	1996	1997	1998	1999
Rezerv MilyonABD$	28,81	35,17	42,99	49,25	55,4	63,81	92,8	89,65	96,24
Para Piy. Faizi%	4,63	3,81	4,00	5,44	6,00	5,13	4,50	5,5	5,75
Mevduat Faizi %	5,46	3,07	2,25	3,54	5,63	4,44	5,98	6,62	4,50
İşsizlik %	1,8	2	2	1,9	3,2	2,8	2,2	4,7	
İhracat Mil.ABD$	98,58	119,49	135,24	151,4	173,75	180,75	188,06	174,00	173,89
İthalat CİF "	100,24	123,41	138,65	161,84	192,75	198,55	208,61	184,5	179,52
Enflasyon TÜFE%	12	9,4	8,5	8,1	8,7	6,3	5,8	-2,8	-3,9
Döviz Kuru HK$/$	7,7810	7,743	7,7260	7,738	7,732	7,736	7,746	7,746	7,771

Kaynak: IMF, **International Financial Statistics**, October 1998, ss.208-208,. October 1999, ss.218-219, June 2000, ss.222-223.

Hong Kong ekonomisinde Asya Krizinin etkisi ile oluşan işsizlik oranları artışı dışında herhangi bir olumsuzluk göze çarpmamaktadır. Enflasyon oranının son iki yılda eksiye düşmesine rağmen, diğer dönemlerde ABD'den fazla olmasının altında yatan 3 sebep vardır. Birincisi; Hong Kong Dolarının para kurulu sistemine geçişin ilk başlangıcında devalüe edilerek, ABD yurtiçi fiyatları ile Hong Kong yurtiçi fiyat farklılığının Hong Kong lehine artırılmasıdır. İkincisi; Hong Kong'daki üretim verimliliğinin ABD'deki düzeyden daha hızlı artmasıdır. Bu ticarete konu olmayan mallar için de güçlü bir verimlilik olduğunu göstermektedir. Üçüncüsü; ABD

[210] Henry C.K.Liu, "The Costs and Benefits of Pegging The Hong Kong Dollar to the US.Dolar", <http://csf.colorado.edu/for.../0195.html> (Haziran 1999)

Dolarının Hong Kong'un güçlü ticaret ortakları olan diğer Doğu Asya ülkelerine karşı hem reel hem de nominal açıdan değer kaybetmemesidir[211].

Hong Kong hükümetinin yarı kamusal altyapı harcamaları için yaptığı borçlanma dışında herhangi bir kamu borcu bulunmamaktadır. Altyapı için yapılan borçlanmalar para miktarını artırmaktadır. Özel kesimin yapmış olduğu banka borçlanmalarının %40'ı (50 milyar dolar) şirket ve gayri menkul satın almaları için kullanılmaktadır[212].

Hong Kong, Asya Krizini diğer bölge ülkelerine göre en az maliyetle kapatmıştır. Hong Kong başarısını sürdürmüş olduğu para kurulu sistemine ve sahip olduğu yüksek düzeyli döviz rezervine borçludur. Krizin atlatılmasında diğer önemli bir faktörde, uluslararası rekabet düzeyi yüksek finansal kurumlara ve sıkı maliye politikasına sahip olmasıdır. Hong Kong para kurulu uygulaması hakkında Asya Krizi sonrası şu sonuçlara ulaşılabilir; para kurulu sisteminin fiyat esnekliğinin olduğu ekonomilerde daha başarılı olmasının muhtemel olduğu, güçlü bir bankacılık sistemine sahip olmanın para kurulu sistemi başarısını etkilediği, para kurulu sisteminde para arzı üretim mekanizmasına müdahale edilmemesi gerektiği, para kurulu sisteminde yurtiçi fiyatlardaki değişimin dış ticaret dengesi için önemli olduğu ve Hong Kong'un ihracat yapısının uzun dönemli ticari şoklara maruz kalmayacak bir yapıya sahip olduğudur[213].

Hong Kong, İngiltere koloniliğinden çıktığı ve Çin yönetimi altında özel yönetim bölgesi haline geri döndüğünde (1997) politik geçiş sorunu yaşamıştır. Bazı ekonomistler sabit kur sisteminin kaldırılması gerektiği ve

---

211 Williamson, s.9.

212 Henry C.K.Liu, "The Impact of A Free-Floating Hong Kong Dollar on The Economies of Hong Kong and China", <http://csf.colorado.edu/for.../0195.html> (Haziran 1999)

213 Yuk-shing Cheng, Wong Marn-heong and Christopher Findlay, "Singapore and Hong Kong", **East Asia In Crisis from Being a Miracle to Needing one**, edit by Ross H.Mclead an Ross Garnaut, Hong Kong 1999. s.176,177.

yakın bir gelecekte Asya krizinin etkilerinin ortadan kalkması ile Hong Kong'un farklı bir sisteme geçeceğini söylemelerine rağmen, sabit kur sistemi devam etmektedir. Hong Kong'da sabit kur sistemi bankacılık sektörünün sıkı denetim altında tutulmasını sağlamaktadır. Daha önce birinci bölüm, başlık 6.1'de ele alındığı gibi para kurulu sistemi bankaların para ve faiz arbitrajı elde etme imkanlarını ortadan kaldırmaktadır[214].Hong Kong para kurulu diğer para kurulu sistemlerine örnek teşkil etmektedir[215].

Hong Kong para kurulu sisteminin 1983'ten günümüze kadar olan döneme ilişkin kredibilitesini ölçmeye yönelik çalışma yapılmıştır. Süreç; I. Dönem; 1988-1992 yıllarını kapsayan kurala bağlı (sabit kur) rejim, II. Dönem; 1992-7 Eylül 1998 tarihlerini kapsayan ihtiyari para politikası rejimi ve III. Dönem; 7 Eylül 1998-Ağustos 1999 tarihlerini kapsayan kurala bağlı rejim olarak üçe ayrılmıştır. Dönemler arasında devalüasyon riski, spekülatif faaliyetlerin aşırı derecede yoğunlaşması, LİBOR-HİBOR farklarının etkileri açısından ekonometrik kredibilite ölçümü yapılmıştır. Sonuç olarak, sabit kur rejiminin kredibilite açısından daha etkin olduğu sonucuna varılmıştır[216].

Hong Kong, Ağustos 1998 tarihinde sermaye piyasasına müdahale etmek için 8.8 milyar ABD Doları harcamıştır ve bu rakam toplam döviz rezervinin %9'udur. Bu olay üzerine Hong Kong'un kredi notu, "Standard & Poor's Rating Group" tarafından düşürülmüştür. Sonuçta piyasa ve kamu baskısı Hong Kong'u sabit kur sistemi uygulamak zorunda bırakmıştır. Asya Krizi sonrası Hong Kong'un rezerv para olarak ABD Doları seçmesinin fayda ve maliyetinin araştırılmış, optimal para bölgesi* tartışmaları yapılmıştır.

---

[214] Shu-ki, "Is a Currency Board System Optimal for Hong Kong", <www.hkbu.edu.hk/>

[215] K.Yum Kwan, Francis T.Lui, "How Well the Currency Board Performed? Evidence from Hong Kong", **Working Paper,** Hong Kong University of Science and Technology, Center for Economic Development, Marc 1999, <www.bm.ust.hk/~ced/main.html> (Haziran 2000)

[216] Kwan, T.Lui, Cheng, s.21-22.

* Bir merkez ülke ile uydu ülkelerin ortak kullanılan para ve para politikasına sahip olarak oluşturdukları para bölgesidir. Diğer bir ifade ile farklı ülkelerin aynı parayı değil, belirli bir bölge içerisinde aynı paranın

HKMA tarafından alınan 7 teknik önlemden sonra önemli bir spekülatif kazanç amaçlı faaliyet olmamıştır. Bu önlemler Asya krizinin olumsuz etkilerini en aza indirmiştir. Alınan teknik önlemler ihtiyari para politikası uygulama olanağını kısıtlamaktadır[217].

Hong Kong 5,5 milyonluk nüfusu, 24 bin ABD Dolarlık kişi başına geliri, 180 milyar ABD Dolarlık ihracatı, 40 milyar ABD Dolarlık dış borcu ve 1999 yılı sonunda 96 milyar ABD dolar olan dünyanın üçüncü büyük döviz rezervine rağmen Çin yönetimine yönelik özerkliğinin devamını da dikkate alarak para kurulu sistemini sürdürmektedir[218].

2.ARJANTİN PARA KURULU

Arjantin para kurulu sistemi uygulamasına 1902 yılında başlamasına rağmen sistem kesintilere uğramış ve ilk iki uyguma bir önceki kısımda ele alınmıştır. 1991 yılında başlayan üçüncü dönem bu kısımda ele alınmaktadır. Arjantin, 20. yüzyıl boyunca sürekli ekonomik istikrarsızlıklar ve büyük oranlı enflasyonlar yaşamıştır. Ülke para kurulu sistemi dışında (Austral I, 1985- Austral II, 1987- Primavere, 1988, BB Programı 1989[219]) pek çok istikrar programları yürürlüğe koymasına karşın başarı elde edememesi sonucu tekrar para kurulu sistemine dönmüştür. Ülkede para kurulu

kullanılmasıdır. Optimal para bölgesi bir komşu ülke parasına bağlanmak kadar küçük alanı kapsayabileceği gibi bir kıta ülkelerini de kapsayabilir. Optimal para bölgesi oluşturmak için merkezi ülke ve uydu ülkeler paraları arasında sabit bir ilişki, tam konvertibilite, döviz rezervlerinin merkezi ülke tarafından yönetilmesi gibi şartları vardır. Jeffrey A.Frankel, "No Single Currency Regime is Right for All Countries or at All Time" NBER, Working Paper 7338 Cambridge, September 1999. s.14, Stanley Fischer, "Seignior and Official Dollarization" **Proceedings of a Conference on Currency Substitution and Currency Boards**, Edited by Nissan Liviatan, World Bank Discussion Papers, 207, The Word Bank, Washington D.C. 1993, s.7.,

[217] Kasa, "Why Attack a Currency Board?, <www.frbsf.org/econrsrch/wklyltr/wklyltr99/el99-36.html>

[218] Deniz Gökçe, "Çin, Asya'da Krizi Artırıyor", 2 Eylül 1999, Aksam Gazetesi.

[219] Saruhan Özel, **Türkiye'de Enflasyon, Devalüasyon ve Faiz**, Alkım Yayıncılık, Aralık 2000, s.75.

sisteminin başarısı için yapısal reformların uygulamaya konduğu ve hızlı bir özelleştirmenin yapıldığı gözlenmektedir.

2.1.Para Kurulu Öncesi Arjantin Ekonomisinin Yapısı

Arjantin, doğal kaynak zenginlikleri nedeniyle 19. yüzyılda Avustralya'dan sonra refah düzeyi en yüksek ikinci ülke durumunda iken, halihazırda 7000 dolarlık kişi başına geliri ile 23. sırada bulunmaktadır. Petrol krizi nedeniyle 1970'li yıllarda enflasyon oranı ortalama %130'a yükselmiş; 1982 yılındaki dış borç krizinden sonra tamamen kontrolden çıkmış, 1984 yılında %627, 1989 yılında %3079, 1990 yılı Mart ayında yıllık %20266'ya yükselmiştir. 1985-1989 döneminde yürürlüğe konulan 6 ayrı istikrar paketinin hepsi de enflasyonu düşürmede başarısız olmuştur[220].

Enflasyon oranındaki bu istikrarsızlık, Arjantin'de makroekonomik istikrarsızlığın yaygınlaşmasına yol açmış ve bunun en önemli göstergesi 1990 öncesi dönemde reel büyüme oranının büyük dalgalanmalar göstermesidir. Örneğin; 1977,1979,1983,1986 yıllarında reel büyüme oranı ortalama olarak %5 ile %7 arasında gerçekleşirken, bu gerçekleşme 1978,1981,1985,1989 yıllarında %-5 ile %-6 olmuştur. Büyüme oranındaki bu istikrarsızlık Arjantin'de döviz kuru istikrarsızlığını yaygınlaştırmıştır[221].

Arjantin'in 1980-90 döneminde uygulamış olduğu istikrar programlarının temel hedefi enflasyonun düşürülmesidir. Bu programlar içerisinde en önemli olanı 1985 yılında uygulamaya konulan Austral Planıdır. Austral Planının amacı; sıkı para ve maliye politikası uygulamak, fiyat ve ücretleri dondurmak, yeni bir para birimine geçmektir[222].

---

220 Gültekin, Yılmaz, s.19.

221 Jane Sneddon Little, Giovanni P.Oliveri, "Why the Interest in Reforming the International Monetary System?" **New England Economic Review**, Federal Reserve Bank of Boston, Sept/Oct.1999, s.67.

222 İlker Parasız, **Kriz Ekonomisi**, II.Baskı Ezgi Kitabevi, Bursa 1996, s.106-110.

Bu özellikleri ile Austral istikrar programı heterodoks özelliklere taşımakta ve enflasyonun düşürülmesinde şok stratejisine dayanmaktadır. Arjantin, oligopolistik yapının hakim olduğu bir ekonomiye sahiptir. Böyle bir ekonomik yapıda fiyat ve ücretlerin dondurulmasına yönelik davranışlar son derece önemli hale gelmektedir. Toplam talepte düşüşler fiyatlar genel düzeyinden daha çok üretim miktarında düşüşlere yol açmaktadır. Programın başarısızlığı Arjantin ekonomisinin piyasa yapısına, devletin ekonomideki ağırlığına, programlardan zamanla taviz verilerek ılımlı politikalar izlenmesine, seçim ekonomisi izlenmesine, yapısal reformların yapılamamasına bağlanmaktadır. Ayrıca, Dünya Bankası tarafından yapılan bir araştırmada istikrarsız makroekonomik çevrenin, tasarruf ve yatırımların yurtdışına akmasının, emek verimliliğinin düşmesinin ve refah kaybının programın başarısızlığına neden olduğu vurgulanmaktadır. Uygulanan Austral Planı az çok günümüzde uygulanan para kurulu sistemine benzemektedir. Austral planında parasal tabana, %100 rezerv karşılığı bulundurma zorunluluğu olmamasına rağmen, yabancı rezerv karşılığı olmaksızın para arzı artışı yapılmamıştır. Bu dönemde gelir sağlamak amacıyla özelleştirmeye başvurulmamıştır[223].

Latin Amerika'da 1980 ve 1990'lı yıllarda yaşanan borç krizleri Arjantin ekonomisini de içerecek biçimde "devletin ekonomideki rolü ne olmalıdır?" tartışmasını gündeme getirmiştir. Bu konuda farklı görüşler bulunmaktadır. Bazı çevreler çoğu Latin Amerika ülkesinin ithal ikameci endüstrileşmeden vazgeçerek, serbest piyasa modeline geçmelerinin daha yararlı olacağını belirtmişlerdir[224]. Latin Amerika ülkelerinin 2000'li yıllarda

---

[223] Daniel Artana, "Some Aspects of the Recent Program", **Proceedings of a Conference on Currency Substitution and Currency Boards**, Edited by Nissan Liviatan, World Bank Discussion Papers, 207, The Word Bank, Washington D.C. 1993, s.41.

[224] Claudio M Loser and Martina Guerguil, "The Long Road to Financial Stability", IMF, **Finance and Development**, Vol:37, Number 1, March 2000, s.7.

pozitif bir büyümeyi yakalayabilmesinde en önemli faktörün serbest piyasa ekonomisine geçişi hızlandırmak olduğu vurgulanmıştır[225]. Latin Amerika'da 90'lı yıllardaki piyasa mekanizmasına dayalı ekonomik yapının önceki dönemlerdeki devlet ağırlıklı iktisadi yapıdan daha sağlıklı olduğu belirtilmiştir[226].

2.2.Para Kurulu Öncesi Yapılan Reformlar: Cavallo Planı

Arjantin, 1980-1990 döneminde dünyanın en istikrarsız parasına sahip ülkelerinden birisidir. Bu nedenle Almanya'nın II. Dünya Savaşından sonra izlediği para politikasının en önemli unsuru olan bağımsız merkez bankası fikrini uygulamaya karar vermiştir[227]. Nisan 1991 tarihinde para kurulu sistemine geçmeden önce bir dizi istikrar paketleri yürürlüğe koymuştur. Arjantin ekonomisinin yeniden yapılanmasına yönelik çalışmalar ekonomi bakanı Domingo Cavallo tarafından hayata geçirilmiş ve "Cavallo Planı" olarak adlandırılmıştır. Cavallo planının istikrar sağlamaya yönelik araçlarından birisi mali reformlardır. İkincisi de para kurulu uygulamasına geçişi mümkün kılacak biçimde Arjantin ulusal parasının ABD Dolarına tam konvertibilitesini garanti eden para politikalarıdır[228].

Cavallo planı para kurulu benzeri sistem olarak yorumlanmıştır. Carlos Menem, peso yerine doların kullanımını gündeme getirerek; dolar kullanımında senyoraj kaybının, risk, faiz oranları düşüşü ve daha yüksek büyüme hızından elde edilecek faydadan daha düşük olacağını belirtmiştir[229]. Menem,

---

[225] Mike Cherizt, Sethephen Kay, Elizabeth McQuerry, "Latin America Hopes for Brighter Prospects in New Year" **EconSouth**, Federal Reserve Bank of Atlanta, Fourth Quarter, 1999, s.28.

[226] Carlos Lozada, "Economic Policy Trends in Post-World War II Latin America", **Economic Review**, Federal Reserve Bank of Atlanta, Boston, Fourth Quarter 1999. s.44.

[227] Steve H. Hanke, "A Tale of Two Poses: A Comparison of Currency Policies in Mexico and Argentina" www.heritege.org

[228] G. Fındıkcıoğlu, "Döviz Cinsinden Borçlanma Üzerine", **İktisat Dergisi**, Sayı: 359, s.71.

[229] Steve H.Hanke, "How to Make the Dollar Argentina's Currency", **Wall Street Journal**, <www.wsj.com.> (Aralık 1999)

Arjantin'in son altmış yıldır (1930-1989) dünyada ki (ekonomik-politik) gelişmelerden soyutlanmış yapısını değiştirerek dünya ile bütünleşmesini sağlamayı amaçlamıştır. Bu amaçla ekonomik istikrarsızlığı, hiperenflasyonu, dış borç krizini ve yolsuzlukları önlemeye yönelik istikrar paketi yürürlüğe koymuştur. Paket ile ekonomik sisteme işlerlik kazandırmak için dış ticaretin artırılması, bürokrasinin, kamu harcamalarının azaltılması, vergi reformu, vergi cezası kanunu, özelleştirme ve yeni bir para birimine geçiş amaçlanmıştır. Dış ticaretin liberalleşmesi için otomobil, tekstil, kağıt sektöründeki kotalar, ihracatı engelleyici vergiler ve düzenlemeler kaldırılmıştır[230]. Tablo.16'da Arjantin'in para kurulu öncesi ekonomik istikrara yönelik yapmış olduğu reformlar görülmektedir.

Tablo.16.Arjantin'de 1989-1993 Döneminde Uygulamaya Konulan Reformlar

Haziran 1989 Kur 650 Austral=1ABD$	Mart-Nisan 1990 Otomotiv İthalat Reformu
Ağustos 1989 Devlet Reform Yasası	Şubat 1991 Gelir ve Katma Değer Vergisi Reformu
Eylül 1989 Ekonomik Güvenlik Yasası	Mart 1991 Konvertibilite Kanunu
Kasım 1989 Vergi Reformu	Mart 1991 Ticaret Reformu
Aralık 1989 Kur 1000 Austral=1ABD$	Ocak 1992 Ek Vergi Reformu
Aralık 1990 Yeni Vergi Yasası	Ekim 1992 Ticaret Reformu Değişikliği
Ocak 1990 Bonex Planı	Haziran 1993 Petrol Şirketi Reformu
Şubat 1990 Vergi Kaçırma Cezası Artırımı Yasası	

Kaynak: Evan Tanner, Pablo Sanguinetti, "Structural Reform and Disinflation: Lessons from Argentina's Convertibilty Plan", **The Journal of Developing Areas** Vol:31, Summer 1997, s.530.

Özeleştirme programı çerçevesinde telekomünikasyon, petrol, hava yolları, petro-kimya, su ve enerji gibi birçok alanda devlet şirketlerinin satışı yapılmış, kamu kesimi bütçe açığı kapatılmaya çalışılmıştır. Şirketlerin özelleştirilmesi ile vergi kaynakları artırılmış, kamu kurumlarında ki yolsuzluklar azalmış, verimlilik artmış ve bütçe açıklarında (GSYİH ya

[230] Domingo Cavallo, "The Convertibility Plan", **Proceedings of a Conference on Currency Substitution and Currency Boards**, Edited by Nissan Liviatan, World Bank Discussion Papers, 207, The Word Bank, Washington D.C. 1993, s.37.

oranı) azalmalar olmuştur. 1989-1992 döneminde düşük faizli hazine bonoları kullanımı ile kamu sektörü açığı GSYİH'nın %7,3'ten %0,4'e düşürülmüştür. Arjantin'de 1987 yılında GSYİH'nın %4,9 ve 1988 yılında %5,8'i oranında bütçe açığı varken bu oran 1990 yılında %3,8 olmuştur. Cavallo planı kamu sektöründe ücret artışlarını azaltmıştır. Menem hükümeti iktidarının ilk 21 ayında önemli gelişmeler sağlamasına rağmen bütçe dengesini sağlayamamıştır. Bunun sebebi olarak piyasa birimlerinin hükümetin vaatlerinin öncekilerden farksız olduğunu düşünerek hareket etmeleridir[231].

Vergi cezalarının artırılması ile birlikte KDV uygulaması yürürlüğe girmiştir. "Bonex Planı[*]" ile devletin borç yapısını değiştirmek için kısa vadeli borçlar ABD Dolarına endeksli devlet tahvilleri ile değiştirilerek uzun vadeli hale getirilmiştir[232]. Dolara endeksli tahviller yoluyla sağlanan faiz oranlarındaki düşüşler ilerleyen dönemde Arjantin'in uluslararası piyasadan borçlanabilme yeteneğini artırmıştır[233].

Devlet işlerinde bürokrasinin ve devletin sağladığı hizmetlerin azalması ile 1990 yılında işsiz sayısı 671 binden 284 bine düşmüş, 387 bin azalmanın 103 binini geçici olarak işten çıkarılanlar ve 284 binini taşraya transfer edilen öğretmen ve sağlık personeli oluşturmuştur. Cavollo planını izleyen yıllarda (Ekim 1993) sosyal reform kanunu ile yaratılan tasarruflar sermaye piyasası araçlarına talebi artırmış ve yatırımlara fon sağlamıştır[234].

---

231 Balino, Enoch, s.31-32.

* Bonex: Altı aylık libor faiz kazancı olan ve ikincil piyasalarda işlem görebilen ABD Dolarlı hükümet tahvilleridir. Hem Montevideo (Arjantin) hem de New York ta işlem görmektedir. Regional Development, Argentina, Oct-Dec 1992, <www.hg.org/122>

232 Akyazı, ss.115-117.

233 Adrew Berg and Eduardo Borenstein, "The Dollarization Debate", IMF, **Finance and Development**, Vol:37, Number 1, March 2000, s.39.

234 **The World Bank**, "Countries: Argentina", The World Bank Group, ss. 1-4. <www.worldbank.org/html/extdr/offrep/lac/ar2.htm.2000 (Mayıs 2000)>

Konvertibilite kanunu ile para kurulu sistemine geçiş için bir dizi ön koşullar (uluslararası rezervler para kurulu kredibilitesine yetecek kadar olmalıdır, ulusal para yükümlülükleri uluslararası rezervlerden küçük olmalıdır, finansal kurumlar güçlendirilmelidir) içeren kararlar alınmıştır[235]. Cavallo planı ile başlayan ve konvertibilite planı ile hız kazanan reform sürecinin temel özelliği ekonominin reel büyüme oranında büyük istikrarsızlıklar ortaya çıkmadan enflasyonun düşürülebilmesidir. Bu amaçla merkez bankasının para yaratma sürecinin disiplin altına alınması için Haziran 1990'da bütün vadeli mevduatların on yıl içerisinde dolar ağırlıklı hazine bonolarına çevrilebileceğini ilan etmiştir. Merkez bankası bu bonoları, ticari bankalara olan borçlarını ödemede kullanmış ve ticari bankalar müşterilerine (mevduat sahiplerine) bu bonolar aracılığıyla ödeme yapmışlardır. Bonex planı çerçevesinde gerçekleştirilen bu dönüşüm bir taraftan ekonomideki para arzı azalışını sağlarken, diğer taraftan merkez bankasının etkinliğini artırmayı hedeflemiştir[236].

2.3.Arjantin'de Özelleştirme

Arjantin'de 1980'lerin sonlarına kadar GSYİH'nın %7'sine ve toplam yatırımların %21'ine sahip olan 400 adet Kamu İktisadi Teşekkülü varlığını sürdürmüştür. Bu kurumlar son derece verimsizdiler ve 1989 yılında en büyük 13 KİT'in zararı 4 milyar dolar olmuştur[237]. Arjantin'de özelleştirme uygulaması 1989-1990'lı yılların başında gündeme gelmiştir. İlk olarak Ağustos 1989'da Devlet Reform Kanunu ile Kamu İktisadi

---

[235] James Hanson, "Argentina's Quasi-Currency Board", **Proceedings of a Conference on Currency Substitution and Currency Boards**, Edited by Nissan Liviatan, World Bank Discussion Papers, 207, The Word Bank, Washington D.C. 1993, s.45.

[236] K.Pamela Starr, "Government Coalitions and the Viability of Currency Boards: Argentina Under the Cavallo Plan", **Journal of Interamerican Studies,** World Affairs, Summer 1997 Vol: 39, Issue:2, ss.57-58.

[237] Manuel Pastor, Carol Wise, "Stabilization and its Discontents: Argentina's Economic Restructuring in the 1990s" **World Development** Vol: 27, No:3, 1999, s.487.

Teşekküllerin özelleştirilmesi kararlaştırılmış olmasına rağmen, teşekküllerin çoğu konvertibilite sonrası özelleştirilebilmiştir. Özelleştirme kamu sektöründe etkinliği, sermaye piyasasının gelişimini ve teknolojik yatırımları artırmıştır. Arjantin'in 1991-92 döneminde özelleştirme yapmasındaki temel neden, devletin yurtiçi ve yurtdışından borçlanabilmesinin güçleşmesi nedeniyle yurtiçinden kaynak sağlama isteğidir. Özelleştirme gelirleri devlete kamu harcamalarını finanse edebilme olanağı sağlamıştır.

Tablo.17.Arjantin'de 1991-92 Dönemi Özelleştirme Programı (Milyon $)

Kuruluş	Miktar	Kuruluş	Miktar	Kuruluş	Miktar
Telefon	3797,9	Hava Yolları	743	Elektrik	4189,9
Limanlar	13,6	Radyo ve TV.	13,9	Petrol	6964,6
Gaz	2951,1	Petro-Kimya	82,9	Gemi İnşası	59,8
Çelik	165,4	Elektrik Ürünleri	15	Gayrimenkul	183,6
Diğer	67,6			Toplam	17972,5

Kaynak: Evan Tanner, Pablo Sanguinetti, "Structural Reform and Disinflation: Lessons from Argentina's Convertibilty Plan", **The Journal of Developing Areas** Vol:31, Summer 1997, s.538.

Tablo.17'ye göre, Arjantin'in iki yıl gibi kısa bir sürede ekonominin en temel kuruluşlarını özelleştirdiği ve yaklaşık 18 milyar dolarlık gelir sağlamasının da bir başarı olarak değerlendirilebileceği söylenebilir. 1993 yılı itibariyle özelleştirme gelirleri ile birlikte Arjantin'e 30 milyar dolar tutarında sermaye girişi ekonomiyi canlandırmıştır. Arjantin ilerleyen dönemlerde özelleştirme faaliyetlerine devam etmiş ve 1995-96 döneminde 640 milyon dolar kaynak temin etmiştir. Dokuz farklı sektörde özelleştirilen 28 kurumun yalnızca ikisinin ihracata yönelik bir yapıya dönüşmesi Arjantin ekonomisinin oligopolistik yapısını değiştirmemiştir[238]. Özelleştirmenin sağlıklı bir yapıda gerçekleşmemesi neticesinde özelleştirilen kurum karlarının büyük gelirli

[238] Pastor and Wise, s.488-89.

gruplara gitmesi, bir kısım gelirinde yabancı ortaklıklar aracılığıyla ülke dışına çıkması özelleştirmenin faydalarını azaltıcı etkilerde bulunmuştur[239].

2.4.Para Kurulu Sistemi Uygulamasına Geçiş

Arjantin para kurulu sistemi, ortodoks para kurulu ve merkez bankası özelliğini bir arada taşıyan yarı para kurulu bir sistemdir. Arjantin para kurulunu ortodoks para kurulu sisteminden ayıran bazı özellikleri vardır. Birinci özellik, yabancı varlıkların parasal tabandan fazla olması durumunda, merkez bankasının bu fazla rezervleri para politikaları yürütmek amacıyla kullanabilmesidir. Arjantin merkez bankasının dolara ve altına endeksli devlet tahvillerinin rezerv karşılıklarına eklenmesine izin verilmiştir. Kurulun işlerlik kazanmasından bir süre sonra altın ve dolara endeksli devlet tahvillerinin rezerv karşılığı içindeki payı %10 ile sınırlandırılmıştır. Para kurulu sisteminin ortodoks para kurulu sisteminden farklı diğer bir özelliği de merkez bankasının mevduat sigortacı uygulaması ve bankaların bankası olarak görev yapmasıdır[240]. Banka mevduatları ve para kurulu mevduatları arasındaki serbest konvertibilite özel sektörün nakit ihtiyacı için mevduatları bire-bir oranında değiştirebileceği anlamındadır. Bu değiştirebilme güvencesi bankaların mevduat yükümlülüklerini kapsayan mevduat sigortası yoluyla olmaktadır[241]. Merkez bankası veya daha genel ifadeyle hükümet, banka sermayesini aşan banka varlıkları ile finansal kayıplara karşı mevduatlarını koruyabilmektedir[242].

---

[239] Omar Chisari, Antonio Estache, Carlos Romero, "Winners and Losers from the Privatization and Regulation of Utilities: Lessons from a General Equilibrium Model of Argentina", **Economic Review** ,The World Bank, , Vol:13, No:2, March 1999, s.376.
[240] Gültekin, Yılmaz , s.20-24.
[241] Akyazı, Topal, s.26.
[242] Gerald Jr Caprio, Michael Dooley, Danny Lepizger, Carl Walsh, "The Lender of Last Resort Function Under a Currency Board: The Case of Argentina", **Open Economic Review**, Vol:7, Holland 1996, s.630.

Parasal istikrar için Nisan 1991 tarihinde merkez bankası, para kurulu sistemine uygun bir yapıya dönüştürülerek para kurulu sistemine geçilmiştir. Arjantin eski para birimi olan Austral'i 1ABD$=10000 Austral olarak sabitlenmiş ve 1992 yılında parasından 4 sıfır atarak yeni para birimi olan Pesoyu 1 ABD$=1 Peso olarak belirlemiştir. Arjantin rezerv karşılığı olarak %100 parasal tabana eşit düzeyde dış varlıklar, altın, ABD Doları endeksli tahviller tutmaktadır. Rezerv karşılığı içerisinde devlet tahvillerinin payı %33 olarak belirlenmesine rağmen bu oran %20 seviyesinde kalmaktadır. Rezerv karşılığı olarak %20 oranında devlet tahvili tutulması parasal taban/yabancı rezerv oranına 1,25'e yükseltmekte yani dışsal rezerv karşılığı parasal tabanın %80'ine denk gelmektedir. Rezerv karşılığı olarak devlet tahvillerinin tutulması ortodoks para kurulundan sapma olarak ifade edilmektedir[243].

Konvertibilite sisteminin ana unsurları; bir yasa aracılığı ile oluşturulması, fiyat endeksleme uygulamasının kaldırılması, döviz cinsinden sözleşme yapılmasıdır. Bu üç unsur sistemin fonksiyonel işleyişi açısından son derece önemlidir. Özellikle dolarizasyon kısa dönemli bakış açısını ortadan kaldırarak, finansal aktiflerin vade yapısının uzamasını mümkün kılmıştır[244].

Arjantin'de 1994 yılında yaşanılan finansal kriz toplam mevduatlar içerisinde %0,2 oranında paya sahip olan "Extrader Bankası"nın likidite sıkıntısı ile başlamıştır. Bilançosunda büyük oranda Meksika devlet bonoları ve tahvilleri bulunduran Extrader Bankası Meksika Pesosunun 20 Kasım 1994 tarihindeki devalüasyonuyla büyük kayıplara uğramış ve banka mevduatlarını geri ödeyemez hale gelmiştir. Extrader bankasının yaşadığı

---

[243] Star, ss. 52-53,

[244] Domingo F.Cavallo and Joaquin A.Cottani, "Argentina's Convertibility Plan and The IMF" **EAE Papers and Proceedings**, May 1977, s.17.

likidite sıkışıklığı mevduat kaçışını hızlandırmış ve 18 Ocak 1995 tarihinde banka kapanmıştır. Ülkedeki toplam mevduatların %80'i en büyük 25 bankada toplanmıştır[245]. Kriz sonrasında mevduat sahiplerinin bankacılık sistemine güven sağlaması için merkez bankası sınırlı bir mevduat sigorta uygulamasını tekrar yürürlüğe koymuştur. Mudi başına 20 bin dolar güvence sınırı daha sonra 30 bin dolara yükseltilmiştir. 1991-99 döneminde bankacılık reform önlemleri ile banka sayısı 167'den 119'a, kamu bankaları 35'ten 16'ya düşmüş ve bunların çoğu "Tekila Krizini" takiben kapanmıştır. 19 küçük devlet bankası da özelleştirilmiştir[246].

Tablo.18.Arjantin'de Aralık 1994-Nisan 1995 Dönemi Bankacılık Krizi Kronolojisi

Şok Başlangıcı
1.Para krizi ortaya çıktı, kredi ödemelerinde sıkıntılar başladı. 2.Tekila etkisi Latin Amerika'da istikrarı etkiledi ve yatırımcılar Arjantin'in durumunu yeniden gözden geçirdiler. 3.Sermaye ve bono piyasalarında büyük kayıplar oluştu. 4.Bankaların borçları arttı.
Şok Sonrası
1.Konvertilite riskinin artmasıyla iki haftada bankalardan 2 milyar dolarlık mevduat çekilmesi yaşandı 2.Likidite krizi bankaların kredileri kesmesine yol açtı. 3.BCRA (Banco Central de la Republica Argentina) en büyük 5 bankaya güvenlik için 250 milyon ABD Doları kaynak sağladı. 4.BCRA, yıllık 790 milyon dolarlık kaynağı 25 bankanın rezerv karşılığını azaltarak sağladı.
Krizin Devamında
1.Ocak-Mart 1995 döneminde toplam mevduatlar %18 azaldı. (8milyar dolar) 2.İnterbank faiz oranları hızla yükseldi. 3.Dolarizasyon arttı. 4.BCRA likidite yardımlarını genişleterek, banka sermaye sınırlarının üzerine çıktı ve toplam 1,7 milyar $ iskonto ve 300 milyon $ repo sağladı. 5.Bazı bankalar battı.
Ekonomik Resesyonun Durması
1.Uluslararası yardım arttı. 2.Rezerv düzeyinin 5 milyar dolar düşmesine rağmen güçlü bir konvertibilite uygulaması devam etti 3.Mevduat sigortası uygulamaya konuldu. 4.Özel bankaların yeniden kurulması ve taşra bankalarına fon sağlamak için uluslararası bankacılık yardımları kullanıldı. 5.Mali disiplin sağlamaya yönelik planlar yayımlandı.
Sonuç
1.Ortaklık olan 28 banka birleşti ve 5 banka tamamen kapandı.

[245] Zarazaga, s.17.
[246] Pou, s.15.

2.Taşra bankaları zayıfladı ve 15 banka özelleştirildi.
3.Toplam 10 özel bankanın mevduatlarının geri dönüşüyle piyasa payları arttı.

Kaynak: Gerald Caprio Jr., Michael Dooley, Danny Leıpzıger, Carl Walsh, "The Lender of Last Resort Function Under a Currency Board: The Case of Argentina" **Open Economic Review**, Vol::7, Holland 1996, s.627.

Arjantin finansal sistemi 1995 yılı sonunda kriz öncesi mevduatlarının %18'ini kaybetmiştir. Finansal panik sırasında pek çok banka mevduatların çekilmesini önlemek için mevduat güvencesi, konveritibilitenin devamı ve devalüasyon yapılmayacağı garantisi ile tasarrufların tekrar bankalara dönmesi sağlanmış ve Arjantin krizden kendi imkanları ile kurtulmuştur. Meksika yaklaşık 30 milyar ABD Dolarlık IMF yardım paketleri ile krizi atlatabilmiştir. Bu olay para kurulu sisteminin finansal krizi önleyebileceği ve Meksika'da olası bir para kurulu sisteminin tekila krizini önleyebileceği iddiasında bulunulmasına yol açmıştır[247]. Tekila Krizinin en görünür etkisi reel büyüme oranında ortaya çıkan düşüştür. Tablo.19'da görüldüğü gibi Arjantin para kurulu sonrası yalnıza Meksika ve Asya Krizi döneminde ekonomik küçülme yaşamıştır.

Tablo.19.Arjantin'de 1989-1999 Dönemi GSMH Artış Hızı (%)

1989	1990	1991	1992	1993	1994	1995	1996	1997	1998	1999
6	0	8-9	7-8	6	1,7	-4	4,8	8,6	4,2	-2,5

Carlos Lozada, "Economic Policy Trends in Post-World War II Latin Amerika",**Economic Review**, Federal Reserve Bank of Atlanta, Fourth Ouarter 1999, s.44.

Ekonomik birimlerin Arjantin Pesosunun Meksika Pesosu gibi devalüe edilmesi beklentisi yerli paradan kaçışı hızlandırmıştır. Devalüasyon beklentisi ile Arjantin Pesosu dolara çevrilerek yurt dışına akmaya başlaması rezerv karşılığının azalmasına neden olmuştur. Arjantin ekonomisinin başarısı 1994 yılındaki Meksika Pesosu kriziyle kesintiye uğramıştır. Arjantin'de krizin etkisi ile sermaye kaçışları yaşanmış, döviz

[247] Zarazaga, ss.19-20.

kuru sabitliğini korumak için 3 ay içerisinde 16 milyar dolarlık döviz rezervinin 6 milyar dolarlık kısmı harcanmıştır. Enflasyon oranı 1995 yılında %2 ve 1996 yılı ilk yarısında sıfır olmasına rağmen, büyüme 1995 yılında %4,4 düzeyinde olmuştur. Arjantin'in bu ekonomik büyümeyi koruyabilmesinin altında yatan sebep Cavallo planının yapısı ve stabilizasyon çabalarını hükümetin desteklemesi olarak gösterilebilir[248]. Cavallo planının başarısı planı oluşturan para kurulu olarak da ifade edilebilir. Tablo.19'da Arjantin'de Meksika kriziyle başlayan bankacılık krizi özetlenmektedir.

2.5.Arjantin IMF İlişkileri

Arjantin konvertibilite planı başta IMF olmak üzere uluslararası finansal çevrelerde ciddi bir destek bulmuştur. 1996 yılı sonunda, Arjantin'in borç bakiyesi sahip olduğu borçlanabilme kotasının yaklaşık üç katına ulaşmış ve fonun en büyük üçüncü müşterisi haline gelmiştir. IMF desteği, Arjantin'in Dünya Bankası, İnter-Amerikan Bankası ve Japon Eximbank'tan ilave fon sağlamasına yardımcı olmuştur. Tekila etkisinden sonraki konjonktürde, IMF hızlı ve etkin biçimde ikinci kez (1999'un ikinci yarısındaki) bank run'ı önleyen önemli bir finansal paketi uygulamaya koyma konusunda Arjantin hükümetine yardım etmiştir. Arjantin aynı yıl içerisinde uluslararası finansal birliklerden destek aramakta ve özellikle IMF ile 3 yıllık bir stand-by antlaşması yapmak istemektedir[249].

IMF ve Arjantin arasında ekonomide devletin ve özel sektörün rolü, uygulanacak politika farklılığı, bütçe dengesinin sağlanması, ekonomik liberalizasyonun erdemi konusunda doktrinal farklılık hala devam

---

[248] **IMF**, "Argentina Memorandum of Economic Policies", **Publications**, Washington D.C. USA. February 14, 2000,ss.7. <www.ımf.org/external/NP/LOI/2000/org/01/INDEX.HTM>
[249] Michel Camdessus, "Argentina and the Challenge of Globalization", **IMF News**, 99/111, s.1 <www.imf/org/external/np/sec/mds/1996/mds1911.htm> (Şubat 2000)

etmektedir. Günümüzde ortodoks para politikası uygulatan bir IMF, Arjantin'de olumsuz bir çağrışım yapmaktadır. IMF, Arjantin'in arz yanlı uygulamalarına karşı çıkmıştır. Örneğin; IMF, bütçe fazlası sağlanması durumunda bile vergilerin azaltılmasını asla uygun bulmamaktadır[250].

2.6.Arjantin Ekonomisinde Son Gelişmeler

Cavallo planı ekonomik büyümeyi hızlandırırken, enflasyonu düşürmüştür. Arjantin yatırımcılar için karlı bir piyasa haline gelmiş ve uluslararası faizlerin iç piyasa faiz oranlarından düşük olması yatırımları artırmıştır. Yatırımların ülkeye döviz girdisi sağlaması nedeniyle anti-enflasyonist çabalarda başarı sağlanmıştır. Arjantin para kurulu bir bakıma piyasa kuvvetleri tarafından yönlendirilen bir kurul haline gelmiştir. Para arzı merkez bankasının elinde tuttuğu rezerv paraya göre oluşmuş, ekonominin büyüme hızı sermayenin dışa veya içe akımına göre değişmiştir. Sermaye akımının yönü ve hacmi kısmen ülkenin hedeflediği ekonomi politikasını belirlemiştir. Arjantin ekonomisinin performansını büyük oranda uluslararası finansal piyasalardaki koşullar belirlemiştir[251]. Reformlar veya para kurulu finansal krizler sonrası ekonomik büyümedeki düşüşü önleyememiş, fakat
krizin etkilerinin başlangıçta beklenildiğinden daha kısa ve daha az tahrip edici olmasına yol açmıştır[252].

Arjantin'de yatırım riski Cavallo planının başladığı dönemdeki düzeyin yarısına düşmüştür. Yatırımlardaki kazançlar artmış, 1992 yılı başında büyük oranda özel yatırımlar olmuş, 1993 yılında Arjantin hükümet bonoları uluslararası piyasalarda gözde kağıtlar olmuştur. 1992-1994 döneminde doğrudan, dolaylı ve özelleştirme portföy yatırımları ile

---

250 Cavallo and Cottani, s.19.
251 Gültekin, Yılmaz, s.20.
252 Loser and Guierguil, s.10.

Arjantin'e 30 milyar dolar tutarında yabancı kaynak girişi olmuştur[253]. Açık ekonomi politikalarının izlenmesi ve özelleştirmeleri sonrası ülkeye giren sermaye miktarı artmış ve sermaye-yoğun teknolojiler ithal edilmiştir. Emek piyasası kurallarının rijitliği (toplu sözleşme, yüksek ücret vergileri, tazminat maliyeti) emek talebinde gerekli düzenlemelere engel olmuş, yeni teknolojiler ile emek talebi azalmıştır[254].

Arjantin'de istikrar politikalarının başarılı olmasında yabancı sermaye girişlerinin önemi büyüktür. 1980 yılında Arjantin'e giren yabancı özel sermaye akımı –203 milyon dolar iken 1996 yılında bu rakam 14,417 milyar dolara ulaşmıştır. Buna ilaveten 1980 yılında yabancı ülke doğrudan yatırımları 1,836 milyar dolar iken[255], 1990' lı yıllarda ülkeye yapılan yabancı doğrudan yatırımlar ve Arjantin'den başka ülkelere yapılan doğrudan yatırımlarda artışları tablo.20'de görülmektedir.

Tablo.20.Arjantin'de 1992-1998 Dönemi Yabancı Sermaye Yatırımları

Milyar dolar	1992	1993	1994	1995	1996	1997	1998	1999
Arjantin'e Yap.Yabancı Doğrudan Yatırımlar	4,384	2,763	3,432	5,279	6,513	8,094	6,150	23,152
Ülke Dışına Çıkan Doğrudan Yatırımlar	1,166	0,704	0,952	1,543	1,576	3,170	1,973	1,195

Kaynak: IMF, **International Financial Statistics**, Yearbook 2000. ss.206-207.

Asya Krizi sermaye piyasasındaki yenilikler nedeniyle bütün gelişmekte olan ülkeleri etkilemiştir. 1998 yılında Latin Amerika'ya yabancı sermaye girişi 85 milyar dolar (GSMH'nin %4,5), 1999 yılında 66 milyar dolar olmuştur. Yatırımlardaki azalmanın nedeni olarak ekonomik konjonktürlere karşı hassas

---

253 Pastor, s.481.

254 Pedro Pou, "Argentina's Structural Reforms of the 1990's", IMF, **Finance and Development**, Vol:37, Number 1, March 2000, s.15.

255 The World Bank, **Word Development Report**, 1998-99, ss.230-231

olan özel sermaye yatırımların, toplam yatırımlardaki payının 1997 yılında %50 olması olarak gösterilebilir[256].

Tablo.21.Arjantin'de 1991-1999 Dönemine Ait Bazı Ekonomik Göstergeler

	1991	1992	1993	1994	1995	1996	1997	1998	1999
Rezerv Milyon $	6005	9990	13791	14327	14,288	18104	23320	24361	26252
Para Piy. Faizi%	71,33	15,11	6,31	7,66	9,46	6,23	6,63	6,81	6,99
Mevduat Faizi %	61,68	16,78	11,34	8,08	11,9	7,36	6,97	7,56	8,05
İşsizlik %	6,3	7,2	9,1	11,7	15,9	16,3	-	13,6	14,3
İhracat Milyon $	11977	12235	13177	15659	20967	23810	26370	25227	23333
İthalat CİF "	8275	14871	16783	21527	20121	23761	30450	31402	25446
BütçeDen.Milyon Peso	-963	-73,3	-1574	-1885	-1426	-5233,6		-	
GSYİH "	180898	226847	257570	281645	279543	297359	292859	298131	282769
Enflasyon*TÜEE %	172	25	11	4,2	3,3	0,2	0,5	0,9	-1
Döviz Kuru	0,9985	0,9905	0,9985	0,9995	1,000	0,9995	0,9995	0,9995	0,9995

Kaynak: IMF, **International Financial Statistics**, October 1998, ss.88-93, October 1999, ss.88-93, June 2000, ss. 88-93. *Enflasyon rakamları tarafımızdan yüzdeleştirilmiştir.

Sabit kur sisteminin para kurulu sisteminde fiyat istikrarı ve kredibiliteyi sağlamada temel faktör olmasından dolayı Arjantin'de enflasyon ABD düzeyinden 1991-94 dönemi içerisinde %12 daha fazla olmasına rağmen Arjantin parasını devalüe etmemiştir. Dünya ticareti büyük oranda ABD Doları ile yapıldığı için pesonun sabit kur izlemesi Arjantin ihraç mallarının dış rekabetini azaltmıştır. İhracat, 1998 yılında Asya krizinin etkisi ile küçük oranlı bir düşüş göstermiştir. İthalat, 1991 yılında ihracattan daha düşük iken hızlı bir artış eğilimi ile 1992 yılında ihracatı geçmiş ve 1998 yılında ihracatın ithalatı karşılama oranı %80'e düşmüş olması Arjantin'in gelişmekte olan bir ülke konumunda olduğunu göstermektedir. Ayrıca, Latin Amerika ülkeleri gibi Arjantin'inde doğal kaynaklar yönünden zengin bir ülke olması ve ihracatının yarı ticari mallara yönelik olması fiyat dalgalanmalarından yüksek derecede etkilenmesine neden olmaktadır[257]. Latin Amerika ülkelerinin birbirine bağımlı bir biçimde büyümesi herhangi bir ülkenin yaşadığı resesyonun

[256] Lozado, s.43.
[257] Loser and Guiergiul, s.10.

zincirleme etkiye sahip olmasına yol açmaktadır. 1998 yılı Brezilya krizi en yakın komşusu ve ticaret ortağı olan Arjantin'i olumsuz etkilemiş ve 1999 yılında ABD'nin Arjantin'e ihracatı %17 azalmıştır[258].

İşsizlik oranı 1991 yılında %6,3 iken giderek artan bir eğilim göstermiş, 1992 yılında %7,2, 1993 yılında %9,1, 1994 yılında %11,7, 1995 yılında %15,9 ve 1996 yılında %16,3, 1999 yılında %14,3 olmasına devlet faaliyetlerinin azaltılması, teknolojik yeniliklerle istihdam düzeyinin azalması, uluslararası krizlerin ekonomide küçülmelere neden olması gösterilebilir.

Arjantin'de, yurtiçi likidite sağlamada bankaların döviz rezervi kullanma kolaylığı için döviz swap işlemi yapmasına izin verilmiştir. Swap kısa dönem sermaye akımı kolaylığı sağlamakta ve merkez bankasının kendi yabancı rezerv tabanını azaltmaksızın swap işlemleri ile parasal tabanı etkilemektedir. Bankacılık sisteminde uygulanan sıkı politikalar 1990'lar boyunca devam etmiş ve bankacılık sistemi 1999 yılındaki dış finansal krizlere karşı kendini koruyabilmiştir. Yurtiçi resesyonlara ve bozulan dışsal çevre koşullarına rağmen banka mevduatları önceki yıllara göre düşen artış eğilimi göstererek, 1999 yılında da büyümeye devam etmiştir. Arjantin bankaları ihtiyatlı borç verme politikasını sürdürmüş, zorunlu karşılık fazlasını daha fazla likit varlık tutmak için kullanmıştır. Bozulan finansal çevre ve ekonomik faaliyet düşüklüğü likit varlık tutmayı güçleştirmektedir. Kasım 1999'da geri ödenmeyen borçlar toplam riskli varlıkların %10,3'üne, Aralık 1999, %11,5'ine yükselmiştir.

Meksika, Asya ve Brezilya krizleri Arjantin ekonomisini olumsuz etkilemiş, bazı bölgelerde ve özellikle emek-yoğun sektörlerde işsizlik

---

[258] Latin America Research Group, "Imbalances in Latin American Fiscal Accounts: Why the United States Should Care", **EconSouth**, Federal Reserve Bank Atlanta, First Quarter 2000, s.19.

yüksek düzeyde devam etmektedir. Sosyal güvenlik reformu maliyeti, kamu harcamalarındaki etkinsizlik ve vergi tabanının erimesi kamu açıklarının oluşmasına neden olmuştur. 1999 yılında kamu sektörü net borcu GSYİH'nın %45,7'sine yükselmesine rağmen az gelişmiş ülkelere oranla düşüktür. Son on yılın ikinci yarısında uluslararası krizlerle artan ödemeler bilançosu açıkları uluslararası finansal çevrelerden borçlanmanın olanağını azaltmıştır[259]. Arjantin bu amaçla 1999 yılında "Law of Fiscal Responsibility" ile 2003 yılında bütçe dengesi sağlamayı hedeflemiştir[260]

Arjantin, Aralık 1999 itibariyle 2000-2002 yıllarını kapsayan Ekonomik Reform Paketi hazırlamıştır. Hükümet fiyat istikrarı yoluyla sürdürülebilir bir büyüme, fakirliği ve issizliği azaltmaya öncelik vermektedir. Yatırım artışlarının sağlanabilmesi için yurtiçi tasarrufların, rekabetin artırılması, yurtiçi ve yurtdışı finansman maliyetinin düşürülmesi amaçlanmaktadır. Kamu sektörü finansmanında yapısal değişimler ve sürdürülebilir bir mali konsolidasyon ile kamu borç yükü azaltılmak istenmektedir. 2000 yılı için kamu harcamalarında seçici azaltmalar yapmış ve gelir, tüketim, akaryakıtta artan oranlı vergiler, personel sağlık vergisi, gelir ve katma değer vergisi tabanının genişletilmesini içeren vergi paketi ile 2 milyar dolarlık gelir (GSYİH'nın %0,7'si) sağlamayı amaçlamıştır. Arjantin özelleştirmeden 2000 yılında 700 milyon dolar (GSYİH'ın %0,2'si) gelir sağlamayı ve izlenecek finansal politikalar ile özel sektöre daha fazla kredi vermeyi hedeflemektedir.

Arjantin, ekonomik reformların uygulanmasında iyi zamanlama yapmanın faydalarını görmüştür. Para kurulu, sistemin güvencesi olarak devreye girmiştir. Arjantin para kurulu sisteminin sabit kur uygulama

---

259 IMF; "Argentina Memorandum of Economic Policies", ss.1-2. <www.ımf.org/external/NP/LOI/2000/org/01/INDEX.HTM>

260 Pou, s.15.

zorunluluğu nedeniyle Meksika krizini kendi imkanlarıyla atlatabilmesine rağmen, ulusal paranın aşırı değerlenme sorunu ortaya çıkmıştır. Bu sorun başlangıçta yabancı sermaye girişi ile atlatılmış olmasına rağmen bugün devalüasyon yapmadan aşırı değerlenme sorununa çözüm aramaktadır[261].

Arjantin pesosunun değer kazanması ihraç mallarında dezavantajlar ortaya çıkarmaktadır. Özelikle Şubat 1999 tarihinde Brezilya'nın parasını %40 oranında devalüe etmesi Arjantin ihracat sektöründe büyük oranda dezavantajlar ortaya çıkarmıştır[262]. Arjantin kademeli bir devalüasyon ile ihracat malları fiyatında avantaj yakalamak istemektedir. Fakat bu isteği Brezilya ile olan büyük ticaret bağlantısını olumsuz etkileyecektir. ABD'de faizlerin yükselmesi ülkede dolarizasyon olgusunun yaşanmasına neden olmaktadır[263]. Arjantin'in para kurulu sistemine geçtikten sonra Meksika Krizi (1994), Asya Krizi (1997-99), Brezilya Krizi (1999) gibi resesyonlarla karşılaşması ülkede dolarizasyonu %63'ler düzeyine yükseltmiş ve Ekvator'un 9 Aralık 2000 tarihinde doları resmi para olarak kabul etmesi son dönemde Arjantin'in resmi para olarak dolar kullanma tartışmaları yapılmasına neden olmaktadır[264]. Bu tartışmalar ABD ile iki taraflı, tek taraflı ve bölgesel anlaşma şeklinde üç tipte yapılmaya devam etmektedirler[265].

3.ESTONYA PARA KURULU

Sovyetler Birliği'nin dağılmasından sonra birlikten ayrılan ülkeler pazar ekonomisine geçiş sürecinde ekonomik reformlar yapmak zorunda

---

[261] Gültekin,Yılmaz, ss.24-25.
[262] Niskanen, s.46.
[263] Ian Katz, "Argentina:The Peso isn't the Real Problem", **Business Week**, New York, 7 June 1999
[264] Velde, Veracierto, ss.24-25.
[265] Jeffrey A.Frankel, "No Single Currency Regime is Right for All Countries or at All Times", NBER **Working Paper,** 7338, Cambridge, September 1999, s.17.

kalmışlardır. Geçiş sürecini uzun süreli ekonomik krizlere girmeden atlatabilmede basit ve şeffaf kurallarla çalışan para kurulu sistemi önemli rol oynayabilirdi. Para kurulu sistemi ile kurulacak bu tür kurumlar ile yeni oluşturulan devlet yapısı içerisinde mali disiplinin sağlanması kolaylaşabilirdi. Bu amaçla atılacak önemli adımlardan birisi sabit döviz kuru uygulamasına geçilmesi, diğeri de ulusal para otoritesinin kurulmasıydı. Estonya her iki adımı da gerçekleştirerek para kurulu sistemine geçen ilk eski Doğu Bloku ülkesi olmuştur[266].

Para kurulu sistemi, önceki dönemlerde Avrupa kolonilerinin parasal istikrarını sağlamaya yönelik yaygın bir düzenlemeydi. Son olarak Hong Kong'un 1983 yılında ekonomik krizlere karşı koymak için tekrar para kurulu sistemine dönmesi Estonya için ikna edici bir örnek olmuştur. Estonya, 20 Haziran 1992 tarihinde ruble para sahasından çıkarak, Arjantin para kurulu sisteminde olduğu gibi mevcut paralardan sıfır atarak değil kendi parası olan kronu piyasaya sürerek ve 10 ruble=1 kron olarak sabit kur uygulamasına geçmiştir. Estonya rezerv para olarak ilk önce EURO düşünmüş olmasına rağmen, tek bir para birimine ve istikrarlı bir paraya bağlanmanın daha yararlı olduğunu düşünerek, 1 DM=8 kron oranında marka bağlanmıştır. Kararda Almanya ile olan ticari bağın yüksek olması ve markın istikrarından dolayı rezerv para seçmekten kaynaklanan şokların daha az olacağı inancı etkili olmuştur[267].

Estonya'nın rezerv karşılığı temin etmesi kolay olmuştur. Para kurulu sistemine geçildiği zaman rubleden krona çevrilen paralar için ayrılması gereken rezerv karşılığı %100 oranından daha düşüktü. Rezerv karşılığı büyük miktarda altın, marka endeksli faiz getirisi olan dış varlıklardan

[266] Akyazı, ss.119-120.
[267] Gültekin, Yılmaz, s.16.

oluşmaktaydı. 20 Haziran 1992 tarihinde 754 milyon kron para arzı karşılığında II. Dünya Savaşında Sovyetler Birliğinin Estonya'yı işgali ile İngiltere Bankasına yatırılan 11 tonluk altının 4,8 tonluk kısmının iadesi ile 685 milyon kronluk rezerv karşılığına ulaşılmıştır. Rezerv karşılığı açığı İsveç'ten savaş öncesi bloke edilen altınların gelmesi ile 31 milyon krona düşmüştür. 17 Temmuz 1992 tarihinde de bankacılık bölümü rezerv fazlası 21 milyon krona(10 milyon ABD$) yükselmiştir. Rezerv fazlalığı artışı "Interbank Settlement"in savaş öncesi altın iadesi ile 40 milyon dolar olmuştur.

Estonya, parasal reformun ilk aşamasında nakit ve mevduat rubleleri krona çevirmiştir. Bunun için 10 ruble=1 kron olarak belirlenmiş ve para miktarının belirlenmesi amacıyla bireylerden reformdan önce kayıt edilen miktar kadar değişim istenmiştir. Ticari bankalarındaki hanehalkı tasarrufları, bankalar ve müteşebbislerden toplanan nakitler Estonya Bankasında toplanmış ve sınırlama olmaksızın krona dönüştürülmüştür. Eski Sovyetler Birliği sınırları içinde kalan rubleler 1 DM=8 kron olarak hesaba katılmıştır[268].

3.1.Estonya Bankacılık Sistemi

Para kurulu sistemini yürütmek için oluşturulan Estonya Bankası iki departmana ayrılmıştır. Departmanlar "Banknot İhraç Bölümü" ve "Bankacılık Bölümü"nden oluşmaktadır. Banknot ihraç bölümü para kurulu sistemi gibi işlem yaparken, bankacılık bölümü finansal kurum gibi işlem yapmaktadır[269].

Banknot ihraç bölümünün bilançosu ekonomik dışsallığa dayanmakta ve yetkililerce kontrol edilmektedir. Bankacılık bölümü içsellik ve politiklik

---

[268] Adam G.G.Bennett, "The Operation of the Estonian Currency Board", IMF **Staff Papers**, Vol:40, No: 2, June 1993.s.462.

[269] Williamson, s.10.

göstererek merkez bankası gibi hareket etmektedir. Banknot ihraç bölümü para kurulu sistemini işletmekte, yükümlülükleri Estonya Bankasında bulunan kron mevduatlarına ve banknotlarının değişim garantisine dayanmaktadır. Banka varlıkları yükümlülüklerini karşılamaya yetecek döviz rezervlerinden oluşmaktadır. Bankanın senyoraj kazancı bulunmamakta, tahvil faizlerinden gelir elde edilmekte ve bu gelirler bankacılık bölümüne aktarılmaktadır. Bankacılık bölümü, herhangi bir mali kriz durumunda kendisine aktarılan kaynakları belirli sınırlarda kalmak koşuluyla son başvuru mercii fonksiyonunu yerine getirmek için kullanmaktadır.

Bankacılık bölümü yabancı rezerv fazlalığını elinde tutmakta ve Sovyetler Birliği ile olan ödeme işlemlerinde merkez bankacılığı fonksiyonlarını yerine getirmektedir. Bankacılık bölümü parasal ihtiyacın arttığı durumlarda bankacılık sistemine borç sağlamaktadır. Önceki merkez bankacılığı sisteminde ticari bankacılık sistemine ilişkin gerçekleştirilen bütün önemli işlemler "Kuzey Estonya Bankası"na devredilmiştir. Kuzey Estonya Bankasının bankacılık sistemine yapacağı herhangi bir kaynak aktarımı yabancı rezerv fazlalığını geçmemektedir. Böylece, işlemler para kurulu sistemi kurallarına göre yapılmış olmaktadır.

Estonya para kurulu sisteminde mark ve kron arasındaki değişim için herkesin para kurulu ile işlem yapma hakkı bulunurken bu işlem uygulamada yalnızca bankalar tarafından yerine getirilmektedir. Para kurulu sistemine geçişin ilk dönemlerinde Estonya halkı para kuruluna parasal değişim için başvurmuşlarsa da zamanla krona olan güvenin artması ile bu işlem ortadan kalkmıştır[270].

---

[270]Adam G.G.Bennett, "The Operation of the Estonian Currency Board",IMF **Staff Papers**,s.454.

3.2.Estonya Tasarruf Bankacılığı

Tasarruf Bankasının karşılaştığı önemli bir problem, 1 Ocak 1992 tarihinde dondurulan bütün hesapların ve Estonya'daki bireysel tasarrufların kaynağının tespit edilememesidir. Estonya Bankası etkin bir varlığa sahip değildir. Bütün mevduat işlemleri Moskova'ya havale edildiğinden, havale işlemleri Estonya ve Rusya arasındaki borç antlaşması hükümlerine göre yapılmaktadır. 1992 yılındaki enflasyon beklentileri ile banka hesaplarının reel değeri azalmış ve rezerv karşılığı maliyeti nispeten düşmüştür. Estonya bankasındaki hesaplara 1992 yılı sonunda kurul tasarruflarına çevrilme garantisi verilmiştir[271].

Estonya, iyi kapitalize olmuş bir bankacılık sistemi olmaksızın ekonomik başarının sağlanamayacağı bilincindedir. Bu amaçla 1997 yılında "Eesti Pank"ın yeterli sermaye yeterlilik oranının %8'den %10'a çıkarmıştır. Bankanın likidite oranının yükseltilmesi ve uluslararası piyasalarla entegrasyonların yapılması bankacılık sistemine güven getirmiştir. Bankacılık sektörünün yabancı işletmecilere açılması ile Estonya Ticari Bankasının rekabeti artırılmıştır[272].

3.3.Estonya Döviz Kontrolleri

Para kurulu sistemi uygulamanın avantajlarından birisi de liberal bir kur düzenleme yapısına izin vermesidir. Liberal koşulları yerine getirmede aksaklıklar olması durumunda kamu etkinliğinin sağlanabilmesi için sermaye kontrolleri uygulaması gündeme gelmektedir. Bu doğrultuda Estonya para kurulu sermaye kontrol sistemi oluşturmuştur. Bu kontrol ile ticari bankalar tarafından kazanılan döviz, kurul parasına

---

[271] Bennett, "The Operation of the Estonian Currency Board", s.455.

[272] Vahur Kraft, "The Year of Rapid Economic Growth and Successful Test of Currency Board", **Annual Report 1997**, Bank of Estonia, <www.ee/epbe/1997/eng/foreword.html> (Haziran 2000)

dönüştürülmektedir. Bu dönüşüm yerel hesapların kapatılmasını izleyen günde, denizaşırı hesaplarda ise 30 gün içerisinde yapılmak zorundadır. Ayrıca, bu sistem banka birleşmeleri durumunda ülke dışından gelecek fon transferini kontrol etme amacı gütmektedir. Böylece, kamunun bankalardan döviz çekmesinin yarattığı genişleme dışında bankacılık sistemini kontrol edebilmektedir. Aynı prensipler, halkın seyahat veya diğer parasal işlemleri için de geçerlidir. Kron arzı artışının etkinliğinin sağlanabilmesi için Estonya Bankası, halkı bu kurallara uymaya zorlamaktadır. Bu zorlamalar müteşebbisler ve kurumlar için caydırıcı olmaktadır[273].

Estonya Bankasının rezerv karşılığını belirlemek için aldığı ölçü parasal tabandır. Parasal tabanın ölçü olarak seçilmesinin nedenlerinden birisi, hükümetin bankaların aktiflerini yeterli bulmayarak, bankaların Estonya Bankasında zorunlu karşılık bulundurma zorunluluğu getirmesidir. Diğer bir neden ise, bankacılık sektörünün yetirince gelişmemesinden dolayı dönüşüm işlemlerini Estonya Bankasının yürütmesidir[274].

Zorunlu karşılık oranı 1997 yılında %10 olarak belirlenmiş, Ekim 1997 yılında krona olan spekülatif kazançlı faaliyetlerin aşırı derecede yoğunlaşması sonucunda %3 ilave bir zorunlu karşılık uygulaması getirilerek %13 düzeyine yükseltilmiştir. Zorunlu karşılık yükümlülüğü olarak hükümet tahvilleri kabul edilmemekte, rezerv karşılıkları ve ilave likidite ihtiyacının aylık %10 düzeyinde olması istenmektedir. Günlük hesaplamalarda likitide ihtiyacı %4 oranındadır. Bankaların rezerv karşılığının aylık %10 ve günlük %4 olmaması durumunda zorunlu karşılığın %20'si oranında ceza uygulanmaktadır[275].

---

[273] Bennett, "The Operation of the Estonian Currency Board", s.459.
[274] Gültekin, Yılmaz, s.16.
[275] Ilmar Lepik, "Basic Features of the Estonian Currency Board: Convertibility and Liquidity Management"**International Workshop on Currency Boards: Currency Board:**

3.4.Estonya Ekonomisinde Son Gelişmeler

Estonya, ekonomik reformlara reel döviz kurunu enflasyona göre ayarlayarak işe başlamıştır. Döviz kurunun reel değeri para kurulu sisteminin kurulmasını takip eden altı ayda hızla artmış ve ilerleyen zamanlarda düşük oranlarda değişmeler göstermiştir. 1998 yılı Ağustos ayında 1ABD Doları=14,137 kron seviyesine yükselmiştir.

Asya krizi gelişmekte olan piyasa ekonomilerine finansal sistemlerini test etme olanağı sağlamıştır. Asya ülkeleri ve Rusya piyasalarını sermaye akımlarına karşı korumuşlardır. Gelişmekte olan piyasaların çoğunda faiz oranlarında ve ülke risk düzeyinde artışlar olmuştur. Estonya, kısa dönemli faiz kazanma amacına yönelik yabancı sermaye akımlarının ve ulusal paraya spekülatif kazanç amaçlı faaliyetlerin aşırı derecede yoğunlaşmasına rağmen para piyasasına müdahale etmemiştir. Para kurallarına sıkı bağlılıkla faiz oranlarında istikrar sağlamıştır[276].

Tablo.22.Estonya'da 1992-1999 Dönemine Ait Bazı Ekonomik Göstergeler

	1992	1993	1994	1995	1996	1997	1998	1999
Rezerv Milyon $	170,18	386,12	443,35	579,91	636,71	757,72	810,10	853,06
Para Piy. Faizi%			5,67	4,94	3,53	6,45	11,6	4,92
Mevduat Faizi %			11,56	8,74	6,05	6,19	8,07	4,19
İşsizlik %	4,5	7,8	8,9	8,7	10,0	9,7	9,6	
İhracat Milyon Kron	5549	10642	16941	21040	25024	40662	43952	43178
İthalat CİF. "	5128	11848	21525	29101	38887	61610	64897	60248
Bütçe Dengesi "	163,3	-458,3	421,1	-233,6	-43,7	1634,4	-42,3	
GSYİH "	13158	22060	30268	40705	52446	65080	73213	74743
*Enflasyon TÜFE%		89,8	47,6	28,7	23,05	11,2	8,2	3,3
Direkt Yabancı Yat Milyo$					824,6	1147,9	1821,7	1076,0
Döviz Kuru Kron/$	12,912	13,878	12,390	11,462	12,440	14,336	14,137	15,562

Kaynak: IMF, **International Financial Statistics**, October 1998, ss.282-285. October 1999, ss.292-295, June 2000, ss.298-301. Ilmar Lepik, "Basic Features of the Estonian Currency Board: Convertibility and Liquidity Management" **International Workshop on Currency Boards: Currency Board: Convertibility Management and Exit Conference** 9 October 1999, <www.hkbu.edu.hk/˜econ/99wsLepic.doc.> *Enflasyon rakamları tarafımızdan yüzdeleştirilmiştir.

Convertibility Management and Exit, 9 October 1999,<www.hkbu.edu.hk/˜econ/99wsLepic.doc.>(Haziran 2000)

[276]Lepik, "Basic Features of the Estonian Currency Board: Convertibility and Liquidity Management",<www.hkbu.edu.hk/˜econ/99wsLepic.doc.>

Estonya ihracatı, 1993 yılında %75,9 ve 1994 yılında %56,2 oranında artmıştır. Ülkeye son dönemde yapılan uluslararası yatırımlar yükselmiştir. 1996 yılında 1,3 milyar dolar, 1997 yılında 2 milyar dolar ve 1998 yılında 2,3 milyar dolarlık yabancı yatırımlar ithalatı artırıcı etkide bulunmuştur. Bütçe, 1992 yılında 163 milyon kron fazla verirken, 1994 yılında 458 milyon kron açık, 1995 yılında 421 milyon kron fazla, ve 1996 yılında tekrar 43,7 milyon açık verirken, 1997 yılında 1,5 milyar kron fazla vermiştir. 1998 yılında 42,3 milyon kron açıkla çok değişken bir seyir izlemiştir.

Estonya'nın ihracatı 1992 yılında 5,5 milyar kron (400 milyon dolar) iken bu rakam hızlı bir artış ile 1997 yılı sonunda 40,6 milyar krona (2,836 milyar dolar) yükselmiştir. İthalat düzeyi 1992 yılında 5,128 milyar kron (369 milyon dolar) ile ihracat düzeyinden düşük iken ilerleyen yıllarda ihracattan çok daha hızlı bir artış eğilimi göstererek 1997 yılı sonunda 6,2 milyar krona (4,3 milyar dolar) yükselmiştir. İşsizlik oranı 1992 yılında %4,5 oranından pazar ekonomisine geçiş sürecinin etkisi ile 1996 yılında %10 oranına yükselmiş ve 1997-98 yıllarında küçük oranlı bir düşüş göstermiştir.

Estonya'da GSYİH 1991 yılında 180 milyon kron (142 milyon dolar) iken, 1992 yılında çok hızlı bir çıkışla 1,3 milyar kron (948 milyon dolar) olmuştur. İlerleyen yıllarda artış eğilimi devam ederek 1997 yılı sonunda 65 milyar krona (4,6 milyar dolar), 1998 yılında 73 milyar krona (5,18 milyar dolar) yükselmiş, 1999 yılında 74 milyar krona (5,08 milyar dolar) düşmüştür.

Estonya para kurulu sistemi yoluyla büyük oranda fiyat ve döviz kuru istikrarı sağlamıştır. İstikrar doğrudan yabancı yatırımların diğer Baltık ülkelerine göre daha yüksek olmasına neden olmuştur. Letonya'ya 1993 yılında yapılan doğrudan yabancı yatırımlar 51 milyon dolar iken Estonya'da bu rakam 154 milyon dolar olmuştur. 1994-1995 döneminde Estonya'ya yapılan doğrudan yabancı yatırımların miktarı 400 milyon dolara ulaşmış[277] ve 1996 yılında 827, 1997 yılında 1147, 1998 yılında 2441, 1999 yılında 1076 milyon dolar doğrudan yatırım yapılmıştır. 1996 yılı içerisinde Estonya'ya 191 milyon dolar net özel sermaye akımı olmuş ve 1998 yılı içerisinde ülkeye giriş yapan yabancı sermaye yatırımları GSYİH'nın %9,4'ü düzeyine ulaşmıştır[278].

Estonya faiz oranları konusunda diğer Baltık ülkelerine göre daha başarılı olmuştur. Örneğin, Estonya'da düşük riskli varlıklardaki faiz oranları diğer ülkelere göre çok düşüktür. Estonya Bankasının mevduat sertifikasının faiz oranı uzun bir süre yıllık %5-6 düzeyinde kalmıştır. İnterbank ortalama faiz oranları 1994 yılı Ocak ayında %6,1 oranına, 1994 yılı Aralık ayında %5,43 oranına ve Mayıs 1995 tarihinde %5,11 oranına düşmüştür. Nisan 1997 tarihinde %3 düzeyinde iken Ekim'de %17, Haziran 1998 tarihinde %5, Aralıkta %17 olmuş ve 1999 yılında düşüş eğilimi göstererek, %4,19 düzeyine inmiştir[279].

Estonya daha ucuz emek, elektrik, kereste, metal gibi üretim girdilerinde karşılaştırmalı avantajlara sahiptir. Sabit kur uygulamasının devamı, düşük enflasyonun sağlanması ülkede yatırımların (özellikle emek yoğun) artmasına ve yapısal değişimlerin ortaya çıkmasına yardımcı olacaktır[280].

Estonya'daki faiz maliyeti uluslararası piyasalardaki faiz maliyetinden daha düşüktür. Faiz maliyetinin dışında yabancı yatırımların ülkeye girişini etkileyen diğer faktörler; para arzı şoklarının azalması, daha

---

[277] Balino, Enoch, s.13.
[278] The World Bank, **World Development Report**, 1998/1999, s.230, 231.
[279] Lepik, "Basic Features of the Estonian Currency Board: Convertibility and Liquidity Management",<www.hkbu.edu.hk/˜econ/99wsLepic.doc.>
[280] **The Estonian Institute,** "Preconditions for Transforming the Economy", Tallinn, Estonia <www.einst.ee/economy/generel.htm> (Mart 2000)

hızlı bir özelleştirme ve Estonya'nın Finlandiya ve İsveç'le olan politik ve tarihi bağların kaybolmasıdır. Estonya Kronunun dolar karşısındaki kuru yıllar itibariyle değişimler göstermiştir. Bu değişim kronun marka bağlı olmasına ve mark-dolar arasındaki kurun değişimine bağlanabilir. Döviz kurundaki değişimler kronun devalüasyonunu gündeme getirmektedir. Estonya fiyat indeksine göre yurt içi mal fiyatları yurt dışı mal fiyatlarından daha pahalı hale gelmiştir. Yurtiçi fiyatların yükselmesi uluslararası rekabeti azaltıcı etki yapmaktadır. Yapılan ölçümlere göre yurt içi fiyatları, uluslararası fiyatlara göre 1994-1996 döneminde %10 artmıştır. Bu dönem içerisinde ülkeyi parasal şoklara maruz bırakma ve para kurulu sisteminin kredibilitesinin düşürme ihtimalinden dolayı devalüasyon yapılmamıştır[281]. Kurun değer artışı ihracat sektörünün gelişiminde sorunlar yaratmaktadır.

4.LİTVANYA PARA KURULU

Estonya'nın para kurulu sistemine geçtiği tarihlerde Litvanya'da aynı sisteme geçme çalışmaları içerisindeydi ve serbest piyasa ekonomisine geçişe yönelik olarak yapısal düzenlemeler yapmaktaydı. Yapısal düzenlemeler Estonya'ya göre daha yavaş olmuştur. Her iki ülkenin para kurulu sistemine geçmeden önce 1990-1991 yıllarında yaptığı bütçe reformları mali disiplini sağlamalarına yardımcı olmuştur[282].

Litvanya'nın döviz kurunu belirleme işlemleri şöyle sıralanabilir; Ekim 1992 tarihinde para birimi olarak ruble seçilmiş ve rublenin değeri 1 ruble=1 talons olarak belirlenmiştir. Daha sonra 1993 yılı Haziranında talonsı da yürürlükten kaldırarak 100 talons=1litas kur oranını belirlenmiştir[283]. 1 Nisan 1994 tarihinde 1 ABD Doları=4 litas oranında sabitlenerek para kurulu

---

[281] Keith Siilats, "Estonya Kron: According to Big Mac İndex the Exchange Rate Should be 5,56EEK:1DEM", November 1997, <www.iog.ee/keith/english/kron/html> (Şubat 2000)
[282] Balino and Enoch, s.13.
[283] IMF, **International Financial Statistics**, October 1998, s.448.

sistemine geçilmiştir. Litvanya, Hong Kong, Arjantin ve Estonya para kurullarının para birimi değişimleri ile karşılaştırıldığında geçiş döneminde iki para birimi değişikliği yaptığı gözlenmektedir.

Litvanya kur oranını piyasada geçerli olan reel kur üzerinden belirlemiştir. Kurun, reel döviz kuru üzerinden belirlenmesi uluslararası ticarette dezavantajlar sağlamıştır. Ülkenin ticari bağları büyük oranda Avrupa Birliği ülkeleri ile olmasına rağmen Estonya gibi markı seçmek yerine ABD Dolarını seçmesi ülkenin dış ticaretinde olumsuz yansımalara yol açmış ve 1995 yılında dış ticaret açığı GSYİH'nın %10 düzeyine yükselmiştir[284].

Hükümetin bankacılık krizleri konusunda zayıf bir reaksiyon sergilemesi para kurulu sisteminin ilk dönemlerinde kurulun kredibilitesini düşürmüştür. Para kurulu sisteminin son başvuru mercii olamama kuralı sonucu Kasım 1995 tarihinde bankacılık krizi ortaya çıkmıştır. Kriz sonrası ülkenin en büyük iki bankası kapanmış ve toplam mevduatlar 1996 yılının ilk çeyreğinde %15 düşmüştür[285]. İlerleyen dönemde son başvuru mercii bulunmaması kuralına rağmen banka kurtarma işlemi, bankacılık sistemi taahhütlerinden oluşan para kurulu rezervlerine (1998 yılı bankacılık sektörü rezervleri 1,47 milyar litastır) bağlı olarak yapılmıştır. Ayrıca para kurulu sisteminin bankacılık sistemi korumaya yönelik operasyonlarından dolayı kaynak aktarımının yapılması durumunda mali disiplinin bozulacağı gibi ikilem ortaya çıkmıştır. Para kurulu sisteminin uygulamaya konulduğu 1994 yılında 757 milyon dolar döviz rezervi mevcuttu ve bu döviz rezervlerinin büyük bir kısmı bankacılık sistemini desteklemek amacına yönelikti.

---

[284] "Great Escape," **The Economist**, 3 May 1997, Vol 343, Issue 8015, s.69.
[285] Tsang Shu-ki, "Currency Board the Answer to Rate Stability", Hong Kong Newspaper, October 31 1997,<www.hkbu.edu.hk/˜econ/web.982.html> (Mayıs 1999).

Litvanya para kurulu yeterince şeffaf davranmamakta ve halkın para kurulu faaliyetlerine yönelik bilgisi olamamaktadır[286].

Litvanya rezerv karşılık düzeyini 1998 yılı içerisinde de %80 olarak devam ettirme kararı almıştır. 1 Ocak 2000 tarihinden itibaren ülke parasının dolar yerine bir para sepetine bağlanması düşüncesi hakimdir[287]. Dolardan EURO'ya geçerken kurun 1 EURO=1,1 dolar olması hesap edilerek, EURO başına 0,4 litas kazanç sağlanması hesap edilmesine karşın EURO dolar karşısında değer kaybederek Ağustos 2000 de 0,9765 paritesine düşmesiyle hesaplar tutmamıştır. IMF'de EURO yerine marka bağlanılması tavsiyesinde bulunmuştur [288].

Litvanya Bankası bağımsız bir biçimde para basabilmek amacıyla kurulmuştur. Banka, merkez bankacılığı ve ticari bankacılık fonksiyonlarını bünyesinde taşımakta ve diğer bankaların yönetiminde etkin rol oynamıştır. Litvanya Bankası tasarruf bankalarının yerel varlıklarını da kontrol etmekte ve diğer bankalara borç vermesini engellemektedir. Banka aynı zamanda ülkede ticari banka gibi hizmet sunmakta ve merkez bankası olarak gelişmiş ülke merkez bankalarının elinde bulundurduğu güçten daha fazla düzenleyici gücü elinde bulundurmaktadır. Bu güç ile diğer ticari bankaların lisanslarını iptal edebilmekte, bankaların minimum sermaye gereksinimini, maksimum ve minimum faiz oranlarını belirlemekte ve döviz işlemlerini kontrol etmektedir. Litvanya Bankasının diğer fonksiyonu Litvanya hükümetine parlamentonun izin verdiği ölçüde borçlanma imkanı sağlamasıdır. Litvanya Bankasının

---

[286] Sampat Mukherjee, "Shedding the Strait-Jacket?" **Indian Express Newspapers**, 25 October 1997, <www.expressindia.com/fe.../29855073.html.> (Haziran 1999)
[287] Great Escape, s.69,
[288] Schuler, "The Importance of Being Orthodox", <www.hkbu.edu.hk/˜econ/wsSchuler.doc.>

ekonomik aktivitelerdeki ve döviz piyasasındaki kontrolün fazla olmasından dolayı yurtdışı ticarette büyük oranda söz sahibi olmaktadır[289].

4.1.Litvanya Ekonomisinde Son Gelişmeler

Litvanya parasının kredibilitesini sağlayan temel faktör para kurulu sistemine geçmek olmuştur. Litvanya Avrupa Birliğine girme isteğinden dolayı para politikasını Avrupa Birliği normlarına getirmeye çalışmaktadır. 1997-1999 para politikası programında litasın istikrarının sağlanacağı kararlaştırılmıştır. 1998 yılında Litvanya Bankası açık piyasa işlemlerine başlamıştır. Merkez bankasından borçlanılmada ölçüler konulmuştur. Litvanya'da 1998 yılında sağlanan istikrar hazine bonosu faiz oranlarına yansımış ve 3 aylık faiz oranı %12 ve yıllık faiz %14 düzeyinde olmuştur. İstikrarlı bankacılık sistemi yabancı bankaların Litvanya'da şubeler açmasına yol açmıştır. Litvanya'da özelleştirme konusu sorun olmaya devam etmektedir. 1997 yılında hükümet, "Lithuanian State Commercial Bank" ve "Lithuanian Agriculturel Bank"ın özelleştirilmesine karar vermiştir. Bu kapsamda "Lithuanian State Commercial Bank"ın varlık ve yükümlüklerinin büyük kısmı "Lithuanian Saving Bank"a transfer edilmesine rağmen özelleştirme işlemi başarısız olmuştur[290].

---

[289] Kurt Schuler, George Selgin, Joseph Sinkey Jr. "Replacing the Ruble in Lithuania: Real Change Versus Pseudo Reform" **Cato Policy Analysis**, 28 October 1991, <www.cato.org/pubs/pas/pa-163es.html> (Mayıs 1999)

[290] Lithuania The Report of the Chairman of the Board, Report, <www.turtas.it/ataskaita.E.htm/AnnualReport> (Şubat 2000)

Tablo.23.Litvanya'da 1992-1999 Dönemine Ait Bazı Ekonomik Göstergeler

	1992	1993	1994	1995	1996	1997	1998	1999
Rezerv Milyon $	45,34	350,32	525,48	757,05	772,05	1009,9	1409,15	1195,01
Para Piy. Faizi%			69,48	26,75	20,26	9,55	6,12	6,26
Mevduat Faizi %		88,29	48,43	20,05	13,95	7,89	5,98	4,94
İşsizlik %	1,3	4,4	3,6	6,1	7,1	7,1	6,4	
İhracat Milyon $		2232,2	2019,2	2705,0	3355,0	3860,2	3710,5	3044,5
İthalat CİF "		2512,3	2338,7	3648,5	4558,7	5644,2	5793,5	4891,7
Bütçe Dengesi "	-	-235,7	-214,2	-318,6	-284,3	-183,95	-45,9	
GSYİH "				6025,7	6309,5	6751,8	7114,7	6820,7
EnflasyonTÜFE			72,1	39,6	24,6	8,9	5,0	0,7
Döviz Kuru $	3,90	4,0	4,0	4,0	4,0	4,0	4,0	4,0

Kaynak: IMF, **International Financial Statistics**, October 1998, ss.446-449, October 1999,.ss.470-473. June 2000, ss.484-489. *Enflasyon rakamlarının yüzdeleştirilmesi ve rakamların dolar olarak ifadesi tarafımızdan yapılmıştır.

Tablo.23'e göre para kurulu sistemine geçişle birlikte ihracat dışında bütün ekonomik göstergelerde olumlu gelişmeler gözlenmektedir. İşsizlik oranlarında 1995-96 yıllarında gözlenen artış 1998 yılından düşüş eğilimine girmiştir. Son yıllarda Litvanya'da yabancı yatırımlarda önemli miktarlarda artışlar olmuştur. 1996 yılında Litvanya'da yabancı özel sermaye yatırım miktarı toplam 469 milyon dolar ve yabancı doğrudan yatırımlarının payı 152 milyon dolar iken[291] özel sermaye yatırımlarında bu rakam 1997 yılında toplam 1,25 milyar dolara ve 1998 yılında 1,45 milyar dolara yükselmiştir. Yabancı doğrudan yatırımlar 1997 yılına göre iki kat artarak 1998 yılında 900 milyon dolara ve 31 Aralık 1998 tarihinde ise bu rakam 1,63 milyar dolara yükselmiştir. Doğrudan yabancı yatırımlar ülkede gerçekleşen toplam yatırımların %80'inden daha fazladır ve yatırımların çoğu yiyecek, tütün ve

291 World Bank, **World Development Report**, 1998-1999, ss. 203,231.

elektrik sanayinde toplanmıştır[292]. Ülkenin ihracat sektöründe paranın değer artışı sorununun yol açtığı olumsuzluklar yaşanmaktadır.

5.BULGARİSTAN PARA KURULU

Bulgaristan, serbest piyasa ekonomisine geçiş amacıyla kanuni düzenlemelerin bazen çok hızlı bazen de çok yavaş yapıldığı bir ülkedir. Bulgaristan kapalı ekonomik yapı sonrası serbest piyasası ekonomisine geçiş için hukuki düzenlemeleri yapan ilk ülkedir. Bulgaristan'da 1993-1997 döneminde telif hakkı, insan hakları, ticari kanunlar konusunda büyük gelişmeler olmuş, yavaş ve düşük sosyal maliyetli bir geçiş yaşanmıştır. Parlamento düzenlemelerde etkin rol oynamıştır.

Tablo.24.Bulgaristan'ın Serbest Piyasa Ekonomisine Geçebilmek Amacıyla Yapmış Olduğu Hukuki Reformlar

Kamu Hukuku Alanında	Telif Hakkı Kanunu 1993
Muhasebe Kanunu 1991	Mülkiyet Kanunu 1951
Bankalar ve Kredi İşlemleri Kanunu	Belediye Mülkiyet Kanunu 1996
1992	Mülkiyet ve Tarımsal Alanları Kullanma
Bulgaristan Ulusal Bankası Kanunu	Kanunu 1993
1991	Noter Kanunu 1996
İletişim Kanunu 1975	Patent Kanunu 1993
Kurumlar Vergi Kanunu 1996	Devlet Mülkiye Kanunu 1996
Gümrük Kanunu 1960	Ticari Markalar ve Endüstriyel Dizayn
Serbest Bölge Yükümlülükler	Kanunu 1967
Kararnamesi 1987	Yükümlülük ve Antlaşma Kanunu 1950
Gümrük Vergisi 1994	Yabancıların Yerleşim Kanunu 1972
Sigorta Kanunu 1996	**Ticaret Hukuku Alanında**
Kara Paraya Karşı Önlemler Kanunu	Ticaret Kanunu 1991
1996	Ortaklık Kanunu 1991
Ulusal Muhasebe Standartları	Tahvil, Sermaye Değişimi ve Yatırım
Kararnamesi 1996	Şirketleri Kanunu 1995
Kişisel Gelir Vergisi Kanunu 1950	Rekabeti Koruma Kanunu 1991
Fiyat Kanunu 1995	Mal Değişim ve Piyasa Düzeni Kanunu 1996
Kıta Sahanlığı Kanunu 1987	Yabancı Yatırımcıların Korunması ve
Devlet Yatırım ve Gelişme Bankası	Teşviki Kanunu 1996
1996	Tescil Kayıt Kanunu 1996
Ceza Kanunları 1968	Devlet Mülkiyetinin Özelleştirilmesi ve
Vergi Yönetim Kanunu 1993	Dönüşümü ve Belediye Teşebbüs Kanunu
Vergi Usul Kanunu 1996	1992

[292] Lithuania The Report of the Chairman of the Board, Report, <www.turtas.it/ataskaita.E.htm/AnnualReport >

Ulusal Muhasebe Düzeni 1996 Tütün ve Tütün Üretim Kanunu 1993 Parasal Değerler ve Parasal İşlemler Kontrol Kanunu 1966 Katma Değer Vergisi 1993 **Özel Mülkiyet Alanında** Tarımsal Toprak Kiralama Kanunu 1996 İşgücü Yasası 1986	Bayilik Kanunu 1992 Müteşebbis Kanunu 1992 Özelleştirme Fonları Kanunu 1996 Özelleştirme Kurumları Kararnamesi 1992 Uluslararası Ticarette Arbitraj Kanunu 1988 Uluslararası Mahkemenin Vekalet Yetkisini Onama 1992

Kaynak: Bulgarian Currency Board, The Bulgarian Law and Economi Today, **Camber of Intellctual Property Development and Protection**, Sofia, Bulgaria , <www.bol.bg/trips-bg/overview.html> Maria Lavigne, **The Economics of Transition From Socialist Economy Market Economy**, Macmillan Press. 1998, ss.122-125.

Bulgaristan, 1996 yılı sonlarında bankacılık krizi ve hiperenflasyonla karşı karşıya kalmıştır. 1997 yılı Ocak ayında %500 oranında olan enflasyon Mart ayında %2000'e yükselmiştir. 1997 yılının ilk çeyreğinde merkez bankasının uluslararası rezervleri iki aylık ithalatından daha az düzeye inmiştir. GSYİH'nın %40'ına denk gelen vergi gelirleri hızlı bir düşüşle, Şubat 1997 tarihinde %14,7 oranına inmiştir. Hükümet bütçe açıklarını finanse etmek için daha kısa vadeli ve daha yüksek faizli hazine bonoları satışa sunmuştur. Milli gelir, 1994 ve 1995 yılında büyümüş, 1996 yılında %10'dan daha fazla küçülmüştür. Ekonominin kötüye gidişi sonucu daha kredibil (para kurulu gibi) kurala bağlı mantıklı bir sistem uygulanması gündeme gelmiştir. Bu sistemin uygulanmasına yönelik olarak Bulgaristan'ın gerekli ön koşullara sahip olmadığı eleştirisi yapılmıştır. Bu eleştirilerden en önemlisi, para kurulu uygulayan ülkelerde olduğundan daha fazla bankacılık problemleri olduğu ve son başvuru merciinin olmayacağının sıkıntı yaratacağıdır. Merkez bankasının bono ihracının azalmasının hükümete kaynak sağlanmasını güçleştireceği, uluslararası rezervlerin yetersiz olduğu ve büyük bir devalüasyonun gerekli olduğu vurgulanmıştır[293].

[293] Anne-Marie Gulde, "The Role of Currency Board in Bulgaria's Stabilization", **IMF Policy Discussion Paper,** PDP/99/3, April 1999, s.2.

Katma Değer Vergisi Kanunu Reformu(Value Added Tax Law) ile 1993 yılında serbest piyasa ekonomisine geçiş için önemli bir adım atılmıştır. Politik istikrar Bulgaristan ekonomisinin yeniden yapılanmasında bir dönüm noktası olmuştur. Hızlı özelleştirme ekonomik reformların çekirdeğini oluşturmuştur. En köklü değişim sabit döviz kur uygulamasına geçmek olarak ifade edilmiştir[294].

Bulgaristan'ın para kurulu sistemine geçiş için IMF tarafından kaynak transferi güvencesinde bulunulmuştur[295]. Bulgaristan ve Bosna-Hersek'in para kuruluna geçiş süreci birbirine benzemektedir. 1990 yılından itibaren Hanke, Bulgaristan'a 10 leva=1 dolar sabit kurunda para kurulu sistemine geçmesini tavsiye etmiştir. 1996 yılı sonu itibariyle ticari işlemlerde mübadele aracı olarak büyük oranda dolar kullanılır hale gelmiştir. IMF, Bulgaristan'ın para kurulu sistemine geçiş konusunda dış kaynak ihtiyacı için kredileri bir zorlama aracı olarak kullanmıştır[296].

Haziran 1997 tarihinde 1000 leva=1 DM olarak sabitlenmiş ve para basımı yalnız yabancı paralar karşılığında yapılacağı hükmüne bağlanarak para kurulu sistemine geçilmiştir. 1999 yılı içerisinde parasından sıfır atarak kur oranını 1 leva=1 DM olarak belirlemiştir. Ülke parasının marka bağlanmasının temel sebeplerinden birisi, Bulgaristan'ın Avrupa Birliği'ne tam üye olma isteğinden kaynaklanmaktadır. Para kurulu sistemi kurallarının sürekli ve sıkı bir şekilde uygulanması, ülkenin orta vadede Avrupa Birliği'ne en az maliyetle girmesini sağlamak amacına yöneliktir. Avrupa Birliği'nin öne sürdüğü üyelik kabul şartları (kurumsal ve kanuni uyum, yabancılar politikasını revize etme,

---

294 "Bulgarian Currency Board", The Bulgarian Law and Economic Today, **Camber of Intellctual Property Development and Protection**, Sofia, Bulgaria, <www.bol.bg/trips-bg/overview.html> (Mart 2000)

295 "What to do about Bulgaria", **World Press Review**, Feb 97, Vol: 44, Issue 2. p32.

296 Hanke, Steve H., (1997), "New Currency Boards Come to the Balkans", **The Newsletter About Reforming Economies Transition**, The World Bank Group, <www.worldbank.org/htm//prddr/trans/jan1997/arts (Nisan 2000)

para piyasası reformu, serbest rekabet, yabancı yatırımlara serbestlik, özel mülkiyet, toprak reformu ve sivil toplum) Bulgaristan ekonomisinin yeniden yapılanması amacına yöneliktir[297].

Bulgaristan, 1997 yılında yürürlüğe koyduğu 1997-2000 programı ile özel mülkiyeti esas alan modern bir sosyalist piyasa ekonomisinin gelişimini sağlamak, rekabeti artırmak, serbest teşebbüsü sağlamak, yabancı yatırımları artırmak ve Avrupa Birliğine entegrasyonu amaçlamıştır[298].

5.1.Bulgaristan'da Özelleştirme

Serbest piyasa sistemine geçmek isteyen ülkelerde ilk önce ekonomik yapının değişimi için özelleştirmenin yapılması gerekliliği inancı yaygındır. Bulgaristan 1992 tarihli Özelleştirme Kanunu ile işleme başlamıştır. Bulgaristan devlet mülkiyetinin %25'i ve belediye mülkiyetinin %7'si özelleştirme kapsamındadır. Özelleştirmenin başlıca amaçlarından birisi devletin ekonomideki etkinliğini mikroekonomik düzeye çekmektir. 1996 yılına kadar özelleşen şirketlerin %7,3'ü yabancı şirketler tarafından alınmış ve bunların toplam değeri özelleştirme gelirlerinin %34,3'lük kısmını teşkil etmiştir. Özelleştirme piyasa koşullarının gelişmesine katkı yapmış, yatırımlar artmış, bütün özelleşen kurumlarda ücret artışları olmuş ve sosyal diyalog artmıştır[299]. Bulgaristan'da ilk yoğun özelleştirme 1997 yılının ilk yarısında yapılmıştır.

1993-1997 döneminde en büyük özelleştirmeler,

Sodi-Devnya ta Solvey	Belçika	160 milyon ABD$
Devnya Cement to Marvex	İspanya	44,5 milyon ABD$
Interpred World Trade Centre to Daewoo Group	Kore	20 milyon ABD$

---

[297] BULGARIA, Recent Economic Developments 1998 **Economic Prospects**, <www.bia-bg.com/Useful/bulgaria-red.htm>

[298] "Bulgarian Currency Board", <www.bol.bg/trips-bg/overview.html>

[299] Daniela Bobeva, Post-Privatization Behavior of Enterprises in Bulgaria, **Trends an Policies in Privatization** in, Centre for Co-operation with the Economies in Transition, Vol. III, No: 1, ss.51-64.

Bulgaristan'a 1992-93 döneminde 900 milyon dolar doğrudan yabancı yatırım yapıldığı göz önünde bulundurulduğunda üç özelleştirmeden 224,5 milyon dolar kaynak sağlanmış olması dikkat çekicidir. Yapılan bütün özelleştirme işlemlerinde şeffaflık ve rekabet prensibi benimsenmiştir. Yapılan özelleştirmeler ödemeler dengesinde iyileşmelere yol açmıştır. 1997 yılının 9 aylık döneminde devlet varlıklarının %18'i özelleştirilmiştir[300]. Cari açığın 1993 yılında 360, 1994 yılında –1099, 1995 yılında –32, 1996 yılında 27, 1997 yılında 427 milyon dolar olması özelleştirme gelirinin önemini vurgulamaktadır[301]. Bulgaristan önce özelleştirme uygulamasına başlaması, yasanın daha sonra çıkarılmış olmasıyla Avrupa'nın en liberal özelleştirme yapısına sahip ülkesidir. Yabancılara çok daha fazla olanaklar tanınmıştır. Yerli yatırımcılar için bir işletmenin %60'ını almak olanak dahilinde iken yabancılar için bu oran %100'dür[302].

5.2.Bulgaristan'ın Finansal Yapısındaki Değişimler

Bulgaristan para kurulu sistemi oluşturulurken, İngiltere Bankası modeli gibi çok şeffaf bir sistemin oluşturulmasına karar vermiştir. Bulgaristan Merkez Bankası (Bulgarian National Bank (BNB)) banknot basım, bankacılık ve bankacılık denetleme bölümü olarak üç departmana ayrılmıştır. Bütün departmanların hesabı aylık olarak yayınlanmaktadır. Banknot basım bölümü, BNB'nin bankacılık bölümünden devletin ve diğer kurumların banka mevduatlarından ve kâğıt-metal para yükümlülüklerinden sorumludur. BNB, her zaman bu yükümlülükleri karşılayacak döviz ve altın rezervine sahip olmak zorundadır. Banknot basım bölümü, banknot basmakta ve resmi kurdan sınırlama olmaksızın parasal dönüşümler

---

[300] BULGARIA, Recent Economic Developments 1998 Economic Prospects, <www.bia-bg.com/Useful/bulgaria-red.htm>

[301] IMF, **International Financial Statistic**, October 1999, s.176.

[302] Abidin Lütfi Demir, "Türkiye'de ve Dünya'da Özelleştirme", **İktisat İşletme ve Finans**, Yıl:15, No:169, Nisan 2000, s.90.

yapmaktadır. Banknot basım bölümünün hesapları para kurulu sistemine güvenilirlik sağlamak amacıyla haftalık yayınlamaktadır. Bankacılık bölümü mevduatları likidite sıkıntısı yaşanması durumunda ticari bankalara borç vermek amacıyla oluşturulmuştur. Bankacılık bölümü, ticari bankaların uzun dönem mevduatlarını ve hükümetin uzun dönem borçlanma taleplerini de değerlendirmektedir. Ayrıca, IMF ile Bulgaristan arasındaki ilişkilerde mali kurum gibi rol oynamaktadır[303].

Bankacılık Bölümü mevduatları, Basım Bölümü ve Bankacılık Bölümü arasında bağlantı sağlaması hükümet ile para kurulu arasında ilişkiyi yansıtmaktadır. Hükümet ve IMF arasındaki ilişki Merkez Bankası tarafından yerine getirilmektedir. Bankacılık Bölümü bilanço dengesi IMF'den alınan borçlar ve Basım Bölümünden alınan paralarla oluşmaktadır. Bu paralar 30 gün içerisinde Bankacılık Bölümü ve hükümet mevduatlarını azaltmak yoluyla hükümete aktarılmakta ve Merkez Bankasına borç zimmeti yapılmaktadır. Bu işlem para kuruluna daha fazla son başvuru mercii fonksiyonu vermektedir[304].

Merkez bankasının 1 Temmuz 1997 tarihinde başlayan yeniden yapılanma süreci uzun dönemde finansal istikrar için etkili olmuştur. Ülkenin döviz rezervi 1 Temmuz 1997 tarihinde 2,8 milyar mark iken hızlı bir artışla Ekim 1997 tarihinde 4 milyar marka ulaşmıştır. Ulusal paranın etkinliğinin artışı aktif bir re-monetarizasyonu (yabancı rezerv varlıkların leva varlıklarına ve dolaşımdaki paraya dönüştürülmesi) sağlanmıştır. Temmuz-Ekim 1997 döneminde dolaşımdaki para %80 artarken, para kurulunun leva varlıkları

---

[303] Anne-Marie Gulde, "The Role of Currency Board in Bulgaria's Stabilization", ss.10-11.

[304] Nikolay Nenovski, Kalin Hristov, "Monetary Policy under the Currency Board: The Case of Bulgaria" **International Workshop on Currency Boards: Convertibility; Liquidity Management and Exit Conference**, 9 October 1999, <www.hkbu.edu.hk/¨econ/99wsNenovsky.doc.> (Haziran 2000).

%68 artmıştır. Vadeli ve vadesiz mevduatlar %38, dolar ağırlıklı mevduatlar %6,5 artmıştır. Parasal çarpan Ocak 1997 tarihinde %5,9 iken Temmuz sonunda %3,2 düşmüş ve oran ilerleyen zamanda sabit kalmıştır.

Para kurulu sistemine geçiş bankacılık sisteminde etkinlik sağlamış ve uygulanan para politikası ile ticari bankalarda likidite artışı olmuştur. Merkez bankası, ticari banka likiditesini çekmek için kullanılan açık piyasa işlemleri kaldırmıştır. Sıkı maliye politikası ve konsolide bütçe uygulamasıyla oluşan bütçe fazlası hükümet borçlarını azaltmıştır. Bankacılık sistemindeki likit varlıklar Haziran 1997'de %42,7 oranından, Temmuzda %8,5'e, Ağustosta %5,8'e, Eylülde %6,5'e ve Ekimde %5,6 düzeyine düşmüştür. Bulgaristan'da 35 banka faaliyet göstermektedir[305]. Bulgaristan'ın yabancı yükümlülükleri merkez bankası tarafından toplanmakta ve bütün devlet ve tasarruf bankaları mevduat toplamaktadır. Bulgaristan'da kriz dışında açık piyasa işlemleri kullanılamamaktadır[306].

5.3.Bulgaristan Ekonomisinde Son Gelişmeler

Bulgaristan para kurulu sistemine geçiş sonrası piyasa ekonomisine geçiş için sosyal ve altyapı hizmetlerinin tamamlamasına hız vermiştir. Para kurulu düzenlemeleri istikrarlı bir büyüme sağlamaya yönelik yapısal reformların sürdürülmesini gerektirmektedir. Maliye politikaları merkez bankasının makroekonomik istikrarı devam ettirmesine ve kamu borçlanmasının azalmasına yardım etmektedir. Yetkililer, 1999-2001 döneminde bütçe açığının, yapısal reformların maliyetini karşılamak ve daha fazla altyapı yatırımları yapmak için GSYİH'nın %2'si oranında olmasını kararlaştırmışlardır. Kamu kurumlarının ve bankalardaki finansal disiplin, özelleştirmenin tamamlanması, milli gelirin artırılması, para ve maliye

---

[305] "Bulgarian Currency Board",<www.bol.bg/trips-bg/overview.html.>
[306] IMF, **International Financial Statistics**, October 1999, ss.176-177.

politikaların yeniden yapılandırılması ve bankacılık sisteminin sıkı denetimiyle sağlanacaktır. Finansal sistem dışındaki önlemler, ekonomik aktivitenin yeniden düzenlenmesi, ticaretin liberalizasyonu, tarım ve enerji sektöründeki etkinsizliğin giderilmesidir. Bulgaristan sosyal hedeflerini belirleyerek, hizmet sektörünün geliştirecek, gizli işsizliği azaltacak, yönetim etkinliğini artıracak ve emeklilik sistemi reformunu oluşturmaktadır[307].

Tablo.25.Bulgaristan'da 1991-1999 Dönemine Ait Bazı Ekonomik Göstergeler

	1991	1992	1993	1994	1995	1996	1997	1998	1999
Rezerv Miyon $	311	902	655	1002	1236	484	2249	2831	3083
Para Piyasa F.%	48,67	52,39	48,07	66,43	63,09	119,88	66,43	2,48	2,93
Mevduat Faizi%	39,49	45,01	42,56	51,14	35,94	74,68	46,83	2,94	3,21
İşsizlik Oran %	11,1	15,3	16,4	12,4	11,1	12,5	13,7		
İhracat Milyon L	57,4	91,5	102,9	216,2	359,7	859,8	8238, 2	7570, 1	7230,7
İthalat CİF "	45,1	104,3	131,5	227	380	892,1	8191	8765, 2	9971,4
Bütçe Dengesi "	-61	-9,9	-36,1	-24,5	-46,2	-269,6	353,3	599,3	348,7
GSYİH "	136	201	299	526	880	1749	17103	21577	22776
Enflasyon*T ÜFE		91,5	73	95,8	62,1	123	1008	22	2,5
Döviz Kuru $	0,021 8	0,024 5	0,032 7	0,066 0	0,0707	0,4874	1,776	1,675 1	1,9469

Kaynak: IMF, **International Financial Statistics**, October 1998, ss.164,167, October 1999,.ss.174-177. June 2000, ss.176-181. OECD/CCET, **Short-Term Economic Indicators Transition Economies Supplement** 4/1997, January, 1998, ss.34-38, 110, 111. *Enflasyon rakamları tarafımızdan yüzdeleştirilmiştir.

Bulgaristan ekonomisinde para kurulu sistemine geçişle birlikte tablo.26'da görüldüğü gibi 1997 yılı ikinci dönemi itibariyle bütün rakamlarda çok büyük bir iyileşme gözlenmektedir. Rezerv miktarı 1997 yılı I. döneminde 517 milyon dolar iken, II. dönemde 1,345 milyar dolar ile 2,5 kat artmıştır. Para piyasası faizi I. dönemde %196,15 iken, II. dönemde %65,53 ile 2,5 kat

[307] IMF, **Annual Report**, 1999, ss.72-73.

azalmıştır. İhracat rakamları 1997 yılı başından itibaren çok hızlı bir artış seyri göstermiş, bütçe dengesi 1996 ve 1997 yılı birinci döneminde eksi bakiye verirken 1997 yılı ikinci yarısından itibaren artı bakiye vermiştir. Enflasyon, 1996 yılına oranla 1997 yılında çok büyük bir sıçrama yapmışken; 1997 yılı ikinci yarısından itibaren çok hızlı bir düşüşle iki haneli rakamlara ve 1997 yılı son çeyreğinde %5, ve 1999 yılında %2,5 oranına düşmüştür.

Tablo.26.Bulgaristan'da 1996-1999 Dönemine Ait Bazı Ekonomik Göstergeler

	1996	1997-I	1997-II	1997-III	1997-IV	1998	1999
Rezerv milyon $	484	517	1345	1980	2249	2831	3083
Para Piyasa Faizi.%	66,43	196,15	65,53	2,29	1,74	2,48	2,93
Mevduat Faizi %	74,18	129,48	51,59	3,29	3,00	2,94	3,21
İhracat Milyon Leva	859,8	1996,6	2068	2132,4	2084,4	7570,1	7230,7
İthalat CİF "	892,1	1589,9	2152,1	2134,2	2394,2	8765,2	9971,4
Bütçe Dengesi "	-269,6	-259,9	411,4	77,2	124,6	599,3	348,7
Enflasyon* %	123	373,9	44	11,3	5	22	2,5
Döviz Kuru USA$	0,4873	1,5887	1,7186	1,7628	17765	1,6751	1,9469

Kaynak: IMF, **International Financial Statistics**, October 1998, ss.164,167, October 1999,.ss.174-177. June 2000, ss. 176-181.*Enflasyon rakamları tarafımızdan yüzdeleştirilmiştir.

Bulgaristan ekonomisi büyük oranda uluslararası ticarete yönlendirilmiştir. Serbest piyasa ekonomisine geçiş döneminin ilk başlarında geleneksel ihracat politikasının yıkılmasına rağmen 1997 yılından itibaren olumlu gelişmeler olmuştur. İhracattaki artış, 1996/97 döneminde milli gelirin oluşumunda anahtar rol oynamış ve ilerleyen dönemde büyümenin motoru gözüyle bakılmıştır. İhracat ve ithalatının yarısı OECD ülkelerine yapılmaktadır. Bulgaristan'ın bağımsız devletler topluluğu ile sıkı ekonomik ilişkileri devam etmektedir. Ekonomideki risklerin azalışı yabancı sermaye akımlarını hızlandırmıştır[308].

[308] Labour Market and Social Policy in Bulgaria, OECD, **Working Papers**, No. 94, Paris 1998, s.17.

Para kurulu sistemi Bulgaristan'da makroekonomik dengesizlikleri azaltmıştır. Yapısal reformlar ve kurala bağlı bir para politikası uygulamak makroekonomik istikrar sağlamada büyük katkı yapmıştır. Basit ve şeffaf bir yapı, bankacılık ve mali sektörün kontrolü para kurulunun başarısını olumlu etkilemiştir. Bulgaristan kur oranını dünya ile rekabet edebilecek bir düzeyde belirlemediğinden ihracatı dolar bazında son iki yılda yeterince artmamıştır. İhraç maddelerinin kimyasal ve temel madenler gibi geleneksel kalemler olmasından dolayı üretici gelirlerinde artış olmamıştır. İhraç mallarının uluslararası piyasada rekabet edebilmesi için devalüasyon değil dünya ile entegrasyon çözüm olarak görülmektedir[309].

Bulgaristan para kuruluna yönelik şu değerlendirmeler yapılabilir[310];

Bulgaristan para kurulu, ortodoks para kurulu ve klasik merkez bankası anlayışını bir karışımıdır. Bulgaristan para kurulunun esnekliği yarı para kurulu olmasından kaynaklanmaktadır. Para politikası ve son başvuru mercii fonksiyonu para kurulunun fazla rezervleriyle yerine getirilmektedir.

Ortodoks para kurulu sisteminde olduğu gibi otomatik ayarlama mekanizması yoktur ve parasal taban ödemeler dengesine bağlı değildir. Fakat, uzun dönemde iki değişken arasında yakın bir ilişki vardır. Kısa dönemde bütçe akımları (parasal tabanı harcamalar, gelir, özelleştirme, tahvil dalgalanmaları ve uluslararası kurumlardan gelen transferler) etkilemektedir. Bulgaristan'da interbank faiz oranları parasal tabanı etkilememektedir.

---

309 Erdinç, Didar, "Currency Board Alone Is No Panacea For Bulgarian Economy", **American Chamber of Commerce in Bulgaria**, Sofia, Bulgaria, <www.amcham.bg/analysis.htm> (Mayıs 2000)

310 Nenovsky, Hristov, "Monetary Policy under the Currency Board: The Case of Bulgaria", <www.hkbu.edu.hk/¨econ/99wsNenovsky.doc>

Basım Bölümü bilançosundaki mevduatlar ihtiyari para politikası izlenmesine yol açmaktadır. Bu işlem stabilizasyon etkisini de bozmaktadır. Mevduatların varlığı parasal istikrar için gereklidir ve para kurulu sistemi koşullarının eksiksiz uygulanması gerekmektedir.

Bulgaristan'da yarı para kurulu sistemi uygulaması istenilmememektedir. Para kurulunun değişimi için bir çok alternatif vardır. Birincisi; para kurulunun ilk oluşumuna geri dönülerek parasal tabanın otomatik ayarlanması mekanizmasını yeniden düzenlemektir. Basım bölümü bilançolarından hükümet mevduatlarını çıkararak, bunu ticari bankalara veya diğer oluşturulacak kurumlara aktarmaktır. İkincisi; merkez bankasının ihtiyari para politikasını kaldırmaktır. Para arzı üzerinde hükümet mevduatlarının etkisini kaldırarak para arızını talebe göre belirlemektir. Üçüncüsü; Bulgaristan'ın ileride üye olmayı istediği AB'ye paralel bir para olarak piyasaya sunmaktır. Birinci alternatif klasik para kurulu uygulamasının gereğidir ve üçüncü ihtimalin daha yararlı olacağı düşüncesi ifade edilmektedir. Para kurulu Bulgaristan'da yapısal sorunlara yönelik mali reformların uygulanabilmesini, sabit döviz kuru uygulaması ile fiyat ve faiz istikrarını yakalama, ekonomik büyümeye katkı yapma, mali disiplin sağlama, özelleştirme programını gerçekleştirme, bankacılık sektörünü düzenleme gibi avantajlar sağlamıştır[311].

6.BOSNA-HERSEK PARA KURULU

1996 tarihli Dayton/Paris antlaşmasından sonra IMF, Bosna-Hersek'in en az 6 yıllık bir süre için bir para kurulu sistemi oluşturmasını uygun görmüştür. Barış antlaşmasının bir koşulu olan para kurulu sistemine rezerv

---

[311] Ivailo Izvorski "Curency Board in Bulgaria-Advants and Disadvants" <www-Imr.usc.edu/-penev/Ustoi/3/curboard.html> (Aralık 1999)

para mark seçilerek ve kur oranı 1 Bosna-Hersek Dinarı= 100 mark belirlenerek 1 Ağustos 1997'de geçilmiştir[312].

Tablo.27.Bosna-Hersek'te 1995-1999 Dönemine Ait Bazı Ekonomik Göstergeler

%	1995	1996	1997	1998	1999
Yıllık Enflasyon	-4	-25	14	5	0
GSYİH Artış Hızı	21	69	30	12,4	10
Banka Faiz Or (1-3ay)	146,7	55,6	29,6	25,8	28
Bütçe Açığı/GSYİH	0	-3	-1	-2	-2
Rezerv Mik.(Milyon $)	207	235	80	175	475

Kaynak: Steve H.Hanke, "The Disregard for Currency Board Realities", **Cato Journal**, Vol:20, Number: 1, Spring/Summer 2000, s.57.

Tablo.27'ye göre, Bosna-Hersek ekonomisinde hızlı bir iyileşme gözlenmektedir. Ekonomik iyileşme ve yapısal reformlarla serbest piyasa ekonomisine geçiş hızlandırılmaktadır. 1998 yılında özelleştirme programı başlatılmış, cari açıkları kapatmak amacıyla 1,3 milyar dolar dış yardım alınmıştır. 1999 yılı için % 8 reel büyüme hedeflenmesine rağmen büyüme %10 olmuştur. Merkez bankasının serbest rezervlerinin 25 milyon dolar olması öngörülmüştür[313]. Sıkı maliye politikası ile kamu sektörüne verilen kredi azaltılmış ve bütçe denkliği için dış finansmana ihtiyaç duyulmamıştır. Bankacılık reformları, özelleştirme işlemleri, sosyal yardımlar ve sağlık sistemi reformları, ticaret ve döviz piyasası liberalizasyonu ekonomiyi canlandırmıştır. Yetkililer kamu harcamaları için Dünya Bankasından kredi almışlardır[314].

---

312 Hanke, "New Currency Boards Come to the Balkans", <www.worldbank.org/htm//prddr/trans/jan1997/arts.htm>

313 Camdessus, Michel, (June 14 1999), "Letter of Intent of the Government of Bosnia and Herzegovina", Bosnia and Herzegova and the IMF, **IMF**, Washington, D.C USA <www.imf.org/external/np/loi/1999/061499.htm> (Şubat 200)

314 IMF, **Annual Report** 1999, ss.71-72.

7.DİĞER PARA KURULU UYGULAMALARI

Diğer para kurulu sistemleri başlığı altında günümüzde uygulamaya devam eden Brunei, Cayman Adaları, Falkland Adaları, Gibraltar, Faroe Adaları gibi çok küçük ülkelerin para kurulu sistemleri hakkında kısa bilgiler verilmektedir.

7.1.Brunei Para Kurulu

Brunei, Borneo Adasındaki ilk İngiliz kolonilerinden biridir. Brunei çıpa olarak Singapur Dolarını kullanmış fakat rezerv para olarak sterlin bulundurmuş bir para kurulu olması ile ilginç bir örnektir. 1952 yılından 1967 yılına kadar Malay Para Kurulu sistemi içerisinde kalmıştır. 1967 yılında kendi para kurulu sistemini kurmuş Brunei Doları Singapur Dolarına birebir oranında eşitlemiştir. Brunei ve Singapur arasındaki antlaşma ile iki ülkenin parası her iki ülke sınırları içinde geçerli sayılmıştır. Para kurulunun yalnızca 12 personeli vardır. Yöneticiler para kurulu ve "Currency Division of the Brunei Treasury Department" ile görüş alış-verişinde bulunmaktadır. Brunei, 1983 yılında bağımsızlığını kazanmış ve geniş petrol yatakları refahının ana kaynağını oluşturmaktadır. Günümüzde para kurulu benzeri olarak isimlendirilmektedir. Para kurulu rezerv karşılığını %70 olarak kararlaştırmasına rağmen uygulamada bu oran %90 düzeyindedir[315].

7.2.Falkland Adaları Para Kurulu

Günümüzde de İngiliz kolonisi olarak varlığını sürdürmektedir. Falkland Adaları Para Komisyonunun para basmaya başladığı 1899 yılından itibaren bir para kuruluna sahiptir. Falkland Adaları hiç bir zaman metal para basmamıştır. 1930 yılında para kurulu %100 rezerv karşılığı uygulamasına geçmiştir. Falkland Adaları Sterlini, İngiltere Sterlinine eşit değerdedir. 1984 yılına kadar

[315] Schuler, Currency Board, <www.erols.com./kurrency/webdiss1.html.>

Falkland Adalarında ticari banka bulunmamıştır. Ticari banka bulunmamasına rağmen bu görevi hükümet bir özel banka gibi yerine getirmiştir[316].

7.3.Cayman Adaları Para Kurulu

Cayman Adaları 1972 yılına kadar Jamaika parasını kullanan bir İngiliz kolonisiydi. Para kurulu sistemini 1972 yılında Cayman halkına daha büyük bağımsızlık veren politik reformların bir parçası olarak kurulmuştur. Kur 0,83 CI$=1 ABD$ olarak devam etmektedir. 1988 yılı sonu itibariyle dolaşımdaki parası 16,75 milyon CI$ dır[317].

7.4.Gibraltar Para Kurulu

Bir İngiliz kolonisidir ve 1927 yılında Para Kurulunu kurmuştur. Serbest bankacılık sistemine sahiptir. Para kurulu İngiliz altın parasını rezerv para olarak tutmaktadır. 1934 yılında %100 sterlin döviz standardına bağlanmış ve Gibraltar Paundu İngiltere Sterlinine eşit değerdedir.

7.5.Faroe Adaları Para Kurulu

İskoçya ve İrlanda arasında kendi kendini yöneten bir Danimarka sömürgesidir. Para kurulu sistemi 1940 yılında Faroe adaları İngiltere koruması altında iken, Almanya'nın Danimarka'yı işgal etmesinden sonra kurulmuş ve dolaşımdaki Danimarka Kroner banknotları, Faroe Adaları Kroner'inin yerini almıştır. Kur, 22,4 Faroe Kroneri=1 Sterlin olarak belirlenmiştir. Rezerv karşılığı İngiltere tarafından karşılanmış ve rezerv karşılığı İngiltere Bankasında tutulmaktadır. 12 Nisan 1949 tarihinde ada, Danimarka parasal sistemine katılmış Faroe Kroneri Danimarka Kronuna eşitlenmiştir. Faroe hükümeti, Danimarka merkez bankasındaki mevduatlarından faiz kazancı elde etmektedir. 1990 yılı sonunda dolaşımda

---

[316] Schwartz, s.157.

[317] Schuler, Currency Board, <www.erols.com./kurrency/webdiss1.html.>

154 milyon kroner parası bulunmaktadır[318]. Para kurulu uygulamaları kronolojisi ek-1'de sunulmaktadır.

Meksika'nın yaşamış olduğu 1994 krizinde Meksika Pesosu büyük oranda değer kaybı yaşamıştır. Değer kaybını önlemek amacıyla büyük oranda döviz harcamasına ve uluslararası piyasalardan yardımlar almasına rağmen krizin etkileri ağır olmuştur. Bu gelişmeler ülkede para kurulu sistemi uygulamasını gündeme getirmesine rağmen sistem uygulamaya geçirilmemiştir[319].

1999 yılında ABD, İngiltere ve Almanya başkanları Balkanların istikrarı ve barışın devamı konusunda bölge ülkeleri ile görüşmeler yapmışlardır. Bölgede parasal istikrarı için oluşturulabilecek bir para kurulu sistemi hakkında görüş alış-verişinde bulunulmuş, bölge için para kurulu sistemi bir çözüm olarak görülmesine rağmen sistem uygulamaya geçirilememiştir[320]. Asya Krizinden büyük oranda etkilenen Endonezya parası dolar karşısında %85 oranında değer kaybetmiş, ABD ve para kurulu taraftarlarınca para kurulu oluşumuna yönelik tavsiyelerde bulunularak çalışmalar yapılmıştır. Fakat, Endonezya'da para kurulu sistemi uygulaması yürürlüğe girmemiştir[321].

Bazı ekonomistlerce para kurulları bağımsız para otoriteleri olarak isimlendirilmektedir. Para kurulu uygulamalarına yönelik bir sınıflandırma da Afrika, Asya Kolonileri ve Karaibler ve günümüzde Burunei'nin ortodoks para kurulu sistemini uyguladığı[322], diğer para kurulu uygulamalarının yarı para

---

318 Schuler, Currency Board, <www.erols.com./kurrency/webdiss1.html>
319 Steve H.Hanke, "Pegged out", **Forbes**, Vol:155, Issue, 2, 16 January 1995, New York.
320 Milo Djukanoviç, "Who Will Lead the Balkans?, **Wall Street Journal**, 29 July 1999. New York.
321 Kurt Schuler, "Asia's Reckoning: A Currency Board Beats IMF Rx", **Wall Street Journal**; 18 February 1998, New York.
322 Kent Osband, Villanueva Delano, "Independent Currency Authorities: An Analytic Primer", IMF **Staff Papers**, Vol:40, Issue: 1 March 1993, Washington.

kurulu sistemi olarak ifade edilmesine karşın Arjantin, Estonya ve Litvanya para kurulu sistemi AEL modeli olarak ta isimlendirilmektedir[323].

Günümüzde devam eden para kurulu sistemleri ortodoks para kurulu sisteminden sapma olarak her ülkenin kendi ekonomik koşullarına göre uyguladığı ve farklı para politikası araçları kullandığı yarı para kurulu sistemleridir. Aşağıdaki tabloda günümüzde para kurulu uygulayan ülkeler para politikası aracı kullanımı açısından karşılaştırılmaktadır.

Tablo.28.Günümüz Para Kurulu Ülkelerinde Para Politikası Araçları Kullanım Farklılıkları

	Hong Kong	Arjantin	Estonya	Litvanya	Bulgaristan
Döviz Kuru	1ABD$=7,8 HK$	1ABD$=1Peso	8Kroon=1 DM	1ABD=4Litas	1000Leva= 1DM
Karşılık Oranı	%100	%100	%100	%100	%100
Konvertibilte	Banknot Bankala	Tam	Tam	Ticari Bankal.	Tam
Karlar	Var	Var	Var	Var	Var
Son Başvuru Mercii	Var	Kısmen	Var	Acil Durumlard	Var
Mevduat Sigortası	Yok	Var	Var	Yok	Veri Yok
Zorunlu Karşılık	Var	Var	Var	Var	Var
Reeskont	Var	Var	Yok	Yok	Veri Yok
Avans	Var	Veri Yok	Yok	Yok	Yok
Swap	Var	Var	Yok	Yok	Veri Yok
Repo, Ters Repo	Var	Var		Yok	Veri Yok
İnterbank İşl.	Var	Var	Var	Veri Yok	Var
Rezerv Türü	Döviz	Altın-Döviz-ABD$ tahvil	Altın-Döviz-Tahvil	Döviz	Döviz-Altın-Tahvil
Kur Politikası	07.09.1999 Sabit	Sabit	Sabit	Sabit	Sabit
Yapısal Reformlar	Yok	Var	Var	Var	Var
Nüfus	5,6 milyon	34 milyon	1,6 milyon	3,9 milyon	8,4 milyon
Kur Değişiminde	Biraz	Yok	Veri Yok	Var	Yok

[323] Tsang Shu-ki, "Currency Board Complication:The AEL Model", February 9 1998, <wwwhkbu.edu.hk/˙web.982.html>

Para Kurulu Yetkisi*					

Kaynak: Balino, J.T.Tomas, Charles Enoch, **Currency Board Arrangements Issues and Experiences**, IMF, Occasional Papers, August 1997, Washington D.C, ss.42-47, Haydar Akyazı, **Para Kurulu ve Türkiye'de Uygulanabilirliği Üzerine Bir Araştırma**, Türkiye Bankalar Birliği, İstanbul 1999, s.122, Metin İçerisinden Derlenmiştir. *Atis R.Ghosh, Anne-Maria Gulde, Holger C.Wolf, Currency Board: The Ultimate Fix?, **IMF Working Paper**, WP/98/8 January 1998.s.9.

Tablo.28'e göre, Arjantin ve Hong Kong en çok para politikası aracı kullanan para kurullarıdır. Uygulanan para politikası araçları ne kadar ortodoks para kurulu sisteminden sapmalar yapıldığını göstermektedir. Para politikası araçlarının kullanım çokluğu ile ülkelerin ekonomik büyüklükleri arasında bir doğru ilişkinin varlığı ortaya çıkmaktadır. Ekonomi ne kadar büyük ise o ekonomide istikrarı sağlamak o kadar zor olacağından Hong Kong ve Arjantin daha fazla para politikası aracı kullanmaktadırlar.

Tablo.29.Para Kurulu Uygulamış ve Uygulamakta Olan Ülkelerin Gelirlerine Göre Gruplandırması

Düşük Gelirli Ülkeler	Orta Gelirli Ülkeler		Yüksek Gelirli Ülkeler
	Düşük Orta Gelirli Ülkeler	Yüksek Orta Gelirli Ülkeler	
Guinea, Eritre, Etiyopya, Sudan, Sudan, Tanzanya, Kamerun, Gambia, Liberya, Sierran Leone, Togo, Bosna-Herzegova, Yemen Arap Cumhuriyeti, Honduras, Gana, Kenya, Angola, Liberya, Nijerya, Zambia, Zimbabwe, Sudan	Djibouti, Swaziland, Filipinler, Tongo, Bulgaristan, Litvanya, Irak, Ürdün, Granada, Belize, Panama, Sri Lanka, Soloman Ad. Fiji, Jamaika, St.Vincent, Dominik,	Barbuda, Barbados, St.Kitts, Bahreyn, Libya, Estonya, Mauritius, Arjantin, Lübnan, Umman, Seychelles, Trinidad, Tobago; İrlanda, Yeni Zellanda	Brunei, Hong Kong, Kıbrıs, Faeroe Adaları, İsrail, Cayman Adaları, Bahama, Bermuda, Kuveyt, Katar, Singapur

Kaynak: The World Bank, World Development Report, 1998/1999, ss.250-251.

Tablo.29'de para kurulu sistemi uygulamış ve uygulamakta olan ülkeler gelir açısından gruplamaya tabi tutulmuştur. Tablodan da görüleceği üzere para kurulu sistemi uygulayan ülkeleri belirli bir gelir grubu ülkesi olarak tanımlamak mümkün değildir. Ülkelerin çoğunluğunun küçük ekonomiler olduğu dikkat çekmektedir.

Grafik .1.Dönemler İtibariyle Para Kurulu Uygulama Yoğunluğu

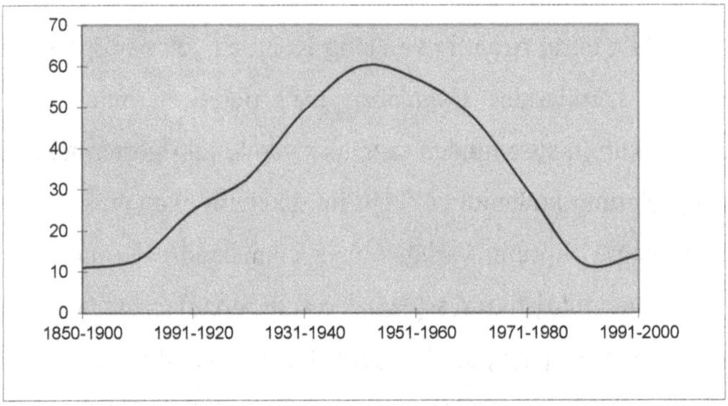

Grafik.1'de para kurulu sistemi uygulamaları sayısal açıdan dönemler itibariyle gösterilmektedir. Bazı ülkelerin birden fazla dönemde para kurulu sistemini uygulamış olmaları dönemler itibariyle uygulama rakamlarını yükseltmektedir. Uygulama en yüksek düzeye 1950-60 döneminde ulaşmış, takip eden dönemlerde azalmış, Merkez bankacılığı sisteminin en popüler olduğu 1986-90 döneminde en düşük düzeye ulaşmıştır. 1990-2000 döneminde artış dikkati çekmektedir.

III. PARA KURULU SİSTEMİ PERFORMANS DEĞERLENDİRMESİ

Para kurullarının performans göstergelerinden en önemlisi sabit kur uygulaması ile konvertibiliteyi devam ettirebilmeleridir. Hong Kong, Malaya, Filipinler ve Solomon Adaları gibi pek az para kurulunda İkinci Dünya Savaşı nedeniyle konveritibilite kesintiye uğramasına rağmen para kurulu sistemi uygulaması devam etmiştir. Günümüzde para kurulu sistemi uygulayan ülkelerin para politikası araçlarının gösterildiği tablo.28'de bütün ülkelerin sabit kur sistemi uyguladığı görülmektedir. Para kurulları, sabit kur uygulaması ile kendi kimliklerini ve endüstrilerini koruyarak ekonomik gelişmelerini devam ettirebilmişlerdir. Dış kaynaklı krizlerden rezerv varlıkları ve sabit kur uygulaması ile daha az etkilendiği sonucuna ulaşılmıştır. Hong Kong'da 1983-99 dönemlerini kapsayan sabit kur-esnek kur uygulamasının dış kaynaklı şoklarda büyüme ve fiyatlar üzerine etkisini inceleyen bir araştırmada sabit kur uygulamasında büyüme ve fiyatların daha istikrarlı olduğu sonucuna ulaşılmıştır[324]. Hong Kong ve Arjantin, Asya Krizini en az maliyetle kapatan iki ayrı bölge ülkesi olmuştur.

Domaç ve Perie tarafından gelişmiş ve gelişmekte olan 95 ülkeyi kapsayan bankacılık krizi ve döviz kuru sistemleri ilişkisine yönelik bir çalışmada sabit kurlu bir sistemde finansal krizlerinin ülkeye yansımasının daha güç olduğu fakat, olası bir durumda esnek kurdan daha büyük etkiye sahip olduğu sonucuna ulaşılmıştır. Buna rağmen, istatistiki açıdan sabit kur sisteminde esnek kur sisteminden daha az finansal kriz ortaya çıktığı tespit edilmiştir. Optimal döviz kurunun ülkeden ülkeye değişmesine rağmen gelişmekte olan ülkeler için finansal istikrar açısından sabit döviz kuru sistemi uygulaması tavsiye edilmiştir[325].

Para kurulu sistemlerinde devalüasyon olgusuna çok az rastlanmaktadır. Para kurulu ülkeleri çok nadir olarak ancak ihracatı artırmak amacıyla devalüasyonlar yapmışlardır. Revalüasyon çok daha nadir görülmektedir. Hong Kong, Singapur ve Brunei 1967 yılında rezerv para olan sterlinin ABD Doları karşısında değer kaybetmesi nedeniyle parasını sterline karşı, Hong Kong 1973 yılında para kurulu kesintiye uğramadan

---

[324] Kwan, Lui, Cheng, ss.24-25.

[325] İlker Domaç and Maria Soledad Martinez Peria, "Banking Crises and Exchange Rate Regimes", **The World Bank/Universidad Torcuata Di Tella Conference on Exhange Rate Regimes,** Universidad Torcuata Di Tella, June 5-6 2000, Buenos Aires, Argentina.

önce ABD Dolarına karşı ve Cubiti, para kurulu sistemi uygulaması boyunca yalnızca iki defa parasını revalüe etmiştir. Rezerv para ülkesinde tüketici fiyatlarındaki artış iki yılda %25 oranını aşması durumunda para kurulu ülkesinin revalüasyon veya daha istikrarlı bir parayı rezerv olarak seçebilecekleri belirtilmiştir[326].

Para kurulunun işletim açısından basit bir yapıya sahip olması ve az sayıda personele ihtiyaç duyması nedeniyle masrafları dolaşımdaki parasının ancak %0,5-1 arasındadır. Örneğin, Batı Afrika Para Kurulunun Londra'da bir ve Afrika'da bir personeli olmuştur. Geçmiş dönem çoğu para kurulunun bir veya çok az sayıda banka ile işlem yapması maliyetleri düşürmüştür.

Para kurulu sistemlerinde banka iflasları çok az görülmüştür. Para kurulu ülkesinin yerel bankalarının genellikle küçük hacimli olması, imparatorluk bankalarının da birden çok ülkede faaliyet göstermesi ve büyük hacimli bir yapıya sahip olması başarısızlık şansını azaltmıştır. Geçmiş dönem para kurulu uygulamalarının çoğunluğunda ve günümüz para kurullarının bir kısmında son başvuru mercii olmamasına rağmen kendi ekonomik yapısından kaynaklanan önemli finansal krizler olmamıştır. Para kurulu ülkelerinin çoğunluğunda küçük hacimli olan bankalar son başvuru mercii olmaması nedeniyle daha ihtiyatlı davranmaları başarılarını artırmıştır. Ayrıca yerel bankaların uluslararası ortaklıklar oluşturmak yoluyla son başvuru mercii temin etmesi anlamına gelmektedir[327].

Para krizleri, spekülatörlerin parayı daha hızlı hareket ettirmelerinden dolayı mobilize etmelerinden dolayı son yıllarda sık meydana gelmektedir. Daha önceleri ABD merkez bankası gibi kurumlar spekülatörlerin faaliyetlerini önleyecek cezalar uygulamaktaydılar. Günümüzde büyük

---

[326] Balino,Enoch, s.3.
[327] Humpage, McIntire, s.8.

spekülatörler çoğu merkez bankasının sahip olduğundan daha büyük miktarda para kullanabilecek konumdadırlar. Spekülatörler hükümetlere piyasa hareketleri ile devalüasyon baskısı yapmaktadırlar. Bu tür baskılar 1990'lı yıllarda iki büyük krize (Meksika Krizi 1992, Asya Krizi 1997) neden olmuştur. Meksika Pesosu 1992 yılında yıkıldıktan sonra, Arjantin aynı krizle karşılaşmış fakat devalüasyon yapmamıştır. Asya Krizi döneminde Hong Kong spekülatif baskılara boyun eğmeyerek, devalüasyon yapmamış ve bölge ülkelerine göre krizden daha az etkilenmiştir. İstikrarın altında yatan sebep diğer nedenlerin yanında para kurulu sistemi gereği devalüasyon yapmaması gösterilebilir.

Amerika Birleşik Devletlerinin altın karşılığını uygulamasından vazgeçtiği 1971 yılından günümüze kadar merkez bankalarının enflasyon konusundaki başarısına ölçmeye yönelik bir çalışma Schuler tarafından yapılmıştır. Çalışmada 19 gelişmiş ve 126 gelişmekte olan ülkede yıllık enflasyonun oranının orta düzeyde olduğu, 37 gelişmiş ülkede yıllık enflasyon oranının %100-999 arasında olduğu, 19 ülkede yıllık enflasyon oranının %1000 olduğu, 13 gelişmekte olan ülkenin parasını yürürlükten kaldırıldığı tespit edilmiş ve merkez bankalarının kesin çözüm sağlamadığı belirtilmiştir[328].

Gelişmekte olan ülke paralarının ABD Doları karşısındaki büyük oranlı değer kaybı devam etmektedir. 1970 yılından günümüze kadar depresyonların %79'u orta düzeydedir ve bu ülkelerin %88'inin döviz kontrolleri uygulaması nedeniyle depresyon etkisinden kaçınmaları güçtür. Bu güçlüklerle birlikte

---

[328] Kurt Schuler, "No More Central Bank", **Journal of Commerce** May 18 1998, <www.joc.com>. (Haziran 1999)

1971 yılından günümüze kadar gelişmiş ülkeler gelişmekte olan ülkelere oranla 2 kat büyümüştür[329].

Schuler tarafından yapılan bir diğer çalışma da para kurulu uygulayan ülkelerin para kurulu sistemi ile elde ettikleri kişi başına GSYİH artış hızı ve enflasyon oranları merkez bankacılığı sistemindeki oranlar ile karşılaştırma yapılmıştır. Enflasyon hesaplamaları 1950-60, GSYİH hesaplamaları 1951-1988 dönemini kapsamaktadır[330].

Tablo.30.Geçmiş Dönem Para Kurulu ve Merkez Bankacılığı Sistemlerinde Enflâsyon ve Kişi Başına GSYİH Artış Hızı Oranları

	Enflasyon Oranı (%)		Kişi Başına GSYİH Artış Hızı (%)	
Ülkeler	Para Kurulu	Merkez Bankası	Para Kurulu	Merkez Bankası
Bahreyn	4,5	7,6		
Barbados	8,6	9,8	4,3	0,5
Burma	3,0	6,8	5,4	2,8
Kıbrıs	4,1	5,3	3,5	5,6
Fiji	12,3	7,7	3,0	-0,5
Gambiya	1,5	15,0	4,7	1,1
Guyana	1,7	12,6	-0,3	-0,3
Hong Kong	4,2	8,7	6,5	6,5
Jamaika	2,9	13,0	5,8	1,1
Ürdün			7,8	1,6
Kenya	2,3	9,6	1,4	1,6
Malezya	2,0	4,1	2,8	3,9
Malta	2,5	3,9	2,3	9,4
Mauritius	2,0	10,6	-0,4	3,5
Nijerya	2,3	13,2	2,5	0,7
Sierra Leone	2,8	33,4	8,0	-0,9
Sudan	1,0	17,2	1,9	-0,1
Swaziland	14,4	5,4	-0,3	5,4
Trinidad	2,4	10,1	5,5	0,6
Yemen	5,2	9,1	13,5	6,2
Ortalama	4,19	10,6	3,95	1,6
İngiltere		6,8		2,28
ABD		4,2		2

Kaynak: Kurt Schuler, **Currency Board**, Unpublished PHD.Dissertion, George Mason Univercity Virgina 1992. <www.erols.com./kurrency/webdiss1.html.> (Mayıs 1999)

Tablo.30'da görüldüğü gibi para kurulu sistemi uygulayan ülkelerde enflasyon ortalaması %4,19 iken, merkez bankacılığı sistemi uygulayan

329 Steve H.Hanke, "A Tale of Two Pesos:A Comparison of Currency Policies in Mexico", <www.heritege.org>

330 Schuler, Currency Board, <www.erols.com./kurrency/webdiss1.html>

ülkelerde %10,6, kişi başına GSYİH artışı para kurulu sistemi uygulayan ülkelerde ortalama %3,95 iken, merkez bankacılığı sistemi uygulayan ülkelerde %1,6 gibi rakamda gerçekleştirmiştir .

Tablo.31.Günümüzde Para Kurulu Sistemi Uygulayan Bazı Ülkelerin 1991-1999 Dönemi Mevduat Faiz Oranları

Yıllar (%)	Arjantin	Hong Kong	Litvanya	ABD	Estonya	Bulgaristan	Almanya
1991	61,68**					39,48	
1992	16,78	3,07		3,68	**	45,61	8,01
1993	11,34	2,25	88,29	3,17		42,56	6,27
1994	8,68	3,54	48,43**	4,63	11,51	51,14	4,47
1995	11,9	5,63	20,05	5,92	8,74	35,94	3,85
1996	7,36	4,44	13,95	5,35	6,05	74,68	2,83
1997	6,97	5,98	7,89	5,62	6,19	48,83**	2,69
1998	7,56	6,62	5,86	5,47	5,65	2,94	2,88
1999	7,64	4,62	4,70	5,41	3,52	3,21	2,43

Kaynak: IMF, **International Financial Statistics**, June 2000. ** Ülkelerin para kurulu sisteminde geçtikleri tarihtir.

Tablo.31'de günümüzde para kurulu sistemi uygulayan bazı ülkelerdeki faiz oranları incelenmektedir. Arjantin, Hong Kong, Litvanya parasını ABD Dolarına, Estonya ve Bulgaristan Alman Markına sabitlemiştir. Ülkelerin para kurulu sisteminde geçtikleri tarihlerden itibaren faiz oranları rezerv ülke faiz oranlarına büyük bir yakınlık göstermekte, aralarında %1-2 gibi küçük oranlarda farklılıklar bulunmaktadır. Tabloda gösterilen beş ülkenin 1998 yılı faiz ortalaması %5,76 iken, 1999 yılı ortalaması 5,38 olarak gerçekleşmiştir.

Ghosh, Gulde ve Wolf tarafından para kurulu sisteminin başarısını ölçmek amacıyla 1970-1996 dönemini kapsayan bir çalışma yapılmıştır. Çalışmada bazı kurulu ülkelerini * kapsayan 136 gözlem (yıl) dikkate alınmıştır. Para kurulu sistemi uygulayan ülkelerin sabit kur uygulamayan ülkelerden %4 daha düşük enflasyon gerçekleştirdiklerini tespit edilmiştir. Daha düşük enflasyon elde etmenin daha düşük para arzı büyümesinden çok

* Bu ülkeler ve kapsadıkları dönem Arjantin (1991-96), Antigua-Barbados (1981-96), Dominik (1978-96), Dujibouti (1978-96), Estonya (1992-96), Grenada (1977-96), Hong Kong 1983-96, Lithuania (1994-96) St.Luice (1980-96), St.Vincent, Grenadigs (1980-96) şeklindedir.

gelecek para politikalarının anti-enflasyonist fayda sağlayacağı beklentisiyle oluştuğu sonucuna ulaşılmıştır[331].

Tablo.32.Günümüzde Para Kurulu Sistemi Uygulayan Bazı Ülkelerin 1992-1999 Dönemi Enflasyon Oranları

TÜFE (%)	1992	1993	1994	1995	1996	1997	1998	1999
Hong Kong	9,3	8,4	8,7	9,1	6,3	5,8	2,8	4,6
Arjantin	25	11	4,2	1,6	0,2	0,3	0,7	-1
Litvanya		409,6	72,1**	39,1	24,6	8,9	5,1	0,7
ABD	3	2,9	2,6	2,7	2,9	2,3	1,6	2,1
Estonya	**	89,8	47,6	28,7	23,05	11,2	8,2	3,3
Bulgaristan	91,5	73	95,8	62,1	123	1008**	22,3	2,5
Almanya	5,1	4,3	2,7	2,7	1,4	1,8	0,9	0,4

Kaynak: IMF, **International Financial Statistics,** October 1998, June 2000, Rakamlar tarafımızdan yüzdeleştirilmiştir. **Para kuruluna geçiş tarihidir.

Tablo.32'de görüldüğü üzere ülkelerin para kurulu sistemine geçmelerinin ardından 2-3 yıl gibi kısa bir zaman sonra enflasyon oranlarında hızlı bir düşüş dikkati çekmektedir. Tabloda incelenen beş ülkenin 1998 yılı enflasyon ortalaması %8 iken, bu rakam 1999 yılında %2,01'e düşmüştür. Enflasyonun 1998 yılında, 1999 yılına göre yüksek çıkmasının nedeni Bulgaristan para kurulu sisteminin yeni olması ve istenilen sonuçlara 1999 yılında ancak ulaşabilmesidir. 1999 yılında %2 gibi düşük bir enflasyon oranı dünya ölçülerine göre tatmin edici düzeydedir.

Tablo.33.Günümüzde Para Kurulu Sistemi Uygulayan Bazı Ülkelerin 1992-1999 Dönemi GSYİH Büyüme Oranları

(%)	1992	1993	1994	1995	1996	1997	1998	1999
Hong Kong		6,1	5,4	3,8	4,5	4,9	-5,1	2,9
Arjantin	7-8	6	1,7	-4	4,8	8,6	4,2	-2,5
Estonya	-12,4**	-8,5	-1,7	4,2	4	8	4	-
Litvanya		-16	-9,8**	3,3	4,7	7,1	5,1	-4,1
Bulgaristan	31	11	1,7	2,8	-10,1	-6,8**	3,5***	1***

Kaynak: IMF, **International Financial Statistics**, October 1998, June 2000, Rakamlar tarafımızdan yüzdeleştirilmiştir.* ** **The Economist**, Intelligence Unit, Bulgaria Country Report,**Para kurulu sistemine geçiş tarihidir.

[331] Atish R.Ghosh, Anne-Marie Gulde, Holger C.Wolf, "Currency Boards: The Ultimate Fix?", IMF **Working Paper**, WP/98/8. January 1998, ss.11-19.

Para kurulu sistemi uygulayan ülkelerden Hong Kong'un GSYİH artışları Asya Krizi nedeniyle 1998 yılı dışında tatmin edici düzeydedir. Arjantin'in, Meksika ve Asya Krizi dönemi dışında GSYİH büyüme oranları pozitif olmasına rağmen değişken bir seyir izlediği görülmektedir. Estonya para kurulu sistemine geçtikten ancak 3 yıl sonra pozitif büyüme oranını yakalayabilmiştir. Litvanya ve Bulgaristan para kurulu geçişin hemen ardından pozitif büyüme elde etmişlerdir. Arjantin, Estonya, Bulgaristan ve Litvanya'nın para kurulu uygulamalarına kısa bir dönem önce başlamaları büyüme konusunda kesin bir yargıya varılmasını güçleştirmektedir.

Tablo.34.Günümüzde Para Kurulu Sistemi Uygulayan Bazı Ülkelerin 1991-1999 Dönemi İhracat Rakamları

Milyar Dolar	1992	1993	1994	1995	1996	1997	1998	1999
Hong Kong	119,49	135,24	151,4	173,75	180,75	188,06	173,99	173,89
Arjantin	12,2	13,2	15,7	21,0	23,8	26,4	25,2	23,333
Estonya	0,43	0,776	1,313	1,838	2,077	2,924	3,130	2,914
Litvanya		2,176	2,019	2,705	3,355	3,86	3,711	4,0 Tah.
Bulgaristan	3,735	3,146	3,275	5,087	1,763	4,638	4,519	3,713
Toplam		154,53	173,707	204,380	211,745	225,882	210,55	207,850
Artış %			12,4	17,6	3,6	6,7	-6,7	-1,3

Kaynak: IMF, **International Financial Statistics**, October 1998, June 2000, Rakamlar tarafımızdan Dolara çevrilmiştir.

Litvanya 1994 yılında para kuruluna geçmiş ve ihracat konusunda beklenileni verememiştir. Bulgaristan'ın para kurulu sisteminin 1997 yılında geçmesi nedeniyle ihracatta henüz olumlu bir yansıma olmamıştır. Hong Kong ve Arjantin'de ihracat artışları 1992-1997 döneminde son derece hızlı olmuş ve 1997 yılından sonra bir düşüş eğilimi dikkat çekmektedir. Bu düşüşte Asya Krizinin etkisinin büyük olmasına rağmen para kurulu ülkelerinin sabit kur uygulaması sonucu paralarının değer artışı ihracatlarında olumsuzluklara neden olmaktadır. Hong Kong dışındaki ülkeler ihracatı geliştirmek için paralarının değer artışı sorununa çareler aramaktadırlar.

Para kurullarının iç ve dış şokları önlemede başarısız kaldıkları eleştirisi yapılmaktadır. Para kurulları ülkeleri özellikle Arjantin 1994 Meksika, 1999 Brezilya krizinden ve tüm dünya Asya Krizinden etkilenmiştir. Para kurulu sistemini uygulayan ülkeler enflasyonist baskıların ağır olduğu veya piyasa ekonomisine geçiş süreci yaşayan ve ülke parasına güvenin kaybolduğu ülkeler olması krizden etkilenmelerine neden olmaktadır. Arjantin'de halkın parasal politikalara güveninin kaybolması ve güvenin tekrar sağlanabilmesinin uzun zaman gerektirmesi kriz ortamlarının oluşmasını doğallaştırmaktadır[332]. Asya Krizinin para kurulu ülkelerini etkilemesinin doğallığına rağmen Arjantin'in Meksika Krizini kendi olanakları ile atlatması ve Hong Kong'un Asya Krizinden en az etkilenen bölge ülkesi olması para kurulu sistemi uygulamasından kaynaklandığı söylenebilir.

IV.PARA KURULU AVANTAJ VE DEZAVANTAJLARI

Para kurulu sistemi avantaj ve dezavantaj değerlendirmesi; faiz, enflasyon, ödemeler dengesi, mali disiplin, bütçe denkliği, konvertibilite, sisteme geçiş, senyoraj, para politikası, kriz olasılığı, son başvuru mercii, ücret, enflasyon vergisi, sabit kur, kolonizm ve ekonomik büyüklük yönünden ele alınmaktadır.

Faiz: Para kurulu sisteminde faiz piyasasına müdahalelerde bulunulmamaktadır. Faize müdahale yapılmaması, kur oranının sabitlenmesi, para arzının dış ödemeler dengesi fazlasıyla doğru orantılı olarak otomatik bir biçimde düzenlenmesi faiz oranlarının kurul ülkesi faiz oranları ile yakınlaşmasını sağlamaktadır. Ayrıca, para kurulunun sağlamış olduğu kredibilitenin para ve döviz piyasasında belirsizliği ortadan

---

[332] Akyazı, s.135.

kaldırması nedeniyle faiz oranlarında düşüşler olmaktadır[333]. Faiz oranlarındaki düşüş sonucu rezerv ülke faiz oranları arısında %1-2 gibi küçük farklar olmasına rağmen, sistem başarılı kabul edilmektedir. Para kurulu ülkesinde faiz oranlarındaki düşüş ülkede faiz arbitrajının önlenmesine neden olmaktadır[334].

Enflasyon: Gelişmekte olan ülkelerin büyük bir çoğunluğunda enflasyonun temelinde parasal disiplinin sağlanamaması, merkez bankası kaynaklarının kamu finansmanında kullanılması ve bütçe açıklarının para politikası üzerine yaptığı baskılardır. Para kurulu sisteminin uygulandığı bir ülkede kamu finansmanının ve bütçe açıklarının para kurulu olanakları ile karşılanamaması enflasyonist baskıları azaltmaktadır. Bu uygulamalarla birlikte para kurulu sisteminin şeffaflığı enflasyonist beklentilerin azalmasına katkı yapmaktadır. Para kurulu sistemi uygulama deneyimlerinden enflasyon oranının düştüğü gözlenmektedir[335].

Yönetim: Para kurulunun görev ve yetkilerinin açık bir şekilde bilinmesi, para arzının dış ödemeler dengesi ile aynı yönde işlemesi, parasal araç kullanımının (reeskont, interbank, swap, LOLR vb.) olmaması nedeniyle çok az sayıda personel tarafından işlevlerini yerine getirebilmesine neden olmaktadır. Bu özellikler kurulun işlem maliyetlerini düşürmekte ve işlevlerini yerine getirme hızını artırmaktadır. Sistemin basit bir yapıda çalışıyor olması ve faaliyet sonuçlarının belirli periyotlar ile yayınlanması kurulun şeffaflığını ve kredibilitesini artırmaktadır. Kredibilite artışı ile kamuoyundaki beklentilerin olumlu yönde oluşması sistemin başarısını artırmaktadır[336].

---

[333] Çelebican, s.40.
[334] Akyazı, s.76.
[335] Anne Maria Gulde, Juha Kahkönen, Peter Keller, "Pros and Cons of Currency Board Arrangements in the Lead-up to EU Accession and Participation in the Euro Zone", **IMF Policy Discussion Paper,** PDP/00/1, January 2000, ss.2-3.
[336] Akyazı, s.77.

Ödemeler Dengesi: Para kurulu sisteminde dış ödemeler bilançosundaki fazlalık ülkedeki para arzını artırmakta, para arzındaki artış faizleri ve fiyatları artırmakta, fiyatlardaki artışlar ihracatı düşürmekte, ithalatı artırmaktadır. İthalat artışı ve ihracat düşüşü dış ödemeler dengesi açığı meydana getirmekte ve para arzı daralmaktadır. Böyle bir sistemde para arzını düzenlemek için hükümetin sterilizasyon ve müdahalelerine gerek duyulmamakta ve sistem otomatik bir biçimde çalışmaktadır[337]. Ödemeler dengesinin otomatik olarak çalışabilmesi yurtiçi fiyatların esnekliğine bağlıdır. Arjantin ve Türkiye gibi nispeten büyük, tam açık olmayan ekonomiler için otomatik mekanizmanın daha yavaş çalışacak olması ve sabit kur sisteminde yurtiçi fiyat artışlarının ihracatı azaltıp, ithalatı artıracağından dolayı cari dengeyi bozma ihtimali yüksek olmasına rağmen, uygulama deneyimlerinden para kurulu sisteminin ödemeler dengesini sağlamada başarılı olduğu belirtilmektedir[338].

Mali Disiplin: Para kurulu sisteminin kurala bağlı politikalarla işlemesi sonucu para arzı otomatik olarak oluşturulmakta, devlet para piyasasına müdahalelerde bulunmamakta, ihtiyari para politikası uygulanmamakta ve kurul kaynaklarının kamu finansmanında kullanılmamasıyla mali disiplin sağlanılmaya çalışılmaktadır. Para politikası araçlarının kullanılmaması ile maliye politikası araçları ile ekonominin disipline edilip-edilemeyeceği belirsizliği ortaya çıkmaktadır. Böyle bir ekonomi için mali disiplinden ne anlaşılması gerektiği ve enflasyonunun nedenleri hakkında görüş birliğine varmak gerekmektedir. Gelişmekte olan ülkelerde enflasyonun en temel nedeni kapatılamayan bütçe açıkları ve bu açıkların kapatılması için iç borçlanmaya ödenen yüksek faizlerdir. Para kurulu ülkesinde kural olarak iç borçlanmaya gidilememesi nedeniyle bütçe

---

[337] Çelebican, s.40.
[338] Gültekin, Yılmaz, s.30.

açıklarının finanse edilebilmesi için yurtdışından borçlanılmaktadır. Yurtdışından borçlanmada yüksek faiz ödemesi yapmak zorunda kalınması mali sistemi tehdit etmektedir[339]. Bu tehdide rağmen Arjantin, Estonya ve Bulgaristan'ın ekonomide kamu etkinliğini azaltması, yapısal sorunlara eğinilmesi maliye politikası üzerindeki olumsuz baskıyı azaltmakta, mali disiplin sağlama başarısını artırmaktadır. Mali disiplinin sağlanabilme başarısına rağmen, bütçe açıklarını finanse etmek için yurtiçi ve yurtdışından borçlanma olanağı kalmadığı zaman siyasi otoritenin para kuruluna baskı yapma tehlikesi ortaya çıkmaktadır. Bu tür baskıların artması sonucunda yeni para basan bir merkez bankası yaratma düşüncesi doğabilir[340] .

Konvertibilite: Para kurulu sisteminin temel unsurlarından birisi konvertibilitedir. Konvertibilitenin sağlanabilmesi için rezerv karşılığının %100 olması gerekmektedir. Yüzde 100 rezerv karşılığının sağlanması para kurulu parasının itibarını artırmakta, ülkede enflasyon oranlarının düşüşüne ve sisteme güvenin sağlanmasına yardımcı olmaktadır. Fakat, teoride de olsa herhangi bir olumsuzluk durumunda herkes kurul parasını rezerv paraya çevirmek isterse ne olacaktır? Bu durumda, insanların kurul parasını rezerv paraya çevirme taleplerinin karşılanabilmesi söz konusu değildir ve sistemin yıkılması anlamına gelmektedir. Böyle bir olasılık bütün parasal sistemleri tehdit edecek unsur olması nedeniyle uç bir düşünce olarak kalmaktadır[341].

Bütçe Denkliği: Para kurulu ülkesinde kurulun bütçe üzerinde doğrudan bir tasarrufu bulunmamaktadır. Para kurulu ülkelerinin para kurulu uygulamasına geçmeden önce veya uygulamanın hemen ardından kamunun ekonomideki varlığını azaltmış (Bulgaristan, Arjantin) olmaları bütçe

[339] Çelebican, s.42
[340] Williamson, s.28-29.
[341] Hanke, Schuler, **Currency Board for Developing Countries: A Handbook**, 1994, update June 2000. <www.erols.com/kurrency>

denkliği sağlamalarına yardımcı olmuştur. Buna rağmen, para kurulu sisteminde iki tür bütçe problemi ortaya çıkmaktadır. Birincisi, ülkede bütçe açıklarının enflasyon vergisi yoluyla kapatılamaması güçlüğüdür. İkincisi, bütçe açığının para kuruluna geçmeden önce kapatılma zorluğudur. Bütçe açıklarının kapatılabilmesi amacıyla yapılacak borçlanmaların yurtiçi tasarruf ve yabancı borçlanmayla finanse edilebilen miktardan daha büyük olmamalıdır[342]. Hükümet harcamalarını finanse etmek için kullanılacak tasarrufun etkin kaynak kullanımı ve milli geliri artıracak şekilde kullanılması gerekmektedir. Para kurulu bu tür maliyetleri dikkate alabildiği ölçüde yaşam şansı bulabilmektedir. Para kurulu sistemine geçiş için bütçe açığının bulunmaması zorunluluğu olmamasına rağmen, bütçe açıkları belirli bir dönem GSYİH'nın %3-4 arasında olmaya devam edebilir. Bütçe açıklarının belirli bir zaman içerisinde kapatılamaması para kurulu sisteminin varlığını tehlikeye sokmaktadır[343].

Senyoraj: Para kurulu uygulayan ülkelerin rezerv para olarak seçtiği paraların kullanımının artması ile rezerv paranın uluslararası geçerliliği artmaktadır. Kurul ülkesinin rezerv paradan faiz kazancı sağlamaması, kurul ülkesi için bir gelir kaybına yol açmaktadır. Para arzının yalnızca döviz karşılığında yapılması, senyorajın rezerv ülkeye gitmesine neden olmaktadır. Kurul ülkesi, rezerv karşılığı içerisindeki yurtiçi ve yurtdışı tahvil faiz gelirleri ile senyorajı azaltmaya çalışmaktadır. Gelişmekte olan ülkelerin büyük çoğunluğunda senyorajın önemli bir kamu geliri kaynağı olması nedeniyle (GSMH'nın '5-6) bu ülkeler için para kurulu sistemine geçmek gelir kaybına

---

342 Allan H. Meltzer, "The Benefits and Cost of Currency Boards", **CATO Journal**, Vol:12, Issue:3, winter 1993. s.708.

343 Alan Walters, "Round Table on Stabilization and Currency Board", **Proceedings of a Conference on Currency Substitution and Currency Boards**, Edited by Nissan Liviatan, World Bank Discussion Papers, 207, The Word Bank, Washington D.C. 1993, s.98.

neden olmaktadır. Para kurulu sistemine geçmeden önce bir ülkede para ikamesi artmış ise, para kurulunun oluşumu senyoraj kaybını azaltmaktadır[344].

Sisteme Geçiş: Para kurulu sistemi kurallarının basit olması, sistemin şeffaf bir işleyiş mekanizmasına sahip olması ve kurulun çok az sayıda personel tarafından çalışması kurula uygulanabilme kolaylığı sağlamaktadır. Böyle bir yapı kurulun kamuoyunca kabullenebilme ve güven ihtimalini artırmaktadır[345]. Buna rağmen sisteme geçmek isteyen bir ülkede böyle bir uygulamaya halkın güveninin sağlanabilmesi için sistemin kendisinin, işleyişinin tanıtımı ve ekonomiyi revize edecek yapısal reformların yapılması gerekmektedir. Ülkede büyük oranda istikrarsızlıklar yaşanıyorsa veya Doğu Bloku ülkeleri gibi bir geçiş sistemi aranıyorsa ve savaş ekonomisi yaşanıyorsa sistemin uygulamaya geçirilmesi daha kolay olmaktadır. Ayrıca kurulun başlangıç için ihtiyaç duyduğu rezerv paranın mevcut olmaması da sisteme geçişi zorlaştırmaktadır.

Para Politikası: Para kurulu pasif bir yönetim sistemine sahiptir. Aktif para politikası izleyememesi ekonomik konjonktürü destekleyici bir unsur haline gelebilir. Kurulun sabit kur izlemesi sonucunda ekonomik aktivitelerin canlandığı dönemlerde döviz girişi artışının para arzı artışına ve faiz oranları düşüşüne yol açması ekonomide canlanmayı zirveye çıkarmaktadır. Zirve noktasından sonra faiz oranları artışı ile sabit kur sistemi mekanizmayı tersine çevirmektedir. Para kurulunun konjonktürü destekleyip-desteklememesi para arzının yaratılması sürecinde hanehalkı ve bankaların davranış biçimlerine bağlıdır. Bu birimlerin davranış biçimlerinin kontrol edilmesinin güçlüğü konjonktürü artırıcı etkide bulunmaktadır[346].

---

[344] Aktan, Utkulu, Togay, s.184.
[345] Çelebican, s.39.
[346] Aktan, Utkulu, Togay, s.170-171.

Para kurulu sisteminde sabit kur ve kurala bağlı para arzı mekanizmasına rağmen, ülkeye yabancı sermaye giriş ve çıkışının olmadığı durumlarda bile para kurulu konjonktürü destekleyici olabilir. Para arzının yalnızca dış ticaret fazlası ile sağlanmasına rağmen uluslararası piyasalardan kaynak temini para arzı istikrarını ve ekonomik istikrarı bozabilir. Para kurulu sisteminde merkez bankacılığı sisteminde olduğu gibi ekonomide bankaların ağırlığı artıkça kurulun para arzını kontrol edebilme ve ekonomik istikrarı sağlayabilme yeteneği azalmaktadır[347].

Para kurulu sisteminde uygulanan para politikalarının maliyetinin faydalarını geçmemesi gerekmektedir. Uygulanan politikalarda herhangi bir istikrarsızlık unsuru var ise sermaye konjonktürel davranarak, resesyon durumunda ülke dışına çıkmakta, faiz oranları artmakta ve siyasi otorite sıkı para politikaları izlemek zorunda kalmaktadır. Böyle bir işlem, 1995 yılında Meksika Krizi döneminde Arjantin'de yaşanmıştır. Arjantin ekonomisi bölge ülkeleri ile olan yakın ekonomik ilişkilerinden dolayı olumsuz etkilenmiştir. Önlem olarak; sermayenin konjonktürel davranışlarını önleyecek finansal sistemdeki yapısal sorunlara öncelik verilmeli, yabancı ortaklıklar ve yabancı sermaye yatırımlara destek sağlanması gerekmektedir[348]. Hong Kong, ABD ekonomisi ile yakın ilişkilerden dolayı 1990'ların başında ABD'nin yaşadığı depresyonun sonucu olarak artan faiz oranlarının yansımasını ülkesinde görmüştür.

Kriz Olasılığı: Bir para kurulunun kendi parasını üretmesinde temel amaç yerel finansal krizleri önlemede etkin olabilmektir. Etkinlik sağlayabilmek için konvertibilitenin korunması gerekmektedir. Ekonomide oluşabilecek herhangi bir konvertibilite riski ulusal paradan kaçışı

---

[347] Çelebican, s.41.
[348] "IDB Report on Development in Latin America and the Caribbean in 1994", **BIS Review,** Bank for International Settlements, Basle, 5th May 1995, s.3.

hızlandırarak finansal kriz riskini ortaya çıkarmaktadır. Finansal sistemin zayıf olduğu bir ülkede para kurulunun ulusal paradan kaçışı önlemesi son derece güç olmasına rağmen konvertibiliteden taviz verilmemelidir. Konvertibiliteden taviz verilmemesinin uluslararası krizleri en az maliyetle atlatmada yardımcı olduğu para kurulu uygulamalarında gözlemlenmiştir[349].

Son Başvuru Mercii: Para kurulu sisteminde kural olarak son başvuru mercii bulunmamaktadır. Son başvuru merciinin bulunmaması herhangi bir kriz durumunda likidite sıkıntısı içerisindeki bankaları zor durumda bırakmaktadır. Keynesyen iktisatçılar, merkez bankasının en önemli hedefinin finansal sistemin istikrarının sağlanması, finansal sistemdeki iflasların önlenmesi için son başvuru merciinin bir zorunluluk olduğunu belirtilmektedir. Monetaristler ise, son başvuru merciinin ve mevduat sigorta sisteminin bir zorunluluk olmadığını belirterek, merkez bankasının ödeme gücü olmayan bankaları kurtarmasını istememektedirler. Bu fonksiyonun yokluğu bankaların yüksek risk olma davranışlarını önleyeceğini vurgulamaktadırlar. Friedman, son başvuru mercii görevinin iskonto politikası yoluyla yerine getirilmesinin finansal sistemde ahlaki risk[*] sorununu ortaya çıkaracağını belirtmektedir[350]. Geçmiş dönem para kurulu sistemi uygulamalarında son başvuru mercii olmaması nedeniyle yüksek düzeyli herhangi bir olumsuzluk yaşanmamışken günümüz para kurulu sistemleri bu fonksiyonu zaman zaman yerine getirmektedirler. Bazı para kurulu ülkelerinde mevduat sigorta fonunun oluşturulması bu soruna çözüm olarak önerilmektedir.

---

[349] Williamson, s.25.
[*] Ahlaki Risk (Moral Hazard): Finansal piyasalarda finansal işlem tamamlandıktan sonra ortaya çıkan risk türüdür. Kredi alanlar riski ve getirisi yüksek alanlara yönelirler ve başkalarından aldıkları kaynakları daha sorumsuz haraket ederek kullanmaları nedeniyle kredi hacminin azalma işlemidir. "Finansal Krizlerin Anatomisi", Asomedya, Şubat 1999, s.29.
[350] Aktan, Utkulu, Togay, ss.172-173.

Hanke-Schuler'e göre, son başvuru mercii olarak bir merkez bankasının olmaması para kurulu sistemlerinin etkinliğini azaltmamaktadır. Ticari bankaların başarısızlığının para kurulu sisteminde ikincil öneme sahip olduğu vurgulanmaktadır. Estonya'da para kuruluna geçiş sonrası bankaların başarısız olmaları normal şartlar altında mümkün değilken para kurulu sistemine geçiş ekonomisinin yüklediği sorumluluklar ve değişen rollerinin tesiri olduğu düşünülmekte, fakat diğer para kurulu ülkelerinde buna benzer durumlara rastlanılmamıştır. Para kurulu sistemleri hayata geçtiğinden beri her ticari banka son başvuru mercii olarak merkez bankasından yararlanamayacağını bilmektedir. Böylece, para kurulu sistemi içindeki ticari bankalar hükümet güvencesi olmaksızın likiditelerini koruyabilmişlerdir[351].

Bankaların likidite problemlerini gidermek amacıyla yurt dışından borç almaları ve döviz rezervi sağlamak için yurt dışında şubeler açmaları önerilmektedir. Hong Kong, Arjantin ve Bulgaristan bankaların krizi problemi ile karşılaşmamaları için uluslararası bankacılık teşvik edilmekte ve bankacılık lisans işlemlerinin standartlaştırılmakta ve ortak vergi kuralları ile bölgesel bankacılığa güven verilmeye çalışılmaktadır[352].

Son başvuru merciinin olmadığı bir durumda dolarizasyon mali sistemden kaçışı önleyebilmektedir. Fonların bankalar arasında dağılım kompozisyonun değişebileceği bir durumda, dolarizasyon bireysel düzeyde bankaların likidite ve ödeme gücü sorunlarının aşılmasında olumlu katkı yapmaktadır. Döviz tevdiat hesapları artışlarıyla rezervin ülke dışından fonlarla sağlanmasına imkan verilmektedir. Yabancı bankaların para kurulu ülkesinde faaliyet göstermesine ve ulusal bankaların yurt dışına

---

[351] Hanke, Schuler, **Currency Board for Developing Countries: A Handbook**, ss. 86-88.
[352] Williamson, ss.23-24.

başvurmalarına izin verilmesi durumunda son başvuru merciine ihtiyacı azalmaktadır. Herhangi bir finansal kriz durumunda bankaların borçlarını geri ödeyemez duruma gelmesi hanehalkının servet kompozisyonunun değiştirmektedir. Para kurulu sisteminde döviz kuru riskinin azalmasından dolayı yurtdışından borçlanma olanağı artmaktadır[353].

Son başvuru merciinin IMF tarafından yerine getirilip-getirilemeyeceği, borç alan ülkelerin bundan fayda sağlayıp-sağlayamayacağı tartışmaları yapılmaktadır. IMF'nin bu görevi yerine getirirken borç olan ülkelere ön şartının olabileceği, IMF'nin krize haftalar-aylar sonra müdahale edebileceği, merkez bankalarının ise bir iki gün içerisinde müdahale edebileceği için bu olasılığa soğuk bakılmaktadır[354].

Kolonizm: Para kurulu sistemi para kurulu ülkesi ile rezerv ülke arasında koloni ilişkisi yaratmaktadır eleştirisi yapılmaktadır. Tarihi açıdan bakıldığında çoğu para kurulu ülkesinin İngiltere kolonisi olması, rezerv karşılığı varlıklarının çoğunluğunun rezerv ülke parasından oluşması, bir kısım ülkelerin rezerv varlıklarını rezerv ülke bankalarında tutması, senyoraj gelirlerinin rezerv ülkeye gitmesi koloni ilişkilerini güçlendirmiştir. Buna rağmen, Arjantin, İrlanda, Ürdün, Estonya, Litvanya, Bulgaristan gibi bağımsız ülkelerde uygulamış ve uygulamalar devam etmektedir. Sonuç olarak, para kurulu sistemi koloni ilişkisine neden olduğu halde koloni sistemi içerisinde para kurulu sistemi merkez bankasından daha çok kredibilite sağlamıştır[355].

Ücret Ayarlamaları: Para kurulu sisteminde ücret konusu yeterince ele alınmamıştır. Sabit ücret ile tam istihdama ulaşmak, insanların çalışma

---

353 Aktan, Utkulu, Togay, s.177-178.
354 Anna J.Schwartz, "Is There a Need for an International Lender of Last Resort?", **CATO Journal**, Vol:17, Num:1, Spring/Summer 1999, ss.3-5.
355 Hanke, Schuler, **Currency Board for Developing Countries: A Handbook**, ss.94-95.

isteğini azalttığından dolayı olanak dışıdır. Sabit döviz kuru para stokunun ve ücret düzeyinin belirlenmesine yöneliktir. Ücretler, döviz kuru ve parasal stoktan başka sendika, kalifiyelik, arz-talep gibi faktörlere göre belirlenmektedir. Bu nedenle para kurulları ücret oranları belirlenirken phillips eğrisi doktrini uyarınca belirli bir işsizliği göze alarak yapmaktadırlar[356]. Para kurullarının genel olarak issizliğe çözüm getiremedikleri gözlenmektedir[357].

Ücret ve fiyat esneklikleri olmadığı bir durumda ekonomik şoklardan rezerv ülke ve kurul ülkesi aynı oranda etkilenmektedir. Rezerv ülkelerinin daha istikrarlı ve uluslararası ekonomik şoklara daha dirençli olması kurul ülkesine avantaj sağlamaktadır. Esnek kur uygulaması durumda, şoklara karşı daha karmaşık bir sistem uygulanması gerekmekte ve istikrar sağlamak güçleşmektedir. Para kurulu ülkesinin büyük ticari bağı olan ülke bankaları ile olan bankacılık ortaklıkları döviz ve sermaye akımı sağlamada ve kriz atlatılmasında kolaylık sağlamaktadır. Yabancı ortaklıklardan borçlanabilme para arzına esneklik kazandırmaktadır.

Enflasyon Vergisi: Çoğu gelişmekte olan ülke enflasyon vergisini bir gelir kaynağı olarak kullanmaktadır. Para kurulu sisteminde hızlı bir enflasyon düşüşünün sağlanması enflasyonu gelir kaynağı olmaktan çıkarmaktadır. Enflasyon devamı söz konusu ise, para ikamesinin artması enflasyon vergisini azaltmaktadır. Paralel para üreten bir para kurulu sisteminde merkez bankası parasının kullanımı ile bir miktar enflasyon vergisi sağlanabilmesine karşın genel olarak para kurullarında enflasyon vergisi ortadan kalmaktadır[358].

---

[356] Meltzer, s.708.
[357] Luis A.Rivera Batiz, Amadou N.R.Sy, "Currency Boards, Credibility and Macroeconomic Behavior", **IMF Working Papers**, WP/00/97, June 2000, Washington D.C. s.6.
[358] Hanke, Schuler, **Currency Board for Developing Countries: A Handbook**, 1994, update June 2000. <www.erols.com/kurrency>

Sabit Kur Uygulaması: Sabit kur bütün ülkeler için optimal uygulama şansına sahip değildir. İhracatın fazla olması fiyatları artırabilmekte, ithalatın fazla olması parasal azalmayla birlikte enflasyonu düşürebilmekte, önlem olarak döviz kurunun esnekleştirilmesini gerektirmektedir. Para kurulları sistemine geçiş için tam bir döviz kuru istikrarı şart olmamasına rağmen, kurul etkinlik ve şeffaflık yoluyla zaman içerisinde döviz kurunun istikrarını sağlamalıdır[359].

Para kurulu ülkesi dış ticaretinin gelişmesi ve dış ödemeler dengesinin iyileşmesi için ülkede fiyat artışlarının olmaması gerekmektedir. Fiyat artışlarının olduğu bir ülkede ihracatın gelişmesi için devalüasyon yapılması zorunluluğu ortaya çıkmaktadır. Para kurulu ülkesi devalüasyon yapmamak için para kurulu sistemine geçmeden önce parasının değerini düşük saptayabilir. Kurun düşük oranda saptanması durumunda kurul ülkesinde zamanla meydana gelecek enflasyon, devalüasyonu tekrar gündeme getirebilir. Enflasyonun ödemeler dengesindeki bozucu etkisi Hong Kong gibi emek piyasalarının son derece etkin olduğu ülkelerde daha az olmaktadır. Arjantin, Bulgaristan, Estonya'da enflasyonun ihracat üzerine olumsuz etkileri görülmektedir. Bu olumsuzlukların giderilebilmesi için ekonomide verimliliğin artırılması, varolan yapısal sorunların giderilmesi gerekmektedir[360].

Para kurullarında sabit kur uygulaması daha in-elastik para politikalarının uygulanmasına ve insanların rezerv para dışında başka paralara yönelerek (Hong Kong'da dolar mevduatından çok yen mevduatı bulunmaktadır) spekülatif kazançlar elde etmesine neden olmaktadır. Sabit kur sistemi ile spekülatif kazanç amaçlı faaliyetlerin aşırı derecede yoğunlaşmasına

---

[359] Walters, "Round Table on Stabization and Currency Board"s.87.
[360] Micheal Devereux, "What is a Currency Board System", **Private Economic Issues,** <http://teaching.ust.hk/~econ112/currboard.htm#BoxItem 1.>

karşı koymanın tek aracı, insanların birikimlerini kurul parası veya rezerv paralara yatırmalarını sağlayacak düzeyde faiz oranlarını yükseltmektir. Faiz oranlarının yükseltilmesi para kurulları için zayıflık ifadesi olarak algılanmaktadır[361]. Para kurulu sisteminde sabit kur uygulaması ve rezerv ülke faiz oranına yaklaşan faizler, para ve faiz oranına yönelik spekülatif faaliyetleri azaltmaktadır. Para kurulu ülkelerinin sabit kur uygulaması Asya Krizinde spekülatif amaçlı faaliyetleri azaltmış ve Hong Kong'a krizin atlatılmasında başarı sağlamıştır.

Para kurulu ülkesi döviz kurunun değerini belirlerken gerekli maksimum devalüasyon oranını iyi tespit edebilmelidir. Paranın değerinin yanlış tespit edilmesi döviz arbitrajına yol açmaktadır. Enflasyon oranı da düşük olsa bile döviz kurunun zaman içerisinde değerlenmesiyle birlikte başlangıçtaki döviz kurunun düşük belirlenmesi beklenilen etkiyi göstermemektedir. Böyle bir sorunun ortaya çıkmaması için sınırlı bir esnek döviz kuru sisteminin para kurullarında uygulanması da önerilmektedir[362].

Ekonomik Büyüklük: Para kurullarının küçük-açık ekonomiler* için uygun, kapalı-büyük ekonomileri için uygun olmadığı görüşü yaygındır. Küçük-açık ekonomilerde yönetim etkinliği kolay sağlanmakta, gerekli yapısal düzenlemeler hızla yapılabilmekte, uygulanacak sistem üzerinde politik baskılar az olmaktadır. Bu ülkelerin çoğunluğunda ikincil para olarak büyük oranda dolar kullanılması ve özel kesim tarafından yapılan ekonomik faaliyetlerin büyük bir kısmının dolar üzerinden yapılması, para kurulu

---

[361] Robert Kuttner, "Currency Board: A Bad Idea Just Won't Go Away", **Business Week**, Issue: 3571, March 30 1998, New York, s.22.

[362]Osband and Wilanueva, "Independent Money Authorities: An Analytic Primer", IMF **Staff Papers,** Vol:40, Issue:1, March1993, Washington, D.C.

* Küçük-Açık Ekonomi: Tam rakabet varsayımı altında atomistik birimlerin karşılaştıkları kısıtlamayı kaldıracak biçimde uluslararası düzeyde ticareti yapılan veya yapılabilen her mal veya faktörün fiyatının dışsal olarak verildiği ekonomilere denilmektedir. Aykut Kibritçioğlu, "Para ve Maliye Politikalarının Etkinliği, Finansal Sınırlılıklar ve Sektörler Arası Fon Akımları", Editör: A.Kibritçioğlu, **Uluslararası (Makro)İktisat**, Ocak 1996, Ankara, s.187.

sistemine geçişi ve uygulama başarısını artırmaktadır. Günümüze kadar, para kurulu sistemi uygulayan ülkelerin büyük çoğunluğunun küçük ekonomiler olduğu dikkat çekmektedir. Bununla birlikte, Hong Kong gibi (nüfus) küçük ve açık bir ülkede başarılı iken, Nijerya, İngiltere Doğu Afrikası gibi ülkelerde başarılı olmadığı gözlenmektedir[363].

[363] Hanke, Schuler, **Currency Board for Developing Countries: A Handbook**, update June 2000. www.erols.com/kurrency>

ÜÇÜNCÜ BÖLÜM

PARA KURULU SİSTEMİNİN TÜRKİYE AÇISINDAN DEĞERLENDİRİLMESİ

I.TÜRKİYE EKONOMİSİNDE GENEL GÖRÜNÜM (1980-2000)

Türkiye, 1990 yılından itibaren giderek sıklaşan kriz sürecine girmiştir. 2000 yılı sonuna kadar 1994 Krizi, 1998 Asya ve Rusya Krizi, 17 Kasım 2000 Krizlerini yaşamıştır. 1994 Krizi ve 1998 Asya Krizinden sonra ekonomide daralma olmuştur. 1990 yılından sonra devlet, reformlarla desteklenen istikrar politikaları yerine kısa vadeli dış sermaye girişlerini özendiren ve kısa vadeli büyüme sağlayan politikalar izlemiştir. Böyle bir tercih, ekonomiyi iç veya dış piyasalardan kaynaklanan spekülasyonlara maruz bırakmıştır. Bu dönemde, kamu kesimi borç yükü sürdürülemez hale gelmiştir. Kamunun tasarruf ve yatırım eğilimi azalmış, özel sektör tasarrufları üretim sektöründen spekülatif kazanç amaçlı alanlara yönelmiş, gelir dağılımında bozulmalara yol açmış, sürekli dış kaynaklarla beslenen tüketim ağırlıklı bir büyüme modeli seçilmesine neden olmuştur[364].

Türkiye'de, 1990'lı yıllarda ekonominin talep ve üretim yapısında değişimler olmuştur. Toplam harcamalar içinde dayanıklı tüketim mallarına, otomativ sanayi ürünlerine, konut inşaatına yönelik iç talep artmıştır. Toplam yatırımlar içerisinde kamu yatırımlarının payı azalmıştır. Ekonomide finans sektörünün ağırlığı artmaya başlamış, ülkede dış kaynak

[364] Erinç Yeldan, "Birinci Yılında 2000-Enflasyonu Düşürme Programının Degerlendirmesi", **Mülkiye**, Ocak-Şubat 2001, Cilt: XXV, ss.157-158.

giriş ve çıkışları kredi hacmini, kamu açıkları finansman tarzını, faizleri, enflasyonu ve nominal döviz kurunu etkisi altına almıştır[365].

Türkiye, 1980'lerden itibaren enflasyonla mücadeleyi birinci öncelikli konu olarak ilan etmesine rağmen, bazı yıllarda sürdürülebilir olmaktan uzak kısmi başarıların ötesinde enflasyonda sürekli bir düşüş sağlanamamıştır. Bunun arkasında yatan en önemli sebep, gerçek anlamda enflasyonla mücadele edilmemesi ve enflasyonla mücadelede maliye politikasının etkin bir şekilde kullanılmamasıdır. Son on beş yıl içerisinde vergi sorununun üstüne gidilmemiş ve dolaylı bir arz yanlı iktisat politikası uygulanmıştır. 1980-84 yıllarında gelir vergisi tarifelerinde indirimler yapılmıştır. 1980'lerin ilk yarısında yapılan vergi indirimleri nedeniyle kaybedilen vergi hasılatına 1985 yılında uygulamaya konulan KDV'nin etkisiyle ancak 1990'larda ulaşılması, yanlış bir vergi politikasının uygulandığını göstermektedir. Aynı dönemde kamu giderlerinde gerçek anlamda bir kısılma yapılmamıştır. Bu dönemde konsolide bütçe giderlerinin bir bölümü bütçe dışı fonlardan karşılanmıştır. Yeteri kadar vergi toplanamaması kamu kesimi borçlanma gereğinin %10'un altına düşmemesine neden olmuştur. Bu olgu, enflasyonla mücadelede maliye politikası araçlarının etkin bir şekilde kullanılmadığını göstermektedir. Son 15 yıl içinde enflasyonla mücadelede kısa süreli aralıklarla da olsa en ciddi politika uygulaması para politikası olmuştur.

1980'lerin ikinci yarısından itibaren hazinenin merkez bankasından kısa vadeli avans kullanımının derece derece düşürülmesi, enflasyonun 1989-90 döneminde daha da yükselmesini önlemiştir. 1991 yılından sonra hazinenin merkez bankasındaki avans limitini sınırsız kullanması

[365] Merih Celesun, "Ekonomide Uzun Dönemli Büyüme, Enflasyon Süreci ve İMF Destekli Program", **İktisat İşletme ve Finans**, Yıl:16, Sayı: 175, Şubat 2001, s.21.

enflasyonla mücadelede para politikasını seçenek olmaktan çıkarmıştır. 1997 yılından sonra para politikası yeniden önem kazanmıştır[366].

Tablo.35.Türkiye'de Temel Ekonomik Göstergeler (1980-2000)

(%)	1980	1985	1990	1991	1992	1993	1994	1995	1996	1997	1998	1999	2000
Büyüme	-2,8	4,3	9,4	0,3	6,4	8,1	-6,1	8,0	7,1	8,3	3,9	-6,4	4,5
Faiz (Mevduat)	33.0	55,0	59,4	72,7	74,2	74,8	95,6	92,3	93,8	96,6	95,5	46,7	40,1
Kur Artışı* $	89,5	32,7	26,6	73,4	68,6	68,9	167,7	53,8	80,7	90,5	50,5	70,5	23,2
Enflasyon (TEFE)	107,2	43,2	52,3	55,3	62,1	58,4	120,7	86,0	75,9	91,0	54,3	62,9	36,9
İşsizlik	8,1	7,1	8,0	7,9	8,0	7,7	8,1	6,9	6,0	5,7	5,6	5,6	

Kaynak: DPT, **Ekonomik ve Sosyal Göstergeler, 1950-1998,** Aralık 1997. HM, **Hazine İstatistikleri 1980-1999,** www.treasury.gov.tr *Yıl sonu kurlarına göre tarafımızdan hesaplanmıştır

Türkiye'de büyüme oranlarında büyük bir değişkenlik görülmektedir. 1980 yılında küçülmenin ardından 1993 yılına kadar dalgalı bir büyüme olmuşken, 1994 yılında ve 1999 yılında ekonomide daralma olmuştur. 2000 yılı sonunda yaşanılan krizle ekonomide küçülme beklenilmektedir. Faiz oranları, kur artış oranları ve enflasyon oranları çoğu yıllarda birbirine yakın takip etmelerine rağmen ekonominin daralma dönemlerinde yükselmiştir. İşsizlik oranlarının var olanı tam olarak yansıtmadığı düşünülmektedir. Bu özellikleri itibariyle ülkede istikrarlı bir ekonomik yapının olmadığı gözlenmektedir.

1980'li yılların ikinci yarısında itibaren KİT'lerin siyasetten nispeten arındırılması çabasına girilmişken, zaman içerisinde tekrar siyasal mücadeleler içine terkedilmiştir. KİT'lerin özelleştirilmesi veya siyasetten arındırılması için gerekli anayasal değişimler yapılamadığı için bu kurumlar ekonomiye yük olmaya devam etmektedir. KİT'ler konusunda en belirgin

[366] Mahfi Egilmez, "1980-1993 Arasındaki Uygulamalar", **Finans Dünyası**, Sayı:101, Mayıs 1998, s.12.

hata fiyatlandırma konusunda yapılmaktadır. Başta tarımsal destekleme olmak üzere her türlü sübvansiyon enflasyonu artıran unsur olmuştur[367].

Kamu Harcamaları: Türkiye'de gizli işsizliğin yüksek olması, ücret dengesizliklerinin varlığı, hızlı kentleşme, hızlı kentleşmenin doğurduğu eğitim, sağlık, ulaşım ve alt yapı harcamalarının artışı, yüksek düzeyli güvenlik harcamaları, transfer harcamaları artışı, kamu mallarından bedel ödemeden yararlanabilme imkanı, politikacıların popülist politikaları, savurganlıklar, yolsuzluklar kamu harcamalarını artırmaktadır. Vergileme sorunları, vergiye karşı direnme, kayıt dışı ekonomi gibi olgular kamu gelirlerini azaltmaktadır. Bu olgularla birlikte Türkiye'de konsolide bütçe sürekli açık vermiştir. Özellikle 1990'lı yılların ikinci yarısında gelirler ile harcamalar arasındaki fark daha da artmıştır. 1990'lı yıllarda faiz ödemeleri/GSMH oranları 1991-93 dönemi hariç, konsolide bütçe açığı/GSMH oranlarını aşmıştır. 1997 yılı hariç bütün yıllarda kamu kesimi borçlanma gereği, konsolide bütçe açığından daha büyük olmuştur. Bunun sebebi, KKBG'nin konsolide bütçe açıklarına ilaveten KİT, fon ve yerel idarelerin açıklarını da içeriyor olmasıdır. 1998 verilerine göre, konsolide bütçe harcamaları içerisinde belediyelerin %11,5 gibi bir orana sahip olması harcamaları artırıcı etkide bulunmaktadır[368].

---

[367] Egilmez, "1980-1993 Arasındaki Uygulamalar", s. 13.
[368] DİE, **Bütçeler, Belediyeler, İl Özel İdareler ve Köyler**, 1998, s.4.

Tablo.36.Türkiye'de Konsolide Bütçe Rakamlarının GSMH'ya Oranı

	1980	1985	1990	1991	1992	1993	1994	1995	1996	1997	1998	1999
Konsolide Bütçe Harı/GSMH	20,3	15,0	16,9	20,5	20,1	24,3	23,1	21,8	26,3	27,0	29,1	33,4
Konsolide Bütçe Gel/GSMH	17,2	12.8	13,9	15,3	15,8	17,6	19,2	17,8	18,0	19,4	21,9	22,5
Konsolide Bütçe Açığ/GSMH	-3,1	-2,3	-3,0	-5,3	-4,3	-6,7	-3,9	-4,0	-8,3	-7,6	-7,2	-10,9
KKBG/GSMH	-8,8	-3,6	-7,4	-10,2	-10,6	-12,0	-7,9	-5,2	-9,0	-7,6	-9,2	-14,3
Faiz Ödemeleri/GSMH	0,6	1,9	3,5	3,8	3,7	5,8	7,7	7,3	10,0	7,7	11,5	13,7

Kaynak: HM, **Hazine İstatistikleri, 1980-1999**, www.treasury.gov.tr.

Tablo.36'ya göre, bütçe gelirlerinin ve harcamalarının GSMH içindeki paylarında sürekli bir artış eğilimi gözlenmektedir. Bütçe açıklarının GSMH'ya oranı de değişken bir seyir izlemektedir. KKBG'nin kriz öncesi dönemlerde yüksek olduğu gözlenmektedir. Faiz ödemelerinin GSMH'ya oranında sürekli bir artışın varlığı devletin artan bir şekilde borçlanmaya gittiğini ve faiz yükü altına girdiğini göstermektedir. Maastricht kriterleri gereği, AB konsolide bütçe açığı/GSYİH oranını %3 referans değer olarak kabul etmesine karşın Türkiye'de bu oranlar oldukça yüksektir[369].

Tablo.37.Türkiye'de Konsolide Bütçe Harcamalarının Dağılımı

(%)	1980	1985	1990	1991	1992	1993	1994	1995	1996	1997*	1998*	1999*
Cari Harcamalar	45,9	39,4	52,8	50,5	56,1	45,6	41,1	37,7	32,6	34,8	33,2	32,7
-Personel	31,7	24,0	42,5	42,0	47,1	38,4	32,9	29,4	24,7	25,9	24,8	24,7
-Diğer cari	14,2	15,4	10,3	8,5	9,1	7,3	8,2	8,3	7,8	8,8	8,4	8,0
Yatırım	17,2	19,4	10.1	9.0	8,6	7,5	5,6	5,4	6,0	7,4	6,4	5,5
Transfer	36,9	41,2	37,1	40,5	35,3	46,8	53,3	57,0	61,4	57,8	60,4	61,9
İç Faiz Ödeme	2,1	4,7	14,3	13,0	13,8	19,1	26,0	27,8	33,7	24,8	36,1	35,1
Dış Ödeme	0,9	8,0	6,5	5,5	4,4	4,9	7,3	5,9	4,3	3,8	3,5	3,2

Kaynak: DPT (1997), **Ekonomik ve Sosyal Göstergeler, 1950-1998,** Aralık 1997. HM, **Hazine İstatistikleri, 1980-1999**, www.treasury.gov.tr. * Oranlar tarafımızdan hesaplanmıştır.

---

369 Osman Demir, "Türkiye'de Kamu Ekonomisinin Temel Sorunu: Kamu Açıklarının Yüksek Faizli, Kısa Vadeli Finansmanı", **Cumhuriyet Üniversitesi, İİBF Dergisi**, Feramuz Erdoğan'a Armağan Sayısında Yayınlanacaktır.

Tablo.37'de görüldüğü gibi, cari harcamaların konsolide bütçe harcamaları içindeki payı 1992'den sonra sürekli olarak azalmıştır. Bu azalışta personel harcamaları azalışının büyük rol oynadığı söylenebilir. Dikkati çeken önemli bir nokta, konsolide bütçe harcamaları içinde transfer harcamalarının payının yükselmesi ve bu pay içerisinde iç faiz ödemelerinin büyük rol oynamasıdır. İç faiz ödemelerinin payı 1980 yılında %2,1 iken, 1999 yılında bu oran %35'e yükselmiştir. Bu ekonominin giderek artan bir şekilde iç borç sarmalına girdiğini göstermektedir. Ayrıca, yatırım harcamalarında da önemli bir düşüş gözlenmektedir. Türkiye'de 1985 yılında ve 1994-1998 döneminde alınan dış borçtan daha fazla geri ödeme yapılmıştır. Merkez bankası avansları 1990'larda önemli bir finansman aracı olarak kullanılmışken, daha sonra bundan vazgeçilmiştir. Merkez bankası avanslarının payının arttığı 1980, 1993 ve 1994 yıllarının aynı zamanda yüksek enflasyonlu yıllar olmasının dikkat çektiği kadar, 1997, 1998 ve 1999 yıllarında bu araca başvurulmadığı halde enflasyonun düşmemiştir[370].

Sermaye Hareketleri: Türkiye'de toplam kredi hacminin milli gelire oranının düşüklüğü, mali kesim kaynaklarının yatırım dışında devletin finansman amacıyla kullandığını göstermektedir. Bir karşılaştırmaya tabi tutulduğunda 1999 yılında brüt yurtiçi kredi stokunun GSYİH'ya oranı Yunanistan'da %85, İspanya'da %115, Portekiz'de %108, Almanya'da %150, Kore'de %85 ve Türkiye'de %37'dir. Türkiye'de kredi hacminin göreceli olarak düşüklüğü, kredi faizlerinin yüksekliği yanında, reel kesim işletme sermayesi ve yeni proje finansmanı konusunda zorlandığını göstermektedir. Büyük hacimli özel kuruluşlar finansman ihtiyaçlarını yurtdışından karşılayabilme olanağı ile finansman sorununa çözüm bulabilmektedirler. Yüksek enflasyon ortamında yeterli kredi bulamayan ve

---

[370] Demir, "Türkiye'de Kamu Ekonomisinin Temel Sorunu: Kamu Açıklarının Yüksek Faizli, Kısa Vadeli Finansmanı",.

öz kaynakları kısıtlı olan firmalar faaliyetlerinin bir bölümünü kayıt dışı yürütmekte ve vergiden kaçınmaktadır. Bu olgu, vergi gelirlerinin düşmesine neden olmakta, kamunun finansman ihtiyacını artırmaktadır[371].

Tablo.38.Türkiye'de Yabancı Sermaye Hareketleri 1992-1999 (Milyon $)

	1992	1993	1994	1995	1996	1997	1998	1999
Türkiye'ye Yapılan Doğrudan Yabancı Yatırım	844	636	608	885	722	805	940	783
Türkiye'den Yurtdışına Yapılan Doğrudan Yatırım	-65	-14	-49	-113	-110	-251	-367	-645
Türkiye'ye Gelen Portföy Yat.	3165	4480	1123	703	1950	2344	-5089	4188
Türkiye'den Yurt Dışına Yapılan Portföy Yat.	-754	-563	35	-466	-1380	-710	-1622	-759

Kaynak: IMF, **Balance of Payments Statistics**, Yearbook 2000, s.891.

Türkiye'ye gelen doğrudan yabancı yatırımlar yıllık 600-800 milyon dolar düzeyinde seyretmesi, yabancı sermayenin ülkeye gelmediğini göstermektedir. Türkiye'den yurtdışına yapılan doğrudan yatırımlar düşük düzeyde fakat, artış eğilimi devam etmektedir. Türkiye'ye yapılan portföy yatırımları doğrudan yatırımlara göre nispeten yüksek olduğu halde ekonomide yaşanılan krizlerle (1994 ve Asya Krizi) birlikte hızlı bir çekilmenin olduğu gözlenmektedir. Türkiye'den yurtdışına yapılan portföy yatırımlarının ülkeye gelen portföy yatırımlarından daha az olduğu ve değişken bir seyir izlediği görülmektedir. Portföy yatırımlarının doğrudan yatırımlardan daha yüksek olması ülkede belirsizliklerin olduğunu göstermektedir. Türkiye'de yüksek enflasyon nedeniyle oluşan belirsizlik dış kaynak girişlerini kısa vadeli hale getirmektedir.

İç Borçlar: Türkiye'de kamu finansmanı amacıyla iç borçlanmaya gidilme işlemine 1986 yılından sonra hız verilmiştir. İlerleyen yıllarda iç borçlanma miktarında hızlı bir artış eğilimi gözlenmektedir.

---

371 Celesun, s.16.

Tablo.39.Türkiye'de İç Borçlanma Miktarı ve Borçlanmanın Alıcılara Göre Dağılımı

	Borçlanma Tutarı Milyar TL	Borçlanmanın alıcılara göre dağılımı (%)			
		Bankalar	Resmi Kurumlar	Özel Sektör	Tasarruf Sahipleri
1990	20 901	85,9	12,9	1,1	0
1991	45 787	92,8	3,2	4,1	0
1992	149 689	79,1	14,0	4,0	3,0
1993	330 033	77,8	6,1	2,7	13,4
1994	841 400	71,5	9,8	2,7	16,0
1995	1 665 503	81,6	8,8	3,6	6,0
1996	4 625 421	84,4	9,9	2,9	2,9
1997	6 259 961	89,5	7,2	3,3	0,1
1998	14 254 323	86,8	8,0	3,9	1,3
1999	26 886 405	85,3	11,2	2,1	1,3

Kaynak: HM, **Hazine İstatistikleri, 1980-1999**, www.treasury.gov.tr.

Tablo.39'da en çok dikkat çeken nokta bütün yıllarda borçlanmanın yaklaşık %80'ini bankaların talep etmesidir. Portföylerinin büyük bir kısmını kamu kağıtlarından oluşturan bankalar bu yolla kolay, güvenli, yüksek faiz kazançlar elde etmişlerdir. Bu nedenle bankalar, girişimcilere kaynak sağlamak olan asli görevlerinden büyük ölçüde uzaklaşmışlardır. Hazinenin 2000 yılında iç piyasadan daha düşük faizle borçlanabilme olanağı bankaları yüksek düzeyli faiz kazancından mahrum bırakmıştır. Bu da bankalar sisteminin krize girmesinde etkili olmuştur. Devleti bankalardan sonra en çok resmi kurumların finanse etmiş olması dikkat çekicidir. Türkiye'de iç borçlanma gelirlerinin çok az sayıda kesim tarafından elde edilmesi gelir dağılımını olumsuz etkilemektedir. İç borçlanma yoluyla paradan para kazanma olgusu tasarrufların reel sektör yerine finans kesimine yönelmesini sağlamakta, büyümeyi olumsuz etkilemektedir[372].

Dış Borçlar: Türkiye'de yüksek enflasyon nedeniyle oluşan belirsizlik ortamı dış kaynak girişlerini kısa vadeli hale getirmiştir. Dış borçlanmada devletin payı azalmış, özel sektörün payı artmıştır. Kamu finansmanında sürdürülebilir bir denge sağlanamadığı için kamu kesimi,

[372] Demir, "Türkiye'de Kamu Ekonomisinin Temel Sorunu: Kamu Açıklarının Yüksek Faizli, Kısa Vadeli Finansmanı",

bankacılık ve özel sektör kısa vadeli sermaye hareketlerine aşırı duyarlı hale gelmiştir[373].

Tablo.40.Türkiye'de 1996-Haziran 2000 Dönemi Dış Borç Seyri

Milyar Dolar	1996	1997	1998	1999	2000
Toplam	79637	84891	96906	101781	114324
Orta-Uzun	62292	66897	75689	78309	85412
Vade Kamu	51571	50400	52400	54540	60563
Özel	10271	16639	23289	25768	24850
Kısa Vade	17345	17994	21217	23472	28912

Kaynak: Hazine Müsteşarlığı, www.treasury.gov.tr

Tablo.40'ta görüldüğü gibi, dış borç miktarında hızlı bir yükselme dikkati çekerken aynı zamanda kısa vadeli dış borçlarda ve özel kesim borçlanmasında artış gözlenmektedir. Kamu kesiminde dış borç artışı nispeten sabit bir seyir izlerken, orta ve uzun vadeli dış borç artışı kısa vadeli dış borç artışından daha az olmuştur. Aynı zamanda dış borç miktarının GSMH'nın yarısını geçmesi ekonominin dışa bağımlılığının yüksek olduğunu göstermektedir.

Dış Ticaret: 1980'lerden sonra enflasyonla mücadelede doğru olarak uygulanmış politikalardan birisi dış ticaret politikalarıdır. Bu dönemde artan ihracat artışı ülke döviz girdilerini artırmasına rağmen iç fiyatların artışına yol açmamıştır. İhracat artışı ile paralel olarak yürürlüğe konulan ithalat serbestliği enflasyonun yüksek fakat, istikrarlı bir boyutta tutulabilmesini sağlamıştır. 1990'lı yıllarla birlikte özellikle kriz süreçlerinde ihracat ve ithalatta büyük değişimler yaşanmıştır.

1980-1995 döneminde ihracatı özendirici politikalar uygulamaya konulmuştur. Bu politikalar kur ayarlamaları ve vergi iadesi sistemine dayandırılmıştır. Bunun sonucu olarak TL önemli oranda değer kaybetmiş, TL'nin reel olarak değer kaybı dış borç yükünü artırmıştır. Dış borçların

[373] Celesun, s.14

büyük bir kısmının kamu kesimince yapılması kamu maliyesi açısından sorunlar yaratmıştır. Borçlanabilmede yeni kaynaklar yaratılabilmesi için ihracatın reel devalüasyon politikalarıyla desteklemesine çalışılmıştır. Dış borç faiz yükünün yurtiçi kaynaklardan karşılanması için sürekli olarak reel devalüasyon yapmak borç yükü üzerine baskı yapmıştır. 1985 yılından 2000 yılına kadar döviz kurlarını serbest bırakıldığı ve TL'nin reel olarak değer kaybettiği gözlenmektedir[374].

Tablo.41.Türkiye'de Dış Ticaretin Seyri (Milyar $)

Yıllar	İhracat	İthalat	İhracatın İthalatı Karş.Oranı %	Dış Ticaret Dengesi (-)
1980	2,910	7,514	38,7	4,603
1985	7,958	10,732	74,1	2,975
1990	12,959	21,003	61,7	9,555
1991	13,594	19,782	68,7	7,340
1992	14,715	21,291	69,1	8,190
1993	15,345	27,661	55,4	14,160
1994	18,105	21,875	82,7	4,216
1995	21,637	35,564	64,5	13,212
1996	23,224	39,916	58,2	10,582
1997	26,261	46,226	56,8	15,398
1998	26,974	45,921	58,7	18,926
1999	26,588	40,687	65,3	14,112
2000*	27,000	54,000	50,	27,000

Kaynak: HM, **1980-1999 Hazine İstatistikleri,** www.treasury.com.tr. *Tahmini

Türkiye'de 24 Ocak 1980 kararları ile birlikte başlanılan dışa açık büyüme modeli ve 1986 yılında uygulamaya konulan serbest kur politikası ile birlikte dış ticarette bir canlanma görülmektedir. Özellikle; 1994 Krizi, Asya Krizi sonrasında ihracatta durgunluk, ithalatta ise bir artış eğilimi dikkati çekmektedir. 1988 yılında ihracatın ithalatı karşılama oranı %86 gibi yüksek bir düzeye ulaşmışken ilerleyen yıllarda düşüş eğilimi gözlenmektedir. 2000 yılında 27 milyar dolarlık dış ticaret açığı 2000 yılı programına olumsuz etkilemiştir.

---

[374] İzzettin Önder ve diğerleri, **Türkiye'de Kamu Maliyesi, Finansal Yapı ve Politikalar**, Tarih Vakfı Yurt Yayınları, Ekim 1993, İstanbul, s.188.

Son dört yıl içerisinde ihracat sektöründe canlanma görülmemektedir. İhracat içerisinde imalat sektörünün ağırlığı devam etmektedir. İthalatta, 1999 yılındaki düşüş dışında artış görülmektedir. 40 milyar dolarlık imalat sektörü ithalatı ile 23 milyar dolarlık ihracat yapılması tüketime yönelik üretim yapısının ve verimliliğin düşük olduğunu göstermektedir. Özellikle, 2000 yılında kur oranının sürünen bir bant sistemine göre düzenlenmesi ve EURO'nun değer kaybı ithalatı artırmış, ihracatın dolar bazında gelişimini engellemiştir. İhracatın ithalatı karşılama oranı %50'ye düşmüş, dış ticaret açığı 27 milyar dolar düzeyine yükselmiştir. 2000 yılı ilk on bir ayında OECD ülkelerine yapılan ihracat artmıştır. EURO'nun dolar karşısında değer kaybetmesi sonucu ihracat fiziki anlamda artmasına rağmen değer olarak artmaması dış ticaret hadlerinin Türkiye aleyhine bozulduğu göstermektedir.

Tablo.42.Türkiye'nin Dış Ticaretinde Son Gelişmeler (Milyar $)

	1997	1998	1999	2000 Kasım*
İHRACAT	26,261	26,974	26,587	24,707
Tarım	2,712	2,717	2,432	1,702
Madencilik	404	364	385	355
İmalat	23,145	23894	23,770	22,650
İTHALAT	48,559	45,934	40,686	49,673
Tarım	2,421	2,138	1,655	1,985
Madencilik	5,138	3,758	4,253	6,332
İmalat	41,000	40,038	34,778	41,356

Kaynak: HM, **1980-1999 Hazine İstatistikleri,** www.treasury.com.tr. *DPT, **Temel Ekonomik Göstergeler**, Aralık 2000

Bankacılık Sektörü: Finansal piyasalardaki yapısal dönüşümlerin hızlanması genellikle kriz sonlarına denk gelmektedir. 1970'li yıllarda yaşanılan büyük petrol krizleri ile sarsılan dünya ile birlikte Türkiye'de bankacılık sektörü 24 Ocak 1980 kararları ile o zamana kadar hiç karşılaşmadığı rekabet kavramı ile tanışmıştır. Bu tarihten itibaren bankalar rekabetin nispeten varolduğu bir piyasada çalışmak zorunda kalmıştır. Bu dönemde banka sayısı artmış, bankaların aktif büyüklüğü yükselmiş ve faiz oranları piyasada belirlenmiş fakat, kontrol devletin elinde kalmıştır. Bankacılık sektörüne yönelik müdahaleler devam etmiştir[375].

1980 yılından sonra artan banka sayıları ile birlikte 1999 yılında bu rakam 80 adede ulaşmıştır. Bu bankalardan 60 adedi mevduat ve ticaret bankasıdır. Mevduat ve ticaret bankalarının 4 adedi kamu, 38 adedi özel, 19 adedi yabancı bankalardır. 19 adet kalkınma ve yatırım bankası bulunmaktadır. Bankacılık sektörü rekabet ortamından uzak ve oligopolistik bir yapı sergilemektedir. 1980'li yıllarda bir kaç büyük banka kredilerin yaklaşık %60-65'ini verirken ve mevduatların %65-75'ine sahipken artan banka sayılarına rağmen bu yoğunlaşma azalmamış ve oligopolistik yapı bozulamamıştır. 1990'lı yıllar teknolojik gelişmenin, döviz tevdiat hesaplarının arttığı, faizlerin yükseldiği, kamu finansman arttığı, yeterli denetimin sağlamadığı dönem olmuştur[376].

1980-1990 döneminde bankacılık sistemi uluslararası piyasalara açılmaya çalışmıştır. Bu açılmayla birlikte bankalar yabancı para cinsinden kaynaklara yönelmiş fakat, bu yöneliş, 1994 krizi ile kesintiye uğramıştır. 1994 yılında uygulamaya konulan istikrar politikalarında kurumsal yapılanmaya ilişkin önlemler alınamadığı gibi Anayasa Mahkemesi

---

[375] Ömer Faruk Çolak, "Finansal Serbestleşme Sürecinde Türk Bankacılak Sektörü ve 1980 Sonrasındaki Gelişmeler", **Uzman Gözüyle Bankacılık**, Yıl: 7, Sayı:30, Ocak-Şubat 2000.
[376] Hüseyin Şahin, **Türkiye Ekonomisi**, Ezgi Kitabevi, 6.Baskı, Bursa, 379.

tarafından hazinenin kuruluş kanununun iptal edilmesi ve uzun süre yürürlüğe konulamaması sonucu hazine belirli bir süre kanunsuz yürütülen bir kurum haline gelmiştir. Bu gelişme, 1994 yılının ikinci yarısından itibaren belirsizlik ortamını ve olumsuz beklentileri artırmıştır[377]. Krizin ardından hazine ve merkez bankası sermaye yeterlilik oranlarını belirlemeye çalışmıştır. Son olarak, 1999 yılında Bankacılık Denetleme Kurumu oluşturulmuştur. Kurum ile sisteme yönelik politik müdahaleler en aza indirilmeye çalışılmaktadır. 2000 yılı içerisinde yaşanılan banka devirleri beklenenin aksinde gelişmeler olduğunu göstermektedir. Bankacılık sektörünün etkin bir aktif-pasif yönetimi gösterememesinde devletin finansal kesimden sürekli fon talep etmesi etkili olmuştur. Politikacılar tarafından bankaların kamu kesimini finanse eden kurumlar olarak görülmesi ve uygulanan para politikaları sistem üzerine baskı yapmaktadır. Bankacılık sistemi için çıkış yolu rekabetçi bir yapının sağlanması ve işletilmesi olarak görülmektedir[378].

Türkiye'de 1980 sonrasında uygulanan finansal politikaların tasarruf ve ekonomik etkinlik açısından önemli ve kalıcı kazanımlar sağladığını söylemek güçtür. Türkiye bu dönemde finansal reformun temel felsefesi olan serbestleşmeden sapmamış, finansal sistemin kurum ve araçlarından pek çoğunu oluşturmuştur. Bu oluşuma rağmen, ekonomik gelişmenin yaratacağı gelir akımlarıyla desteklenmeyen yükümlülük yapıları, açık hesaplar finansal kurumlarda köklü değişimlerin yapılmasını gerektirmektedir. Özellikle, 2000 yılında bankacılık sisteminin 15-18 milyar dolarlık açık hesaba sahip olması ve Bankacılık Denetleme Kurumunun bankalardan açık hesapların

377 Egilmez, "1980-1993 Arasındaki Uygulamalar", s. 14.

378 Çolak, "Finansal Serbestleşme Sürecinde Türk Bankacılak Sektörü ve 1980 Sonrasındaki Gelişmeler",

kapatılması isteği, bankaları zor durumda bırakmış, yabancıların bankalardan kredileri geri çekme istekleri Kasım krizine neden olmuştur.

Türkiye'de finansal serbestleşme çalışmaları ile birlikte tercihli krediler azalmış, yatırım ve kalkınma bankacılığı etkinsizleşmiş ve yatırım kaynakları finans kuruluşlarının iradesine bırakılmıştır. Uzun dönemli projeksiyonları temsil eden DPT işlevsizleşmiş ve kamu sektöründen özel sektöre yapılacak gelir ve sermaye transferlerinin idaresiyle görevlendirilmiştir[379].

Tablo.43.Türkiye'de Parasal Büyüklükler (Milyar TL)

Yıllar	Emisyon	Rezerv Para	M1	M2	M2Y	İç Borçlanma
1990	14074	23871	31398	71510	93363	20901
1991	21288	37244	46783	117108	168044	45787
1992	36839	61195	78341	190736	293970	149689
1993	63101	101721	129087	282442	473059	330033
1994	120212	185738	230847	630248	1195353	841407
1995	223934	343484	388184	1256631	2414597	1665503
1996	382243	621483	896855	2924894	5373710	4625421
1997	758878	1186386	1581210	5658800	10664059	6259961
1998	1328542	2145716	2562478	11423198	20212650	14254323
1999	2390748	3932065	4272018	21992654	40153556	26886405
2000*	3772403	4936132	8209600	32812600	57167400	36420620

Kaynak: HM, **Hazine İstatistikleri, 1980-1999**, www.treasury.gov.tr. * Geçici

Türkiye'de para arzı 2000 yılı sonu itibariyle 3,8 katrilyon TL'ye, rezerv para 5 katrilyon TL'ye, M1 8,2 katrilyon TL'ye, M2 32,9 katrilyon TL'ye ve M2Y 58 katrilyon TL'ye yükselmişken toplam iç borçlanmanın 36 katrilyon TL düzeyinde olduğu görülmektedir. Bankacılık sisteminin munzam karşılık ve disponibil değerler olarak iç borçlanma kağıtları tutabilmeleri para yerine geçen varlıkları artırmaktadır. Buna ilaveten Türkiye'de TL mevduatına %4, Döviz Tevdiat Hesabına %11 karşılık bulundurulması, sermaye yeterlilik oranlarının BİS'in önerdiği %8 düzeyinden düşük olması parasallaşma olgusunu artırmaktadır. Parasallaşmanın artışı para politikalarının ve merkez bankasının bankalar

[379] Önder ve diğerleri, ss.206-209.

üzerindeki kontrolünü zayıflatmakta ve ekonomiyi spekülatif eğilimlere maruz bırakmaktadır.

Özelleştirme: Özelleştirme konusunda öne sürülen dayanak noktası son 15 yılda değişim göstermiştir. 1980'lerde üretkenlik ve kaynakların daha verimli kullanılmasını sağlamak ilkesi benimsenmişken, Türkiye'deki ve dünyadaki uygulamalardan mülkiyet biçiminin verimlilik sorununu çözmediğinin görülmesi üzerine kamu kesimi açıklarını kapatmak için özelleştirme ilkesi belirginleşmiştir[380]. 2000 yılı programı ile özelleştirmeye hız verilmiştir. Özelleştirmeden 1985 yılından 1999 yılı sonuna kadar 4,7 milyar dolar, 2000 yılı ilk altı ayında Tüpraş, GSM ve Petrol Ofisi gibi büyük ihalelerle birlikte 5,25 milyar dolarlık gelir sağlanmıştır. 2000 yılı başında özelleştirme kapsamında bulunan 76 kuruluş sayısı Haziran ayında 56'ya düşmüş, yıl sonunda 18'e düşürülmesi kararlaştırılmıştır[381]. 2000 Yılı istikrar programı çerçevesinde yapılan özelleştirmelerde devlet bütçesine gelir sağlamak amacı gözlenmektedir. Devlet, vergi gelirleri veya harcama sistemi üzerine yapacağı reformlar ile makro ekonomik dengeyi sağlamak yerine kamu mallarının özelleştirilmesi ile gelir sağlamayı amaçlamaktadır.

Gelir Dağılımı: Türkiye'de 1980'li yıllarla birlikte uygulanan ekonomik politikalarda sosyal konulara daha az değinilmiştir. Piyasa sistemine işlerlik kazandırmak amacıyla fiyat mekanizmasının işletilmeye çalışılması, rekabet ortamının sağlanamaması, yeterli denetimin olmaması ve gelir dağılımını iyileştirecek sosyal politikaların yeterince uygulanamaması gelir dağılımını olumsuz etkilemiştir. Ekonomik istikrarsızlıkların ve yüksek enflasyonun yaşandığı bir ortamda gelir dağılımının bozulması kaçınılmazdır. Türkiye'de 1970'lerden beri

---

[380] Yeldan, s.160.
[381] Hazine Müsteşarlığı, **Enflasyonla Mücadele Programı Politika Metinleri** (Niyet Mektupları ve Ekonomik Kararlara ilişkin Mevzuat), Cilt II. Temmuz 2000, s.5.

yaşanmakta olan yüksek düzeyli enflasyon gelir dağılımını sabit ve düşük gelirli gruplar aleyhine bozmuştur. İç ticaret hadlerinin sürekli tarım sektörü aleyhine işlemesi, tarımsal hasılanın milli gelirdeki payının azalması tarım kesiminde gelir düşüşüne neden olmuştur.

Bütçeden eğitim, sağlık, kültür hizmetleri için ayrılan payın azalması, bu tür hizmetlerin fiyatlandırılması düşük gelirli kesimin gelirini azaltmıştır. İç borçlanma faiz kazançların sınırlı sayıda bir grup tarafından elde edilmesi gelir dağılımını bozucu etki yapmaktadır. 2000 yılı programı gereğince uygulan düşük ücret uygulaması ücretli kesimi daha da mağdur etmektedir. 1994 yılı verilerine göre, en üst %20'lik dilimin milli gelirden %54,9, ikinci dilimin, %19, üçüncü dilimin %12,6, dördüncü dilimin %8,6 ve beşinci dilimin %4,9 pay alması Türkiye'de gelir dağılımındaki bozulmayı göstermektedir[382].

II.TÜRKİYE'DEKİ PARA POLİTİKASI UYGULAMALARININ PARA KURULU SİSTEMİ İLE KARŞILAŞTIRMASI

Türkiye gerçek anlamda para politikası uygulamaya, 1980'li yılların sonunda başlamıştır. O döneme kadar parasal gelişmeler yalnızca başka politika araçlarının bir sonucu olarak uygulamaya konulmuş, ekonomik istikrarın parasal politikalara dayandırılması 1988 yılında başlanılan serbestleşme dönemi sonrasına rastlamaktadır. Planlı dönemlerde ekonomik konjonktürün ve sanayileşmenin hızlanması nedeniyle gevşek para politikaları ilk önce enflasyon üzerinde etki yapmasına rağmen, dış kaynaklı maliyet enflasyonları krizlere neden olmuştur. 24 Ocak Kararları sonucunda faiz ve döviz kurunun serbestleşmesi ile yükselen faiz ve kur artışı ekonomide bazı olumlu gelişmelerin sağlanmasına katkı yapmıştır.

---

[382] Şahin, ss.450-453.

Cumhuriyet dönemi para politikaları uygulamaları dönemler itibariyle şu şekilde sınıflandırılabilir[383].

1923-1950 Kamu Kurumlarının Oluşturulduğu Dönem,

1950-1961 Özel Kesimin Yaygınlaşma Dönemi,

1962-1980 Para Piyasasının Yaygınlaşma Dönemi,

1980-1988 Dış Ticarette Serbestleşme Dönemi,

1988-1994 Mali Serbestleşme Dönemi.

Kamu kurumlarının oluşturulduğu dönem; merkez bankası gibi pek çok kamusal oluşumun yapıldığı, sabit döviz kuru uygulaması ile para politikasından daha çok maliye politikalarının aktif olduğu ve temel ekonomi politikası araçlarının kullanıldığı dönemdir. Merkez bankası kuruluşundan 1939 yılına kadar para arzını altın standardın da olduğu gibi döviz ve altın karşılığına göre yapmıştır. Bu uygulama para kurulu sistemine benzemesine karşın 1990 yılına kadar bu tür bir uygulama tekrarlanmamıştır[384].

Özel kesimin yaygınlaşma dönemi; özel bankacılığın ve para politikası araçları kullanımının arttığı bir dönemdir. Bu dönemde para arzı artışı yoluyla hızlı bir büyümenin amaçlandığı, giderek artan enflasyon ile ödemeler dengesinin bozulduğu ve devalüasyonların gündeme geldiği görülmektedir.

Para piyasasının yaygınlaşma dönemi; para piyasasının genişlediği ve maliye politikası kullanımının arttığı dönemdir. Bu dönem içerisinde 1971-1980 arası enflasyonist dönem olarak adlandırılmaktadır. Bu dönemde daraltıcı para politikası uygulamasının gerekliliği ortaya çıkmasına rağmen,

---

[383] Hurşit Güneş, "Dünden Bugüne Para Politikaları", **75 Yılda Paranın Serüveni,** Türkiye İş Bankası, İMKB, İstanbul, Kasım 1998, s188.

[384] Aktan, Utkulu, Togay, s.187.

siyasilerin ve parasal otoritenin genişlemeci para politikası uygulaması devam etmiştir. Sabit kur uygulaması ile beraber finans kesiminde kamunun egemenliği varlığını korumuştur.

Dış ticarette serbestleşme dönemi; devalüasyonların, kamu malları fiyatlarının ve faiz artışı ile birlikte bankacılık faaliyetlerinin artığı, Sermaye Piyasası Kurulunun oluşturulduğu, mevduat sigortası gibi yeni mali araçların uygulandığı, "banker faciası" adıyla anılan krizlerin yaşandığı ve dış ticaret işlemlerinin merkez bankası tekelinden çıktığı dönemdir[385].

Para politikası araçlarının kullanım yoğunluğunun 1980-1992 döneminde artığı ve birçok yeni para politikası aracının kullanıma sunulduğu gözlenmektedir. Bu araçların gelişimi ve para arzı üzerine etkileri tablo.44'te ifade edilmiştir.

Tablo.44.Türkiye'de 1980-1992 Arası Uygulanan Para Politikası Araçları ve Para Arzı Üzerine Etkileri

Para Politikası Araçları	*Gösterdiği Gelişmeler*	*Para Arzı Üzerine Etkisi*
Açık Piyasa İşlemleri	Piyasadan Tahvil Alımı Satımı	Artırıcı Azaltıcı
Reeskont İşlemleri	Reeskont Oranının Düşürülmesi Artırılması	Artırıcı Azaltıcı
Genel Disponibilite Oranları	Disponibilite Oranlarının Yükseltilmesi Düşürülmesi	Artırıcı Azaltıcı
Kredi Tavanı Uygulaması	Kredilerin Serbest Bırakılması Kredi Tavanının Getirilmesi	Artırıcı Azaltıcı
Zorunlu Karşılık Oranları	Zorunlu Karşılıkların Yükseltilmesi Azaltılması	Azaltıcı Artırıcı

Kaynak; M.Akdiş, **Para Politikalarının Ekonomik İstikrar Üzerindeki Etkinliği ve Türkiye**, Ankara 1996, s.117.

1980-1992 dönemi genel itibariyle para politikası araçlarının para arzını azaltma amacına yönelik olarak şok uygulamaların yapıldığı ve kararlılığın bulunmadığı dönem olarak değerlendirilmektedir[386]. Para politikası araçlarının kullanımının artması ile para politikasına ve dolayısıyla

[385] Güneş, "Dünden Bugüne Para Politikaları", ss.190-191.
[386] M.Akdiş, **Para Politikalarının Ekonomik İstikrar Üzerindeki Etkinliği ve Türkiye**, Ankara 1996, s.117.

yetkili organa özerklik kazandırmak amaçlanmıştır. Merkez bankası 1980'li yılların ortalarına kadar yalnızca bir yandan bütçeyi ve KİT açıklarını finanse ederken bir yandan da dış borçlanma yoluyla döviz temin etme işlemini yerine getirmiştir. Bu görevler doğrultusunda merkez bankası etkin bir para politikası uygulama olanağı bulamamıştır. 1998 yılından itibaren merkez bankası geleneksel çizgiden uzaklaşarak, kamu sektörüne daha az kredi vermeye, döviz borçlarını azaltmak için aktif bir para politikası izlemeye yönelik stratejiler geliştirmiştir[387].

Mali serbestleşme dönemi; mali serbestleşmenin dış ticaret serbestleşmesi ile birlikte uygulandığı dönemdir. Ağustos 1989 yılında tüm yabancı sermaye akımın serbestleşmesi en önemli adım olarak ifade edilebilir. Bu dönemle birlikte parasal programlar uygulanmaya başlamıştır[388].

1.PARASAL PROGRAMLAMA

Enflasyon, 1930'lu yıllara kadar bir ekonomik problem olarak dünya gündemine gelmemiştir. 1929 ekonomik buhran sonrası işsizlik ve durgunluk yoğun bir şekilde tartışılmaya başlanmıştır. 1970'li yıllarla birlikte Keynesyen politikalarla birlikte eksik istihdam sorununa çözüm aranmıştır. Çözüm arayışları fiyat istikrarını sağlamaya olgusunu birincil politika haline getirmiş ve enflasyonla mücadelede para stoku hedef olarak seçilmiştir. 1980'li yıllarla birlikte finans sektöründe yaşanılan hızlı gelişmeler ile yeni finansal araçların ortaya çıkması parasal hedefleme yapılmasını güçleştirmiştir. Bu olaylar merkez bankalarının prestij kaybetmesine neden olmuştur. Para hedeflemesinden sonuç alınamaması nedeniyle ortaya çıkan prestij kaybı enflasyonun kendisinin hedef seçildiği uygulamaları gündeme getirmiştir.

---

387 Emin Öztürk, Hasan Ersel, "Para Politikası Uygulamaları ve Para Miktarı", **Banka ve Ekonomik Yorumlar**, Sayı: 78, Eylül 1992, s.8-9.

388 Güneş, " Dünden Bugüne Para Politikaları", ss.190-191.

Enflasyon hedeflemesi; merkez bankasının belirli bir süre içerisinde enflasyon oranını rakamsal olarak hedeflemesi veya hedef aralığı içinde kalması için yürüteceği parasal politikaları açık bir şekilde taahhüt etmesidir. Enflasyon hedeflemesi uygulayacak bir ülkenin merkez bankasının bağımsız olması gerekmektedir. Merkez bankasının bağımsız bir para politikası uygulayabilmesi için araç bağımsızlığı yeterli olmamakta, ekonominin mali baskılardan kurtulması gerekmektedir. Kamu finansman açığının az olması bağımsız bir para politikasının uygulanmasını kolaylaştırmaktadır. Kamu finansman açığının azalması ile hazinenin para arzı ile yaratılan senyoraja bağımlılığı azalacaktır. Gelişmekte olan ülkelerde merkez bankasının bağımsız para politikaları yürütebilmesini engelleyen üç faktör vardır. Bunlar; büyük oranda senyoraj elde edilmesi, kamu borçlanmasının yüksekliği ve hassas bankacılık sistemidir. Merkez bankalarının fiili bağımsızlığa geçebilmesi için kurumsal reform çerçevesinde vergi tabanının genişletilmesi, kamu sektörünün senyoraj ve finansal sistemden elde edilen diğer gelirlere bağımlılığının azaltılması, finansal sistemin yapılandırılması gerekmektedir[389].

Dünyada 1970'li yıllara kadar büyük oranda sabit döviz kuru uygulanmış, fiyatlar sabit döviz kurunun çıpa seçilmesi ile oluşturulmuş ve fiyatlarda büyük dalgalanmalar olmamıştır. Sabit döviz kuru sisteminin azalmasıyla yeni bir çıpa arayışı gündeme gelerek, Friedman'ın 1970'li yıllarda önerdiği "para çıpası" uygulamalarına başlanmıştır. Bu öneri doğrultusunda para miktarı hedeflemesi yapan para programları uygulanmıştır. 1970'li yıllardan 1980'li yılların ortalarına kadar artan bu uygulamada para arzı ile enflasyon arasındaki ilişkide istenilen sonucun

---

[389] Sami Taban, "Enlasyon Hedeflemesi: Türkiye için Bir Model Olabilir mi?", **İktisat İşletme ve Finans**, Yıl: 15, Sayı:175, Ekim 2000, ss.23-26.

alınamaması ile enflasyonun kendisinin hedef seçildiği "enflasyon çıpası" uygulamasına başlanmıştır[390].

Parasal gelişmeler Keynesyen teoriye göre toplumdaki istekler doğrultusunda oluşurken, Monaterist teoriye göre parasal büyüklüklerin belirlenmesi, kontrollerinin yetkililer tarafından yapılması öngörülmektedir. Parasal programlar bu teoriler üzerine kurulmasına rağmen, para arzının dışsallığı olgusu para programının ülkeden ülkeye değişen biçimlerde uygulanmasına yol açmaktadır. Dışsallık olgusu parasal kontrolü sağlamada merkez bankasına avantaj sağlamaktadır. Ayrıca, ülkelerin farklı ekonomik öncelikleri (istihdam, milli gelir, enflasyon vb.) parasal politikaların hedeflerini değiştirmektedir. Para ikamesi, döviz kuru ve uluslararası karşılıklar para programının temel araçları olarak kullanılabileceği gibi birçok araç bir arada kullanılabilir. Para talebinde spekülatif bir yapı hakimse faiz politikası para programının temel aracı olabilir. Parasal programlar dar veya geniş kapsamlı olarak iki gruba ayrılabilir. Dar kapsamlı programlar ile merkez bankasının bilançolarının küçülmesi veya aktif yapısının değiştirilmesi hedeflenerek, para arzı üzerinde kamunun etkisi azaltılmaya çalışılmaktadır. Geniş kapsamlı programlar ile bankacılık kesiminin para yaratma olgusunun kontrolü amaçlanmaktadır.

Para politikasının bir dönem içerisinde uygulamasını sağlamak amacıyla parasal yetkilerin belirlenmiş hedefler çerçevesinde yürütülmesi para programı olarak ifade edilmektedir. Para programı diğer bir ifade ile para politikasının saptanmış bir süre için belirlenen hedefler ve araçlar ile metodolojik bir biçimde genellikle bir yıllık olarak uygulanmasıdır. Bu özelliği itibariyle program "orta

---

[390] Ercan Uygur, "25 Yıldır Süren Yüksek Enflasyon ve Enflasyonla Mücadelede Hedefler Tutturulabilir mi?, **İşletme İktisat ve Finans**, Yıl:15, Sayı: 167. Şubat 2000, s.11.

vadeli mali strateji" olarak ta adlandırılabilir[391]. Parasal programların uygulanabilmesi için uygulanacak politikanın amacının belirlenmesi, belirlenen amaca hizmet edecek parametrelerin saptanması, istenilen amaca uygun parasal hedefin belirlenmesi gerekmektedir. Para politikası araçlarıyla hedefleri ve hedefler ile de amaçlar arasındaki ilişkinin süreç olarak belirlenmesi, gecikme sürecinin dikkate alınması gerekmektedir. Parasal politikaların en belirgin amacı fiyat istikrarının sağlanması iken, büyüme, ödemeler dengesi, istihdam artışı gibi hedeflerde geniş kapsamlı para programına dahil edilebilmektedir[392].

Türkiye'de para programları enflasyonu kontrol altına almayı hedefleyen istikrar programları çerçevesinde hazırlanmış ve parasal hedefler belirlenerek amaca ulaşılmaya çalışılmıştır. Monaterist bir yaklaşımla para arzının sabit bir oranda artırılması uygulaması ile işe başlanmış, döviz çıpası yerine para çıpası kullanılmıştır. 1980'lerdeki finansal serbestleşme ile başlayan finansal araçların kullanım ile hızlanan sermaye hareketliliği para arzının sabit bir oranda artırılmasına engel olmuştur. Para programlarında para arzının hedef seçilmesi bazı sorunlar ortaya çıkarmıştır. Seçilen hedef değişkenler ile gösterge değişkenler (para arzı, enflasyon) arasında bir istatistiksel ilişkinin olması ve bu doğrultuda politik evrelerin ayrıştırılması gerekmektedir. Enflasyonu daha çok hangi para arzının belirlediği ve para ikamesinin nasıl bir etki yaptığının bilinmesi zorunludur. Paranın devir hızını belirleme güçlüğü parasal büyüklüklerin seçimini güçleştirmektedir. Para miktarının bir hedef değişken olma gücünü kaybetmesi ve etkisinin azalması 1990'lı yıllardan itibaren yeni bir çıpa arayışlarını ortaya çıkarmıştır. Fiyat istikrarını sağlamak için para programlarında para miktarı

---

[391] Hurşit Güneş, **Enflasyonun Kontrolünde Alternatif Para Programı**, İstanbul Ticaret Odası, Yayın No:1992-18, İstanbul 1992, s.20.

[392] Güneş, Enflasyonun Kontrolünde Alternatif Para Programı, s.22.

hedef değişken olmaktan çıkmakta ve enflasyonun kendisi hedef seçilmektedir. 1990'lı yıllardan itibaren Yeni Zellanda ve Kanada'nın önderliğini çektiği para programı uygulamaları Türkiye'de gündeme gelmiştir[393].

2.PARA PROGRAMLARININ PARA KURULU SİSTEMİ İLE BENZERLİĞİ

Türkiye'de 1990 yılından itibaren 5 ayrı para programı uygulanmıştır. Bu programlarda hedef değişiklikleri yapılmıştır. Bu programlardan başka Yeni Türk Lirası arayışlarında da bulunulmuştur. Programlarda ve Yeni Türk Lirası projelerinde belirlenen ve hedefler ve kullanılan araçlar para kurulu sistemi hedefleri ve araçları ile benzerlik göstermektedir. Bu kısımda programların para kurulu sistemi ile benzerlikleri, sonuçları ve başarısızlık nedenleri incelenmektedir.

2.1.1990 Yılı Para Programı

Türkiye'de para programı ilk defa 1990 yılında merkez bankası-hazine işbirliği ile 1990-94 dönemini kapsayan orta vadeli bir program olarak uygulamaya konulmuştur. Program ile para arzının para kurulu sisteminde olduğu gibi kurala bağlı bir para politikası ile yürütülmesi gündeme gelmiş, iç varlıklar sabit tutularak, dış varlıklardaki değişime göre parasal tabanı değiştirme uygulamasına geçilmiştir. 1990 yılı para programında para kurulundan farklı olarak sabit kur uygulamasına geçilmemiş, satın alma gücüne benzer bir yaklaşımla devalüasyonsuz ve krizsiz bir istikrar hedeflenmiştir[394]. Geçmiş dönemlerde Alman merkez bankasının uygulamış olduğu "merkez bankası parasını kontrol etme" politikası en belirgin hedef olarak seçilmiştir. Program ile merkez bankası

---

[393] Suat Oktar, "Para Programı, Kredibilite ve Fiyat İstikrarı", **Banka ve Ekonomik Yorumlar**, Yıl: 34, Kasım 1997, ss.41-42.

[394] Aktan, Utkulu, Togay, ss.187-188.

bilançolarının küçültülmesi ve merkez bankası bilanço iç yapısının değiştirilmesi hedeflenmiştir. Bu amaçla pasifler içerisindeki emisyon payı yükseltilmeye ve aktifler içerisindeki merkez bankasının hazineye açtığı kısa vadeli avanslar azaltılmaya çalışılmıştır[395]. Program, para arzının kurala bağlı olarak döviz karşılığında yapılması, kamu finansmanının azaltılmaya çalışılması açısından para kurulu sistemine benzemektedir.

Merkez bankasının bilançosundaki dört değişken üzerinde miktar hedeflemesi yapılmıştır. Birincil olarak, net yabancı varlıklarının artırılması yoluyla merkez bankasının yabancı döviz kuru riskinin ve bilanço analizi yönünde değerleme hesaplarının payının azaltılması amaçlanmıştır. İkinci olarak, yurtiçi kredi genişlemesinin azaltılarak bilanço hesabının büyümesini sınırlandırmak hedeflenmiştir. Üçüncü olarak, kamu kesiminin döviz yükümlüklerini azaltmak yoluyla toplam yükümlülüklerdeki merkez bankası payı artırılmak istenmiştir. 1990 yılında enflasyon oranı %46 ile son on yılın en düşük düzeyine inmiştir. Merkez bankası rezervlerini artırabilmiş ve kamu finansmanı yapabilmiştir[396].

Merkez bankası, 1991 yılında kurum içerisinde bir para politikası hedefleri belirlemesine rağmen Körfez Savaşı ve siyasi ortam nedeniyle uygulamaya konulamamıştır. Bu dönemde Türk vatandaşlarının "Kredi Mektuplu Döviz Tevdiat Hesaplarında"* 1 milyar Dolarlık azalma olmuş, bunu önlemek için yurt dışından sıcak para getirilmiştir[397]. Program, kamu

---

[395] Güneş, Enflasyonun Kontrolünde Alternatif Para Programı, s.36.
[396] Oktar, "Para Programı, Kredibilite ve Fiyat İstikrarı", s.43.
* Yurt dışında oturma veya çalışma izni ya da hakkı bulunan, geçerli T.C. Pasaportuna veya "4112 Sayılı Kanunla Saklı Tutulan Hakların Kullanılmasına İlişkin Belge"ye sahip, 18 yaşından büyük gerçek kişiler açtırabilir. Ayrıca, kamu kuruluşlarınca yurt dışında sürekli olarak görevlendirilenler ile kamu ve özel sektör kuruluşlarının yurt dışında kurulmuş büro ve temsilciliklerinde çalışanlar da bu hesapları açtırabilirler.
[397] Güneş, Enflasyonun Kontrolünde Alternatif Para Programı, s.37.

finansmanının azaltılamaması, körfez savaşı, siyasi nedenler ve ekonomide devletin ağırlığının devam etmesi nedeniyle başarılı olamamıştır.

2.2.1992 Yılı Para Programı

1990 yılında belirlenen orta vadeli hedeflere bağlı kalınarak enflasyon ve bütçe açığı varsayımına dayanılarak hazırlanan 1992 yılı para programında nominal çıpa olarak kamu finansmanı gereksinimi seçilmiştir. Merkez bankası parası için %40-50 oranında bir artış hedefi tespit edilmiştir[398]. Kamu finansmanı bu dönemde de artmış, 1992-1993 yılına kadar pozitif olan kamu tasarrufları bu dönemde negatif olmuştur. Cari harcamalar için iç borçlanma, yatırımlar için dış borçlanma yapılmıştır. Bu gelişmeleri takiben 1994 krizi fiyat istikrarını bozmuş, seçim takvimlerinin artması enflasyondan fayda sağlayanların hükümetin sıkı para programı uygulama isteğini azaltmıştır[399].

Türkiye'de 1992-94 döneminde sıcak para hareketlerinin hızlanması ile birlikte 1994 krizinin ilk belirtileri ortaya çıkmaya başlamıştır. 1994 parasal krizini hazırlayan etmenler olarak bütçenin finansman şekli, finans sektörü istikrarsızlığı, makroekonomik dengesizliklerin oluşması gösterilebilir. 5 Nisan kararları ile sıkı maliye ve para politikası uygulamalarına başlanmış ve merkez bankasının özerk bir yapıya kavuşturulması gündeme gelmiştir. 5 Nisan kararları ile ekonomide durgunluk yaşanmasına rağmen, gerek özel sektörün gerekse bankaların ellerindeki kaynakları faize (bono-tahvil) yatırmaları nedeniyle karları artmıştır. Kararlar ile bir ölçüde kamu ve dış ticaret açıkları azaltılmış fakat, 1995 sonbaharında döviz kuru programının ortadan kalkması ile istikrar programından beklenilen gerçekleşememiştir.

[398] Rüştü Saraçoğlu, "Türkiye Cumhuriyeti Merkez Bankası 1992 Yılı Para Programı Hakkında Verilen Brifing", 28 Ocak 1992, Ankara, ss.36-37.
[399] Oktar, "Para Programı, Kredibilite ve Fiyat İstikrarı", s.43.

1994 İstikrar Programı ile 2000 Yılı Enflasyonu Düşürme Programı: Kur ve Para Politikası Uygulaması arasında "geçici vergi" ve "döviz kuru" uygulamaları açısından benzerlik bulunmaktadır. İstikrar programına göre TL'nin 1 dolar veya 1,5DM den oluşan bir sepete bağlanması ve her ay belirli bir oranda artacağı ilan edilmiştir. Fakat, 1994 yılı sonu ve 1995 yılı başlarından itibaren enflasyonun döviz sepeti artışından yüksek olması ve aradaki farkın dış ticaret ve cari işlemler açığını artırması ile döviz kuru programı uygulamadan kalkmıştır. Giderek artan dış borç bulma güçlüğüyle iç borçlanmaya verilen ağırlık ekonomide reel faizlerin %30'lara ulaşmasına ve ekonomik durgunluk yaşanmasına neden olmuştur[400].

Sonuç olarak; 1990, 1992 para programlarının amaçlarının tam olarak belirlenmediği ortaya çıkmaktadır. Bu dönem içerisinde merkez bankası dış ödemeler dengesi sorumluluğu yüklenmeden iç dengeyi sağlamaya yönelik politikalar izlemiştir. 1990, 1992 para programlarında ödemeler dengesi sağlamanın merkez bankasının amacı olmadığı vurgulanmıştır. Bu iki para programında parasal kontrolün hangi araçlar ile yapılacağı çok kesin ifadelerle belirlenmemiştir. Açık piyasa işlemleri ile iç borçlanma istenilmeyen boyutlara ulaşmış, döviz piyasası işlemlerinde döviz rezervinin tüm ekonomiyi kontrol edemeyecek durumda olmaması nedeniyle istenilen başarı sağlanamamıştır. Kısaca bu iki program amaçlamış olduğu dar kapsamlı hedefleri ile nispeten fiyat istikrarı sağlamasına karşın istenilen amaca ulaşamamıştır[401]. 1994 yılın takiben uygulamaya konulan istikrar programına göre TL'nin 1 dolar-1,5 DM'ye bağlanması 2000 yılı programında olduğu gibi TL'nin değer artışı sorununu ortaya çıkarmış, cari işlemler dengesi üzerine baskı yapmıştır. İki programda da çıpa olarak kullanılan para arzı

---

[400] Uygur, ss.8-9.

[401] Güneş, Enflasyonun Kontrolünde Alternatif Para Programı, s.38.

hedeflemesinden bir sonuç alınamaması enflasyonun kendisinin hedef seçilmesi gündeme gelmiştir.

2.3.1997 Yılı Para Programı

Merkez bankası ile hazine arasında bir protokol uyarınca Temmuz 1997 tarihinde yeni bir para program hazırlanmıştır. Program yeni bir anlayışla hazine-merkez bankası işbirliğini ifade etmiş ve programın sorumluluğu merkez bankasına verilmiştir. Enflasyonun düşürülmesi için 3 yıllık bir hedef konulmuş ve enflasyonun 1998 yılında %50, 1999 yılında %20 ve 2000 yılında %5'e düşürülmesi kararlaştırılmıştır. Bu hedefler doğrultusunda merkez bankası aracılığıyla parasal kontrol amaçlanmıştır. Merkez bankasına kısa vadeli faiz oranlarını belirleme yetkisinin tekrardan verilmesi ile para arzının ve faiz oranlarının anti-enflasyonist politika aracı olarak kullanılabilmesi amaçlanmıştır. Kısa vadeli avans uygulama limitleri düşürülerek parasal disiplin sağlanmak istenmiştir. 1998 yılı ilk üç ayı için net avans kullanımının sıfır olacağı taahhüt edilerek geniş kapsamlı bir mali programın saç ayakları oluşturulmamasına rağmen 1998 yılı para programı için elverişli bir ortam hazırlanmıştır[402]. Program, para arzının sıkı bir şekilde kontrol altına alınması, para otoritesine büyük oranda yetki verilmesi açısından para kuruluna benzemektedir.

1997 yılı programının bir diğer özelliği ise yetki ve sorumlulukların merkez bankasına verilmesi ile para otoritesinin bağımsızlığı düşüncesini ön plana çıkarmasıdır. Yetki ve sorumluluk devri bağımsızlık olgusunu güçlendirmektedir. Akademik çalışmalarda ele alınan merkez bankasının bağımsızlığı ile enflasyonla daha etkin mücadele edilebileceği düşüncesi bu program ile hayata geçirilmeye çalışılmıştır[403]. Bu tür bir uygulama ile para

---

[402] Selahattın Togay, "Merkez Bankası Bilançosunun Analizi", **Ekonomik Başak**, Yıl:21, Sayı:97, Ocak-Şubat 1998, s.213.

[403] Oktar, "Para Programı, Kredibilite ve Fiyat İstikrarı", s.44.

otoritenin siyasi otoritenin baskı alanından kurtarılabilecek olması para kurulu sisteminde en temel özelliklerden birisidir.

Merkez bankası 1996-1997 yıllarında ayrıntılarını kamuya açıklamayan para programı uygulaması gerçekleştirmek istemiştir. Bu dönemde uygulanan para politikası mali piyasaların istikrarını hedef almıştır. Bu hedef doğrultusunda piyasalarda oluşabilecek kısa süreli ve hızlı fiyat artışlarının önüne geçmek, piyasalardaki belirsizliği azaltmak amaçlanmıştır. Dönem boyunca döviz kurlarının enflasyon beklentileri paralelindeki hareketi ve bankalararası para piyasasındaki faiz oranlarının değişikliği azaltılarak, bu oranın referans faiz olarak piyasalarca kabulünün sağlanması hedeflenmiştir[404]. Türkiye'de yaşanılan büyük oranlı siyasi istikrarsızlıklar ve yapısal sorunlar programdan beklenilenin elde edilememesine neden olmuştur.

2.4.1998 Yılı Para Programı

Türkiye'de parasal istikrara yönelik çalışmalar 1998 yılında da devam etmiş, 1998 yılı başında merkez bankası başkanı Gazi Erçel tarafından TL den beş sıfır atılması, Yeni Türk Lirası uygulaması, hükümetin para üzerinden etkisinin kaldırılmasına yönelik çalışmaları içeren bir yasa teklifi hükümete sunulmuştur[405]. Günümüzde de TL'den beş sıfır atılması önerisi yinelenmektedir. Merkez bankasının 1998 yılından itibaren uygulamaya koyacağı enflasyonla mücadele programında parasal büyüklük olarak rezerv para seçilmiş ve döviz kuru hedeflemesi yapılmıştır. Para arzının döviz

[404] Gazi Erçel, 1998 Yılı Para Politikası Uygulaması, **TCMB**, Ankara, 8 Ocak 1998, <www.tcmb.gov.tr.> (Ağustos 2000)

[405] İrfan Kalaycı, "İstikrar Programı Çerçevesinde Yeni TL Arayışı: Niçin, Nasıl ve Nereye Kadar?" **Banka ve Ekonomik Yorumlar**, Yıl:36, Subat 1999, s.44.

rezervlerine bağlanması öngörülmüştür ve programın hedefleri şöyle özetlenmiştir[406].

Merkez bankasının para otoritesi olarak yetki ve sorumluluğunun artırılması,

Merkez bankası bilançoları yükümlülük tarafındaki rezerv para kaleminin kontrol edilerek, para arzının rezerv para (döviz) artışına bağlı olarak yerine getirilmesi,

Cari işlemler hesabının %70 olarak belirlenen enflasyon hedefine uyumlu bir şekilde sürdürülmesi,

Politika araçları olarak, döviz, açık piyasa ve bankalararası para piyasası işlemlerinin kullanılması kararlaştırılmıştır. Sıralanan ilk iki madde para kurulu sistemi uygulama koşulları ile benzerlik göstermektedir.

1998 yılının ilk altı ayında programın hedeflerine büyük oranda ulaşılmıştır. 30 Haziran 1998 tarihi itibariyle döviz rezervi 26,6 milyar dolara çıkarak, yıl başı itibariyle 8 milyar dolar artış göstermiştir. Merkez bankası net dış varlıkları[*] yılın ikinci üç ayında TL bazında %58 artarken, ABD Doları bazında %43,7 artışla 30 Haziran 1998 tarihinde 16,7 milyar dolara ulaşmıştır. Merkez bankası net iç varlıkları[**] azalmış, değerleme hesabındaki artış açık piyasa işlemleri yoluyla sterilize edilmiştir. Hazinenin merkez bankasından kısa vadeli avans kullanımının azalması ve diğer kamu kuruluşlarına kredi kullandırılmaması net iç varlıklardaki azalış sağlayan faktörler olmuştur. 1998 yılı ikinci yarısı için %50 enflasyon hedefi ile uyumlu para ve kur politikası uygulamasına devam kararı alınmıştır. İkinci

[406] Gazi Erçel, Merkez Bankası 1998 Yılı İlk Altı Aylık Para Programı Gerçekleşmesi ve İkinci Altı Aylık Para Politikası Uygulaması, TCMB, Ankara, 8 Ocak 1998, <www.tcmb.gov.tr.> (Ağustos 2000)

[*] Net Dış Varlıklar=Net Uluslararası Rezervler+Net Orta Vadeli Dış Krediler+Kredili Mektuplu Döviz Tevdiat Hesapları +Türk Savunma Fonu Hesabının dahil edildiği diğer kalemler.

[**] Net İç Varlıklar=Parasal Taban-Net Döviz Varlıklardır.

yarı için merkez bankası bilançosunun net iç varlıklar kalemi –1514 trilyon TL olarak belirlenmiştir. Hızlı bir döviz rezervi artışı beklenilmemiş ve kamuya kredi açılmama politikasına devam edilmesi karara bağlanmıştır[407].

Türkiye'de para programlarında hedef olarak faizin seçilmemesinin nedeni siyasi baskıya en çok konu olan değişken olmasıyla açıklanabilir[408]. 1998 yılında Rusya ekonomik krize girmişken, Türkiye'nin ekonomik krize girmemesini Deutsche Bank, 1998 yılındaki vergi gelirini ve mali disiplini artırma çabalarının varlığı olarak göstermiştir. IMF'nin mali disiplin için vergi gelirlerinin artırılması gerekliliği düşüncesi 2000 yılı programında tekrar gündeme gelmiştir[409].

2.5.Yeni Türk Lirası Arayışları ve Para Kurulu Tartışması

Türkiye ekonomisi için para kurulu sistemi tartışması 1994 krizini takiben IMF'nin enflasyonla mücadelede TL'nin Alman Markına bağlanması önerisi ile başlamıştır. Bu öneride TL'nin sağlam bir paraya bağlanarak istikrarın sağlanabileceği öngörülmüştür. Böyle bir uygulamanın Alman ekonomi politikalarından doğrudan etkilenileceği ve bağımlılığın artacağı düşüncesi ile hayata geçirilmemiştir.

Türkiye'de 1997 yılı itibariyle Yeni Türk Lirası (YTL) arayışları gündeme gelmiştir. Bu arayışa yüksek oranlı bir enflasyon yaşanması gibi ekonomik olumsuzluklar, TL'nin toplumdaki itibarının ve konvertibilitesinin azalması, para piyasasında değer yitirmesi, TL'nin satın alma gücünün düşmesi ve Avrupa Birliği ülkelerinin 2002 yılından itibaren

---

[407] Gazi Erçel, 1998 Yılı Para Politikası Uygulaması, **TCMB** Ankara, 8 Ocak 1998, <www.tcmb.gov.tr.>

[408] Gazi Erçel, "Türkiye'de Para Politikası Uygulamaları ve Etkileri", **İktisat İşletme ve Finans**, Aralık 1996, ss.5-11.

[409] Uygur, s.16.

EURO'ya geçmesi sebep olarak gösterilebilir[410]. Yeni Türk Lirası uygulama düşüncesinin esasları şu şekilde özetlenebilir[411];

YTL'nin dolar karşılığında piyasaya arz edilerek miktarının kontrol altına alınması,

1 YTL=100 bin TL olarak sabit kurdan hesap edilmesi,

YTL'nin güveninin artırılabilmesi için halkın elinde bulundurduğu tahmin edilen 20 milyar dolarlık döviz rezervinin bankacılık sistemine aktarılması,

YTL'ye işlerlik kazandırmak amacıyla devlet iç borç ana para faizlerinin, devlet memur maaşlarının YTL ile ödenmesi, vergi ve harçların YTL ile tahsil edilmesi,

TL emisyonunun durdurularak, kamu finansman açıkları için YTL ile borç verilmesi, YTL emisyonu için dış kaynaklı borçlanma yapılması,

Mevduat munzam karşılıklarının YTL olarak yatırılması,

Piyasada TL ile YTL'nin rekabet ettirilerek, paranın YTL'ye dönüşümünün cazip hale getirilmesi öngörülmüştür.

Bu uygulama koşullarına ile birlikte para otoritesinin iki bölüme ayrılarak, para politikasının merkez bankasına, para arzı işlemlerinin ise yeni bir kurum tarafından yürütülmesi öngörülmüştür. Kuvvetler ayrılığı ilkesi Estonya ve Bulgaristan para kurulu sistemindeki uygulamaya benzemesine karşın, yeni bir para piyasaya sürülerek, bankaların para arzında bulunamaması, iç borçlanmanın yapılamaması, para arzının döviz rezervleri karşılığında yapılması öngörüsü ile "paralel para kurulu sistemi" olarak tanımlanabilmektedir.

---

[410] Kalaycı, s. 44.
[411] Akyazı, s.154.

Yeni Türk Lirası projesi için yeterli döviz rezervinin bulunmadığı, hükümetin senyoraj kaybedeceği, son başvuru merciinin olmayacağı veya kısıtlanması ile bankacılık sisteminin bir kriz durumunda gelecek endişesine kapılacağı, özelleştirmeden beklenen gelirlerin sağlanamayacağı, ekonomi politikasının ABD ekonomi politikalarına bağımlı hale geleceği düşüncesi ile birlikte hükümet değişimi de uygulamanın hayata geçirilme ihtimalini ortadan kaldırmıştır.

Hükümet değişimi ile Yeni Lira'nın tedavüle çıkarılması düşüncesi ortaya çıkmıştır. Yeni Lira düşüncesinde Yeni Lira'ya %4 faiz verileceği, bütün kamu ödemelerinin bu para ile yapılacağı, Yeni Lira'nın tedavüle çıkması ile TL'nin tamamen piyasadan kalkacağı belirtilmiştir. Yeni Türk Lirası uygulamasından farklı olarak TL'nin hemen tedavülden kaldırılması düşünülmüştür.

Aynı hükümet döneminde açıklanan enflasyonla mücadele programı da para kurulu benzeri bir uygulama olarak yorumlanmıştır. Bu programda para arzının döviz rezervlerine bağlı olarak yapılması, para arzını kontrol edebilmek için açık piyasa işlemlerinin sınırlandırılması, merkez bankasının hazine bonosu ve iç borçlanma yoluyla bankalara verdiği kısa vadeli kredilerin sınırlandırılması ile "melez para kurulu sistemi" çağrışımı yapmaktadır[412].

Türkiye ekonomisinde istikrar amacını hedefleyen programların başarısızlık nedenleri olarak yapısal sorunlara çözüm getirilmemesi gösterilebilir. Yapısal sorunları oluşturan ekonomik nedenler içerisinde kamusal sorunlar, devlet ve özel sektör ilişkisi (devletin ekonomideki ağırlığı), siyasi nedenler içerisinde siyasi partilerin tutumu, bakanlık

---

[412] Akyazı, ss.153-159.

sayılarının fazla olması, seçim ekonomileri, baskı grupları, uluslararası kuruluşların önkoşulları sıralanabilir[413]. Az sayıdaki holdinglerin ekonomide büyük bir etkinliğe sahip olması ve kamunun ekonomideki ağırlığının fazla olması, piyasalarda yeterli rekabetin bulunmaması, para ve mali piyasalarda etkin bir sistemin ve denetimin olmaması, para politikaları ile birlikte maliye politikası araçlarının da yeterince kullanılmaması yapısal sorunlara dahil edilebilir..

Para programlarının en önemli etkinlik unsurlarından birisi güvenilirliliktir. Güvenilirlik sağlandığı ölçüde toplumun enflasyon beklentiler azalmaktadır. Merkez bankası ve diğer kamusal otoriteler kararlılığını kamuoyuna yansıtabildiği ölçüde ücret sözleşmeleri, faiz oranları ve enflasyon konusunda halkın olumsuz beklentilerinin önüne geçilebilecektir. Ayrıca para otoritesinin güven kazanmak amacıyla şeffaflık politikası çerçevesinde amaçlarını, kullandığı araçları, ara hedeflerini ve uygulama sonuçların kamuoyuna duyurulması gerekmektedir[414].

Uygulanan para programlarında yapısal sorunların, güvenilirliğin, iradi istikrarın ve şeffaflık gibi unsurların yeterince yerine getirilememesi başarısızlık sağlamış ve merkez bankasının fiili bağımsızlığının düşük olmasının başarısızlığa katkı yapmıştır. Türkiye Cumhuriyeti Merkez Bankası yasal bağımsızlık açısından 72 ülke içerisinde ilk on sıraya girerken, fiili bağımsızlık açısından son sıralarda gelmesinin başarısızlığa yol açtığı ve merkez bankasının bağımsızlığının artırılması gerektiği söylenebilir.

---

413 M.Sena Ekici, Erşan Sever, "Türkiye'deki Ekonomik İstikrarsızlığın Nedenleri ve Buna Bağlı Olarak Alınması Gereken Önlemler", **İktisat Dergisi**, Ocak-Şubat 2000, Sayı 397-398, ss.36-39.

414 Suat Oktar, "Para Politikalarının Güvenilirliği ve Güvenilirliğinin Sağlanmasında Enflasyon Hedefi Yaklaşımı", **Banka ve Ekonomik Yorumlar**, Yıl: 35, Sayı: 2, Şubat 1998, s.5-6.

1998 yılı para programından beklenilen hedeflere ulaşılamamasında Asya Krizi ve Rusya krizlerinin ve Marmara Depreminin etkisinin büyük olduğu gözden kaçırılmamalıdır. Uygulamada merkez bankası parasal büyüklüklerden daha çok finansal piyasalara istikrar sağlama amacı güttüğü için program para istikrarı hedefinden uzaklaşmıştır[415]. Merkez bankasının 1997-1998 tarihleri arasında uygulamaya çalıştığı döviz karşılığı para yaratma süreci ile ortaya çıkan para kurulu benzeri politikalar 2000 yılı para programı ile daha büyük oranda yoğunluk kazanmıştır[416].

2.6.2000 Yılı Enflasyonu Düşürme Programı: Kur ve Para Politikası

Temmuz 1998 tarihine kadar IMF ile yapılan görüşmelerde IMF'nin para kurulunda ısrarlı olduğu ve önerinin kabul edilmeyerek yeni arayışlara gidildiği gözlenmektedir[417]. IMF ile Temmuz 1998 tarihinde "Yakın İzleme Anlaşması"nın bir uzantısı olarak imzalanan "stand-by" antlaşması çerçevesinde "2000 Yılı Enflasyonu Düşürme Programı: Kur ve Para Politikası Uygulaması" adıyla para ve kur politikası hedeflemesi yapılmıştır.

Program üç temel politika üzerine oturtulmuştur[418],

Sıkı Maliye Politikası: Faiz dışı bütçe fazlasının artırılması, yapısal reformların gerçekleştirilmesi, özelleştirmenin hızlandırılması,

Enflasyon Hedefi İle Uyumlu Gelirler Politikası: Kamu açıklarının azaltılması, yeni vergi uygulamaları ile vergi gelirlerinin artırılması, kamu harcamaların azaltılması,

---

[415] Öçal, Çolak, **Finansal Sistem ve Bankalar,** s.100

[416] Ertugrul Kızılkaya, "2000 Yılı Para Programı Çerçevesinde TCMB Bilançosunda Beklenen Gelişmeler", **Banka ve Ekonomik Yorumlar**, Yıl.37, Sayı:5, s.3.

[417] Milliyet Gazetesi, 25 Kasım 1999.

[418] Gazi Erçel, 2000 Yılı Enflasyonu Düşürme Programı: Kur ve Para Politikası Uygulamaları, TCMB, 9 Aralık 1999, <www.tcmb.gov.tr/yeni/evds/yayin/paragrqg2/baskanmat5y.html>

Kur ve Para Politikası: Günlük kur politikası izlenmesi, TL'nin değerinin döviz sepetine bağlanması, açık piyasa işlemleri, bankalararası para piyasası işlemleri, zorunlu karşılıklar ve disponibilite araçlarının kullanılması kararlaştırılmıştır. Programda enflasyon hedeflemesi yapılmak istenmesinin nedeni olarak para hedeflemesinin dünya literatüründe kullanılmaması ve Türkiye'de var olan büyük oranlı dolarizasyon ile parasal hedefleme yapılmasının mümkün olmayacağı gösterilebilir[419].

Kur Politikası: Program gereğince döviz kuru sepetini 1 ABD$+0,77 EURO olarak belirlenmiş, döviz kuru risklerini ortadan kaldırmak için parite 2000 yılı sonunda kadar günlük olarak tespit edilmiştir. Programda ana hedef kur politikasını enflasyon hedeflerine göre yürütmektir. Döviz kuru iki farklı kur rejimi olarak ayrılmış, Ocak 2000-Haziran 2001 döneminde "enflasyon hedefine göre kur sepetinin" takip eden dönemde ise "kademeli olarak genişleyen band" sisteminin uygulanmasına karar verilmiştir. Kur sepeti artış oranını kamuoyuna açıklanması kararlaştırılmıştır. 2001 yılı Temmuz ayından itibaren bant sistemine geçilerek TL'nin ilk altı ayda %15, son altı ayda %22,5'lik bir band içinde dalgalanması kararlaştırılmıştır. Merkez bankası 2001 yılı Temmuz ayında TL üzerindeki spekülatif kazanç amaçlı faaliyetlere karşı daha erken müdahale sistemi kurmayı, 2002 yılı sonunda daha rahat hareket imkanına kavuşarak, band sistemiyle 2001 yılı sonunda TL den sıfır atmayı planlamıştır[420]. Döviz kurunun düşük oranlarda artışı ile ithal mallarındaki girdi maliyetlerinin azalması ve bu azalmanın enflasyonun düşürülmesinde destek sağlayacağı hesap edilmiştir.

Sabit kur sisteminde rezerv para içinde net iç varlıkların payı arttıkça, hem gelir düzeyinde kalıcı bir artış sağlanamamakta, hem de net dış varlıklar

---

[419] Uygur, s.15.
[420] Sabah Gazetesi, 10 Aralık 1999.

azalmaktadır. Net iç varlıklar ve net dış varlıklardan oluşan para arzında net dış varlıklardan kaynaklanan artışın yurtiçi faiz oranlarını düşürücü etkisi net sermaye çıkışı ile değişmemekte fakat ödemeler dengesi açıklarına neden olmaktadır. Bu açığın kapatılabilmesi için döviz kurunun artırılması bir çözüm olmasına rağmen, sabit kur sisteminde böyle bir işlem söz konusu değildir. Bu durumda, merkez bankası net iç varlıkları azaltmak zorunda kalacaktır. Bu işlem ile tekrar net iç varlıklar azalarak eski dengesine gelmesi sağlanmaya çalışılacaktır. Böyle bir durumda net iç varlık hedefi konulması mekanizmanın işleyememesine[421] ve 2000 yılı programında olduğu gibi devalüasyon yapılmasına neden olmaktadır.

Sermaye Hareketleri: Günlük kurların belirlenmesi ile ortadan kalkacak olan döviz kuru riski ve sağlanan istikrarın ülkeye sermaye girişini artıracağı beklenmiştir. Sermaye girişi artışı ile bir yandan faiz oranları düşerken, diğer yandan ekonominin reel kredi stokunun artacağı hesap edilmiştir. Düşük faiz oranlarının yatırımcıya düşük maliyetle kaynak sağlayacak olması üretim maliyetlerini düşüreceği ve ekonomik büyümeyi artıracağı hesaplanmıştır. Döviz kuru istikrarı ile ülkeye girecek olan yabancı sermaye artışının döviz rezervi artışı ile para arzını artışı sağlayacağı hesap edilmesine rağmen ülkeye 500-600 milyon dolar tutarında doğrudan yabancı sermaye girmiş ve Kasım 2000 kriziyle 7,5 milyar dolar yabancı sermaye ülkeden çıkmıştır[422].

Döviz rezervi: Programın uygulamaya başlanması ile para arzının döviz rezervleri karşılığında artırılabilmesi için programa başlanırken sahip olunan 22,6 milyar dolarlık rezerve ilaveten uluslararası kuruluşlardan (IMF,Dünya

---

[421] Aykut, Kibritçioğlu, "Para ve Maliye Politikalarının Etkinliği, Finansal Sınırlılıklar ve Sektörler Arası Fon Akımları", Editör: A.Kibritçioğlu, **Uluslararası (Makro)İktisat**, Ocak 1996, Ankara, s.155

[422] Oğuz Oyan, "2001 Yılı Bütçe ve İstikrar Programı", **Mülkiye**, Ocak-Şubat 2001 Cilt:25 Sayı:226, s,144.

Bankası) kaynak temin edilmesi kararlaştırılmıştır. Bu amaçla IMF ve Dünya Bankasında 10 milyar dolarlık kaynak temini güvencesi alınmıştır. 2000 yılı için dış piyasalardan 5,25 milyar dolarlık borçlanma yapılması kararlaştırılmıştır. Döviz temin edilmesinde 2000 yılı turizm gelirlerinden elde edilmesi beklenilen 10 milyar doların büyük bir katkı yapacağı hesap edilmiştir.

Faiz Politikası: Merkez bankası program gereğince faizlerin piyasa koşullarına göre belirlenmesi kararlaştırılmıştır. Para arzının döviz karşılığında oluşması ile döviz rezervinin TL miktarını artıracağı ve TL faizinin düşeceği, tersi durumda dövizin faizi yükselerek otomatik bir denge sağlanması hedeflenmiştir. Açık piyasa işlemlerinin azaltılması, faiz oranlarının düşük tutularak özellikle bankacılık kesimlerinin faaliyet dışı gelirlerinin azaltılması ve bankacılık faliyetlerinin sağlanması hedeflenmiştir[423]. Türkiye'de %50'ler civarında olan döviz tevdiat hesaplarının döviz kuru sabitliği ve düşük faiz oranları ile birlikte çözülmesi beklenilerek artan TL'nin yatırımlara aktarılacağı hesap edilmiştir.

Para Politikası: Programda merkez bankasının döviz piyasası, açık piyasa işlemleri, bankalararası para piyasası işlemleri, zorunlu karşılıklar ve disponibilite araçlarını kullanacağı belirtilmiştir. Bu araçlardan başka merkez bankası bilançosunun net iç varlıklar kalemine tavan limiti getirilmesi, Net uluslararası varlıklar kaleminin de politika aracı olarak kullanılması kararlaştırılmıştır. Program boyunca üç aylık dönemler itibarıyla değerleme hesabındaki değişim etkisi hariç tutulduğunda net iç varlıkların alabileceği maksimum değerler belirlenmiştir. Net iç varlıklar, parasal taban-net döviz varlıklar şeklinde ifade edilmektedir. Net iç varlıklar sabit tutulursa, net döviz

---

423 Hazine Müsteşarlığı, **Enflasyonla Mücadele Programı Politika Metinleri** (Niyet Mektupları ve Ekonomik Kararlara ilişkin Mevzuat), Cilt II. Temmuz 2000.s.5.

varlıkları artmadan parasal taban artırılamaz. Net döviz varlıkları TL yükümlülüklerinden fazla olduğu için net iç varlıklar negatif olmaktadır. Net döviz varlıkları-TL yükümlülükleri düşük düzeyde ise net iç varlıklar pozitif olmaktadır. Programda Aralık 2000 sonu itibariyle –1,2 katrilyon düzeyinde net iç varlık hedefi konulmuştur[424].

Tablo.45.Merkez Bankası Analitik Bilançosu

Aktif	Pasif
1-DIŞ VARLIKLAR	1-TOPLAM DÖVİZ YÜKÜMLÜLÜKLERİ
a.Altın	a.Dış Yükümlülükler
b.Döviz	Kamu İçin Borçlanma
c.Kredili Mektuplu Döviz Mevduat Hesabı	Yurtdışı İşçi Tasarruf Hesabı (Dresdner Hesabı)
d.IMF'ye Borç	b.İç Yükümlülükler
2-İÇ VARLIKLAR	Döviz Olarak Takip Olunan Mevduat
a.Nakit Krediler	Bankaların Döviz Mevduat
Kamuya Açılan Nakit Krediler	2-MERKEZ BANKASI PARASI
Hazineye Avans	a.Emisyon
KİT'ler Kredi	b.Bankalar Mevduat
Bankalara Açılan Nakit Krediler	Bankalar Zorunlu Karşılıkları
Diğer Kalemler	Bankalar Serbest Mevduat
b.Degerleme Hesabı	c. Diğer Merkez Bankası Parası
	Fon Hesapları
	Banka Dışı Kesim Mevduatı
	Açık Piyasa İşlemleri
	Kamu Mevduatı

Kaynak: TCMB, Yıllık Raporları

Yukarıdaki tablodan da çıkarsama yapılabileceği gibi net iç varlıklar sabit tutularak merkez bankası para arzının döviz rezervleri karşılığında yapılmasını kararlaştırmıştır. Her ekonomik birimin merkez bankasında döviz karşılığı TL veya TL karşılığı döviz temin edebilmesi, kamu kesimine açılan merkez bankası kaynaklı kredilerin azaltılması öngörülmüştür. 2000 yılında ekonomide önce bir daralma ardından genişleme beklenilmiştir. Bu dönemde iç borçlanma kağıtlarına yatırılmayan bankacılık fonlarının reel sektöre akması hesap edilmiştir. Yaşanılan Kasım kriziyle net iç varlıklara

[424] Saruhan Özel, **Türkiye'de Enflasyon, Devalüasyon ve Faiz**, Alkım Yayıncılık, Aralık 2000, İstanbul, s.70.

tavan konulma işleminin piyasanın ihtiyacını karşılayamadığı ve interbank faizlerinin %1700'lere yükseldiği görülmektedir[425].

Hazine 2000 yılında 5,25 milyar dolarlık net dış ödeme planı yanısıra özelleştirmeden 6,3 milyar Dolarlık gelir hedeflemiştir. Merkez bankasının hazineye vereceği kısa vadeli avans miktarının bütçe ödeneklerinin %3'ü düzeyinde olacağı ve 2000 yılı bütçesinin 47 katrilyon olması ile avans imkanının 1400 trilyon olması hesap edilmiştir[426].

Yapısal Düzenlemeler: Programda sosyal güvenlik reformu, tarım kesimi sübvansiyonlarının kaldırılması, bankacılık kesiminin yeniden yapılandırılması ve özelleştirilmeye hız verilmesi kararlaştırılmıştır[427]. Devlet işletmelerinin zarar eden yapıdan kurtarılabilmesi için politik baskıdan arındırılması ve kar eder duruma getirilmesi amaçlanmıştır. Bu işlemle yılda 3-5 milyar dolar gelir sağlanması hedeflenmiştir. Bakanlık sayısının azaltılması gerektiği, Başbakanlık ve bakanlıklarda aynı işlevi gören kuruluşlardan gereksiz olanların tespitinin yapılarak birleşmelerin gerçekleştirilmesi önerilmektedir[428].

2000 yılı istikrar programında IMF'nin kriz yönetiminden çok, kriz önleyici bir rol edinme isteği gözlenmektedir. Program kriz etkilerini sınırlama veya gidermek için değil, içsel nedenlerden kaynaklanabilecek bir kriz önleme amacına yöneliktir.[429] Program, Türkiye'de esas sorunun dinamik bir özel sektöre rağmen, hantal bir kamu kesiminin düzenlenmesi amacına yönelik olarak tarımdan, sosyal güvenliğe, bankacılığa kadar çok

---

[425] Yeldan, s.168.
[426] Gazi Erçel, 2000 Yılı Enflasyonu Düşürme Programı: Kur ve Para Politikası Uygulamaları, TCMB, 9 Aralık 1999, <www.tcmb.gov.tr/yeni/evds/yayin/paragrqg2/baskanmat5y.html>
[427] Uygur, s.12.
[428] Mustafa A.Aysan, "IMF ile Varılan Uzlaşma Noktası", **Banka ve Ekonomik Yorumlar**, Temmuz 1999, Yıl:36, Sayı:7.ss.3-6.
[429] Güven Sak, "İstikrar Programı ve Türkiye Ekonomisin Geleceği", **İktisat İşletme ve Finans**, Yıl: 15, No:169, Nisan 2000, s.9.

genel bir kapsam içermektedir. Program ile "kamu dengesi kavramı" literatüre sokulmakta, bütçe dışı fonların azaltılması gündeme gelmekte, 1999 yılı itibariyle milli gelire göre %2,8 açık veren kamu kesimi dengesinin 2000 yılında +%3,7 oranına getirilmesi hesap edilmiştir[430].

Program ile TL'den sıfır atılması önerisi tekrar gündeme gelmiştir. Program sonucunda ulaşılması hedeflenen tek haneli enflasyon rakamına (kalıcı bir enflasyon rakamına) ulaşıldıktan sonra paradan sıfır atmak etkin olabilecektir. İç ve dış talep kaynaklı yeni yatırımlardan gücünü alan, verimlilik artışı ile desteklenen, üretime dayalı büyüme ile fiyat artışlarında meydana gelen kalıcı düşüş sonrası paradan sıfır atılması daha uygun olacaktır. Brezilya, Bolivya, Meksika gibi ülkeler paralarından sıfır atmalarına rağmen uygun şartları yerine getiremedikleri için başarılı olamamıştır. İsrail'in enflasyonu düşürdükten sonra parasından sıfır atması kalıcı çözüm sağlamıştır[431].

Programın başarısı için maliye politikası ile ilgili bazı düzenlemeler yapılmıştır. Buna göre; özel iletişim, ek gelir ve kurumlar, özel işlem ve faiz vergisi uygulaması getirilmiş, temel gıda maddeleri dışındaki KDV oranları 2 puan artırılmış, bazı vergiler üzerinden yapılan stopajlar artırılmış, devlet iç borçlanma senetlerinin değerleme yöntemi değiştirilmiş, peşin vergilerin üçer aylık dönemlerle ödenmesine ilişkin bakanlar kurulu kararı çıkmış, 2000 yılı bütçesinin faiz, personel ve sosyal güvenlik transferleri dışındaki ödeneklerinin %2'si bloke edilmiştir[432].

---

[430] Nazim Kadri Ekinci, "İstikrar Programı ve Türkiye Ekonomisin Geleceği", **İktisat İşletme ve Finans**, Yıl: 15, No:169, Nisan 2000, s.10.

[431] İbrahim Kıbrıslı, "Türk lirasından Sıfır Atmaya Az Kaldı", **İntermedya Macro Economy**, No:67, Mayıs-Haziran 2000, s.38-39.

[432] **DPT,** Makroekonomik Program (2000-2002) ve Beş Aylık Uygulama Sonuçları Sunuş Notu, 27 Haziran 2000, s.34, <www.dpt.gov.tr/esk/2000/sunus2.ppt> s.34. (Ağustos 2000)

Kamu şeffaflığının artırılabilmesi amacıyla yılın ilk altı ayında 25 adet bütçe içi, 2 adet bütçe içi fon tasfiye edilmiş ve Ağustos sonuna kadar 20 adet fonun tasfiyesi gündemdedir. 2001 yılı Şubat ayına kadar işlevlerine devam eden 6 adet bütçe dışı fonun kalması kararlaştırılmıştır. Yıl sonu itibariyle ulaşılan sonuçlar hedeflerin gerisindedir. Programın en somut etkisi faiz oranları üzerinde ortaya çıkmış ve 1999 yılı boyunca %100'ün üzerinde seyreden devlet iç borçlanma senetleri faiz oranı 2000 yılı Ocak-Haziran döneminde ortalama %39'a düşmüştür. İç borçlanma ihalelerinde vade 499 gün olmuştur. Faiz oranlarındaki düşüşle birlikte uluslararası piyasalardan borçlanma koşullarında iyileşmeler olmuş, dış borçlanmanın kamu borçlanması içerisindeki payı 1999 yılında %5 iken, 2000 ilk üç ayında %17 oranına yükselmiştir[433]. Bu dönem içerisinde dış borçlanma olanaklarındaki iyileşme ile hazine net geri ödeyici olmuş ve piyasalar üzerine baskısı hafiflemiştir.

2000 yılı ilk altı ayında memur maaşları %15 oranında artırılmıştır. Tüketici fiyatlarının %17,1 oranında artması ile memur maaşlarına %4,1 oranında ek zam yapılmıştır. Asgari ücret yılın ilk altı ayında %17,3, ikinci altı ayında %8,2 oranında artırılmıştır. Kira artışları 2000 yılı için %25, 2001 yılı için %10 olarak sınırlandırılmıştır. Memur maaşları 2000 yılı için kümülatif %35 oranında artarken, işçi ücretleri artışının %57,5 olması işçi-memur arasındaki ücret dengesizliğini artırmıştır.

Devlet bankalarınca sağlanılan kredi sübvansiyonlarının kaldırılması tarım kesiminde yapılan en önemli değişikliklerden birisidir. Sübvansiyonların kaldırılmış olmasının etkileri, makroekonomik koşullardaki iyileşmenin yol açtığı faiz oranlarındaki düşüş ile

---

[433] Hazine Müsteşarlığı, **Enflasyonla Mücadele Programı Politika Metinleri** (Niyet Mektupları ve Ekonomik Kararlara ilişkin Mevzuat), Cilt II. Temmuz 2000.ss.4-5.

hafifletilmiştir. Destekleme fiyatlarının hedeflenen enflasyon oranlarına göre belirlenmesi kararlaştırılmıştır. Doğrudan gelir desteği sistemine geçiş amacıyla pilot bölge uygulamasına başlanılmıştır. Tarım Kredi Kooperatifleri özerklik yasası çıkmış, sosyal güvenlik kuruluşlarının yeniden yapılandırılması ve bireysel emekliliğe ilişkin yasa tasarısı meclise sunulmuştur. 2000 yılı içerisinde TEKEL'i reforme etmek ve tütün destekleme fiyat mekanizmalarını kaldırmak için üç yeni kanun çıkarılacaktır. Bu kanunlar ile TEKEL'in destek alımı yapan biriminin diğer ticari faaliyet gösteren birimlerinden ayrılarak, tütün satışının müzayede usulü ile yapılması, ikinci kanun ile alkollü içki üretimindeki tekelin kaldırılarak özel sektörün piyasaya girmesinin sağlanması, üçüncü kanun ile TEKEL'in içki, tuz ve tütün ürünleri üretim tesisleri özelleştirilmesi amaçlanmaktadır[434].

Globalleşme, sermaye hareketlerinin serbestleşmesi, hızlı teknolojik gelişmeler ile oluşan belirsizlik, mali sistemdeki risk çeşitliliğinin artması, uluslararası piyasalara bağımlılık, piyasa etkileşiminin artması ve hızlı haberleşme olanakları bankalar üzerinde etkili olmuştur. Bu etki bankaları farklı bir strateji ve yönetim anlayışına itecektir ve Türkiye'de bankacılık sektöründe yapısal reform beklenmektedir. Program uygulaması ile bankalar, kamu borçlanması yoluyla sağladıkları faaliyet dışı kar zenginliği ortamından bir anda uzaklaşarak riske dayalı gerçek bankacılık ortamı içerisine girmişlerdir. Ortam değişikliğine uyum sağlamak amacıyla yeni bankalar kanunu, karşılık kararnamesi, sermaye yeterliliği, döviz pozisyon yeterliliği gibi alanlarda uluslararası standartlara ulaşılması gerekmektedir. Kamu bankalarının organizasyon ve büyüklük açısından kısa dönemde özelleştirmeye uygun bir hale getirilmesi gerekmektedir.

---

[434] Hazine Müsteşarlığı, **Enflasyonla Mücadele Programı Politika Metinleri (Niyet Mektupları ve Ekonomik Kararlara ilişkin Mevzuat)**, Cilt II. Temmuz 2000.s.8.

Bankaların faaliyet dışı karlarının azalması bankaların kar marjlarını düşürecek ve öz kaynak yaratma olanaklarını azaltacaktır. Bankaların taze fon gereksiniminin artması ile servis hizmetleri gelirine ağırlık verilecek, bilanço dışı hizmet kalemlerinden alınan ücret ve komisyonlar artırılacak, bireysel bankacılığa ağırlık verilmesiyle tüketim kredileri artacak, yeni kredi akımları oluşturulacaktır. Özellikle 1980 sonrası yaşanan krizlerin büyük bir kısmının bankacılık sektöründe başlaması, krizlerin yayılmasında bankaların iletkenlik görevi yapmaları nedeniyle bankacılık düzenlemelerinin önemi artmaktadır[435].

Tarım kesiminde sübvansiyonların azaltılması Türkiye'de kişi başına gelir ortalamasının 1/3'üne ve nüfusun %40'ına sahip olan tarım kesimini etkileyecektir. Sübvansiyonların üretim ile ilişkilendirilerek verilmesi durumunda üretim ve gelir artışına yol açacağı beklenmektedir[436].

Yapısal reformların gerçekleştirilebilmesi amacıyla Dünya Bankası ile 760 milyon dolarlık "Ekonomik Reform Kredisi" (ERL) anlaşması yapılmıştır. Kredi Bankacılık Düzenleme ve Denetleme Kurulu'nun oluşturulabilmesi için 780 milyon dolara yükseltilmiş ve 20 milyon doların kurul için kullanılması öngörülmüştür. Dünya Bankası tarafından Halk Bankasının KOBİ bankası olarak hizmet vermesi gerektiği, tarım kesiminde son 10 yıldır hiçbir verimlilik artışı olmadığı, bu alana yapılan yatırımların boşa gittiği vurgulanmıştır. Ayrıca BOTAŞ'ın tekel konumundan çıkarılması istenmektedir[437]. Elektrik üretiminde özel sektörün katılımına yönelik çalışmalar yapılmaktadır.

---

435 Ahmet Ertugrul, "İktisadi İstikrar Programı ve Bir Yapısal Düzenleme: Türk Bankacılık Sistemi Sorunlar Beklentiler", **İktisat İşletme ve Finans**, Yıl: 15, Sayı:70, Mayıs 2000, ss.7-17.

436 Uygur, s.25.

437 Ajay Chibber, 30 Ağustos 2000, <www.ntvmsnbc.com/news/27069.aspam=S1FP>

Kasım krizinden sonra merkez bankası para kurulu gibi davranmaktan vazgeçerek bankalara fon temin etmek suretiyle son başvuru mercii rolünü yerine getirmiştir. Programı Kasım krizine iten nedenler olarak, kamu açıklarının azaltılamaması, yurtiçi piyasalardan ve merkez bankasından kredi ihtiyacının asgari düzeye indirilememesi, bankaların yeterli likitideye sahip olmaması ve gerektiğinde TL'ye çevirebilecekleri döviz pozisyonlarına sahip olmaması, yüksek miktarda açık hesaplara sahip olmamasıdır. Yurt dışına sermaye çıkışlarının olduğu bir ortamda piyasalarda güvensizlik yaygınlaşarak doğrudan bir kriz havasına dönüşmektedir[438].

Döviz kurunu nominal çıpa olarak kullanan bir program, güçlü bir maliye politikası ile birlikte başarı şansı bulabilmektedir. 2000 yılı programında gerekli mali düzenlemelerin yapılamaması ve güçlü bir maliye politikası izlenememesi programı olumsuz etkilemiştir. Öngörülen yapısal düzenlemelerin yapılması ve düzenlemelerin çok aceleye getirilerek orta vadede sorunlara yol açmaması gerekmektedir. Düzenlemeler konusunda kısa süreli gecikmeler de olsa yapısal reformların kararlı bir şekilde yerine getirilmesi gerekmektedir[439].

III.TÜRKİYE'DEKİ PARA ARZI MEKANİZMASININ PARA KURULU SİSTEMİ PARA ARZI MEKANİZMASI BENZERLİK TESTİ

Türkiye'de para kurulu sistemi hakkında yapılan çalışmalar artmaktadır. Çolak-Togay 1995, Karasoy 1996, Gültekin-Yılmaz 1996, 1998, Çelebican 1998, Akyazı-Topal 1997, Yamak-Akyazı 1998, Aktan-Utkulu-Togay 1998 tarafından para kurulu sistemi hakkında teorik

---

[438] Yeldan, s.170.
[439] Celasun, s.23.

çalışmalar yapılmıştır. Bu çalışmalarda para kurulu genel hatları ile anlatılarak para kurulu uygulamasının enflasyona çözüm sunamayacağı vurgulanmıştır. Akyazı tarafından para kurulu sistemi hakkında 1999 yılında para kurulu sistemine yönelik çalışma; para stoku, enflasyon, döviz kuru, dış varlıkları arasında yapılan ekonometrik çalışma ile desteklenmiş ve para kurulu sisteminin Türkiye'de enflasyonu düşüremeyeceği sonucuna ulaşılmıştır.

Türkiye'de 1990 sonrası uygulamaya konulan para programlarının ne ölçüde para kurulu sistemine benzedikleri ve programlardan ne ölçüde başarı sağlandığı bir önceki kısımda ele alınmıştır. 1990 yılı para programında para kurulu sisteminde olduğu gibi kurala bağlı para politikası yürütülmeye, 1992 yılı para programında ise kamu finansmanı ve döviz kuru hedeflemesi yapılmaya çalışılmıştır. 1997 yılı para programı ile merkez bankasına yetki ve sorumluluk verilmeye, döviz kurunun beklenilen enflasyon doğrultusunda belirlenmesi amaçlanmıştır. 1997 yılı YTL projesi ile para arzının dolar karşılığında yapılması, iç borçların azaltılması, YTL ve TL projeleri ile yeni bir paranın piyasaya sürülmesi düşünülmüştür. 1998 yılı para programında ise rezerv para ve döviz kuru hedeflemesine, para arzının döviz karşılığında yapılmasına, merkez bankasının yetki ve sorumluluklarının artırılmasına çalışılmıştır. 2000 Yılı Enflasyonu Düşürme Programı ile kur, para hedeflemesi, para arzının döviz karşılığında yapılması, ekonomideki yapısal sorunların giderilmesi, merkez bankasının yetki ve sorumluluğunun artırılması, kamu otoritesi kararlılığının gösterilmesi, ekonomik uygulamalarda şeffaflığın sergilenebilmesi ve kamuoyunun güveninin sağlanılmasına çalışılmıştır.

Para kurulu sistemine benzeyen bu uygulamalarla para arzının döviz karşılığında yapılmasına çalışılmıştır. Para kurulu sisteminde para arzı döviz karşılığında yapılması koşulu çerçevesinde Türkiye'de dış ticaret dengesinin, kamu mevduatlarının, döviz tevdiatları hesaplarının, zorunlu karşılıkların, interbank piyasası işlemlerinin para arzını ne ölçüde belirlediği konusunda ekonometrik bir çalışma yapılması amaçlanmıştır. Bu ekonometrik ilişkiyi incelemeden önce Türkiye'de para arzı oluşum mekanizmasına değinilmektedir.

Türkiye'de para arzı şu şekilde ifade edilebilmektedir.[440].

Rezerv Para=Emisyon+Zorunlu Karşılıklar+Serbest Mevduat+Fon Hesabı+ Banka Dışı Kesim Mevduatı

Fon hesabı ve banka dışı kesim mevduatının çok düşük düzeyde olması nedeniyle rezerv para üzerinde etkin olmadığı sonucuna ulaşılabilir.

Parasal taban= Rezerv Para+Açık Piyasa İşlemleri

Merkez Bankası Parası=Parasal Taban+Kamu Mevduatı

Çoğaltan denklemleri ise şu şekilde sıralanabilir.

Mevduat Çoğaltanı; $DD=(1/rd)R$

$$kd= \Delta DD/\Delta R$$

$$kd=1/r$$

DD; Vadesiz mevduat, R; Rezerv toplamı, rd; nakit/mevduat oranı, r; zorunlu karşılık oranı, Mevduat çoğaltanı mekanizmasının geçerli olması için tek mevduat türünün DD olması, zorunlu karşılıkların bankadan bankaya değişmemesi, bankaların atıl rezerv tutmaması, banka sisteminden sızıntı olmaması gerekmektedir.

Kredi Çoğaltanı; $K_L= \Delta L/\Delta R$

---

[440] Nur Keyder, **Para Teori-Politaka-Uygulama**, Bizim Büro Yayınları, 5. Baskı, Ankara 1996, ss.199-212

$KL=(kd-1)\quad L$; Kredi

Atıl Rezerv Çoğaltanı; $\Delta R=\Delta RR+\Delta ER$

$$\Delta RR=rd\Delta DD$$

$$ER= e\Delta DD$$

ER; Atıl rezerv, RR; Zorunlu Karşılık

Atıl rezervi içeren mevduat çoğaltanı, $kd^{I}=1/(rd+e)$ ve buradan $\Delta DD=kd^{I}\Delta R$ (mevduat artışı) sonucu çıkmaktadır.

Nakit mevduat oranı $c=C/DD$ ile mevduat çoğaltanın $kd^{II}=1/(rd+e+c)$ olmaktadır.

Vadeli/vadesiz mevduat oranı $t^{I}=TD/DD$ nin mevduat çoğaltanına katılması ile $kd^{II}=1/(rd+r_T t^{I}+e+c)$ olur.

Kısaca parasal taban;

$H=R+C=RR+ER+C$ şeklinde ifade edilebilir.

R; Karşılıklar, C; dolaşımdaki para, RR; zorunlu karşılıklar, ER, atıl rezerv

Türkiye'de resmi mevduatların büyük oranda halktan alınan paralardan oluşmasının, para arzını daraltıcı bir etki yapması nedeniyle para arzı tanımlarına katılması gerekmektedir. Bu nedenle, M1 için para arzı çoğaltanına vadeli ve vadesiz mevduatları da kattığımız zaman,

$$M1=C+D$$

$$k_1=M1/H$$

$$=(C+D-Dg)/(CtR)$$

$$=(C+D-Dg)/(C+rdD+r_T t'D+ER)$$

$=(c+1-g)/(c+rd+r_T t'+e)$ sonucu ortaya çıkmaktadır.

Dg; vadesiz resmi mevduat, D; Toplam Mevduat, e; vadeli/vadesiz mevduat oranı, g; Dg/D

Vadeli mevduatları da içeren M2 açısından çoğaltan katsayını incelersek;

k_2=M2/H

= (C+D-Dg+TD)/(C+R)

= (C+D-Dg+TD)/(c+rdD+r_Tt'D+ER)

= (c+1-g+t')/(c+rd+r_Tt'+eR) sonucu ortaya çıkmaktadır.

Yukarıda açıklanan Türkiye'deki para arzı mekanizması çerçevesinde, rezerv para ile dış ticaret dengesi, kamu mevduatları ve döviz tevdiat hesapları (göreli olarak para ikamesi) arasındaki ilişki irdelenmektedir. Zorunlu karşılıklar ve interbank işlemleri verilerinin kullanım açısından modele uymaması nedeniyle kullanılamamıştır.

1.MODELİN OLUŞTURULMASI

Modelde kullanılacak değişkenler sırası ile, RP=rezerv parayı, DTD=dış ticaret dengesini, KM=kamu mevduatlarını ve DTH=döviz tevdiat hesaplarının logaritmik değerlerini göstermektedir. Türkiye'de dış ticaret dengesinin sürekli eksi bakiye vermesinden dolayı DTD değerleri (-1) ile çarpılmaktadır. Analizlerde VAR vector auotoregression modeli kullanılmaktadır. Mevsimsel etkilerin en aza indirilmesi amacıyla en uygun olan k= 4 gecikme için VAR(4) seçilmiştir. Bu değişkenlerin analize tabi tutulabilmesi için mevsimsel düzeltmelerin yapılması amacıyla birimim kök testinin ve nedensellik ilişkilerinin bulunması gerekmektedir. Yapılan bu ön testlerden sonra cointegre edici vektörlerin olup-olmadığı test edilerek uzun dönem ilişkisi incelenmektedir.

Modelde her bir değişken için Merkez Bankasının 1990-Temmuz 2000 dönemini kapsayan aylık ortalama verilerinden oluşan yaklaşık 120'şer data kullanılmıştır. Bütün verilerin mevsimsel düzeltmeye tabi tutulmamış hali grafik 2'de görülmektedir.

Grafik 2'de rezerv para, dış ticaret dengesi, kamu mevduatları ve döviz tevdiat hesaplarının 1990-Temmuz 2000 dönemi seyri görülmektedir. Rezerv para ve döviz tevdiat hesaplarının (TL bazında) sürekli bir artış eğiliminde olduğu, dış ticaret dengesinin 1994 yılı sonunda sıfıra yaklaşarak büyük bir dalgalanma gösterdiği, kamu mevduatlarının sürekli bir artış eğilimine rağmen dalgalı bir seyir izlediği görülmektedir. Değişkenlerin analize tabi tutulabilmesi için mevsimsel düzeltmelerin (Durağanlığın) test edilmesi gerekmektedir.

Grafik.2. RP, DTD, KM ve DTH Serileri

1.1.Birim Kök Testi (Unit Root)

Kullanılacak değişkenlerin cointegration analizine tabi tutulabilmesi için değişkenlerin mevsimsel olarak düzeltilip düzeltilemediği birim kök testi ile yapılmaktadır. Engle–Granger metodolojisine göre, y_t ve x_t gibi iki değişkenin olduğunu ve bu değişkenlerin birinci mertebe cointegre C(1,1)olup olmadığını göstermek için birim kök testi önerilmektedir. Burada I(1) şeklindeki iki değişkenin CI(1,1) mertebesinde cointegre olup olmadığı test edilmektedir. Değişkenler kendi mertebeleri için ön teste tabi tutulmaktadır. Cointegration yapılabilmesi için değişkenlerin aynı mertebede cointegre olmaları zorunludur. Bunun için birim kök testlerine başvurulmaktadır. Değişkenler farklı mertebede bütünselleşmişlerse cointegration uygulanamaz. y_t ve x_t I(1) ise, uzun dönem tahminine gidilmesi gerekmektedir[441].

Durağan olmayan serilerin birinci diferansiyeli alındığında durağan serilere dönüşüyorsa, yani I(1) şeklinde seriler olarak ortaya çıkıyorlarsa seriler arasında cointegration analizi C(1.1) yapılabilir demektir. Serilerin durağan olup olmadığını belirlemek için Augmented Dickey-Fuller ADF ve Phillips-Perron PP unit root testine başvurulabilir. Bu çalışmada sadece ADF testi yapılmıştır. Dickey ve Fuller'in katsayılar üzerinde eş hipotezleri test etmek için üç F istatistiği geliştirdikleri trend içeren denklem aşağıdaki şekildedir[442],

$\Delta y_t = m_0 + \gamma y_{t-1} + m_0 t + \sum_{i=2}^{p} \beta_i \Delta y_{y-i+1} + u_t$ Burada M; parametreleri, Y; zaman sürecini göstermektedir.

Test sonuçlarına bakıldığında bütün serilerin birinci mertebe entegre I(1) oldukları görülmektedir. k gecikme değerine göre, normal ve birinci diferansiyeli alınmış serilerin MacKinnon kritik değerlerine göre ADF test

[441] Engle RF , Granger CWJ (1987)Cointegration and Error –Correction:Representation, Estimation and Tasting. Econometrica 55,2: 251-276

[442] Dikey D,w.A.Fuller (1981) Likelihood Ratio Statistics for Autoregressive Time Series with a Unit Root, **Econometrica** 49: 1057-72.

sonuçları tablo.46'da verilmektedir. Bu test sonuçlarına göre bütün serilerin birinci derece entegre I(1) olduğu gözlenmektedir.

Tablo.46.ADF Testi Sonuçları

ADF Test(k=4)		
veriables	levels(normal)	birinci diferansiyel
RP	-2.882	-6.233
DTD	-3.365	-6.208
KM	-2.466	-5.554
DTH	-3.362	-4.255

Birim kök analizi için MacKinnon kritik değerlerine göre, %1 anlamlılık düzeyinde kritik değer –4,036'dır. Bu kritik değerin normal değerlerden daha küçük olması nedeniyle durağan değildir. Fakat, birinci diferansiyel değerler –4,036'dan daha küçük olması nedeniyle kabul edilebilir olan sınırların dışındadır ve durağan hale gelmiştir. Yüzde 5 anlamlılık düzeyinde kritik değer –3,447 normal değerlerden küçük ve durağan değil, birinci diferansiyel değerlerinden daha büyük ve durağandır. Yüzde 10 anlamlılık düzeyinde kritik değer –3,148 normal değerlerden ikisinden büyük olması nedeniyle rem edilmektedir. Bu sonuçlara göre; test, %1 ve %5 düzeyinde anlamlılık ifade etmektedir.

1.2.Granger Nedensellik Testi

k=4 gecikme değeri VAR (4)modelini oluşturan değişkenlerin aralarında bir nedensellik ilişkisini test etmek için granger nedensellik testi yapılmıştır. Test sonuçlarına göre, DTD'nin rezerv parayı etkilememesi (probability % olarak ifade edilmektedir.) %12, tersi olan etkileme ihtimali %88 olarak çıkmaktadır. Benzer biçimde RP ile DTH arasında %100 nedensellik olduğu, DTH ile RP arasında, DTH ile DTD arasında ve DTH ile KM arasında güçlü bir nedensellik ilişkisi ortaya çıkmaktadır.

Tablo.47.Granger Nedensellik İlişkisi Sonuçları

Null Hypothesis:	Gözlem Sayısı	F-Statistic	Probability
RP does not Granger Cause DTD	119	1.85539	0.12342
KM does not Granger Cause RP	122	0.28027	0.89023
RP does not Granger Cause KM	122	2.63683	0.03763
DTH does not Granger Cause RP	122	4.93318	0.00106
RP does not Granger Cause DTH	122	1.66868	0.16217
KM does not Granger Cause DTD	119	0.71052	0.58644
DTD does not Granger Cause KM	119	0.10984	0.97886
DTH does not Granger Cause DTD	119	20.3078	1.5E-12
DTD does not Granger Cause DTH	119	1.36921	0.24929
DTH does not Granger Cause KM	122	2.40736	0.05354
KM does not Granger Cause DTH	122	0.39336	0.81304

Serileri durağan hale getiren birim kök analizi ve granger nedensellik testinden sonra hata düzeltme işlemine ve cointegration analizine geçilmektedir.

1.3. Error Correction Model (Hata Düzeltme Modeli) ve Cointegration Analizi

Cointegration analizinde Johansen [443] ve Johansen ve Juselius'un[444] geliştirdikleri yöntem kullanılmaktadır. Durağan olmayan para talebe değişkenleri I(1) olduğu ADF testinde görülmektedir. Seriler çoklu denklem sistemi kullanılarak I(0)'a dönüştürülebilir. Bir lineer doğrusal model için k gecikmeye sahip n sayıda durağan olmayan X_t değişkeni, D_t deterministik değişken ile durağan hale dönüştürülen VAR modeli aşağıdaki şekilde ifade edilebilir;

$$\Delta X_t = \Pi X_{t-1} + \sum_{i=1}^{k-1} \Gamma_i \Delta X_{t-1} + \Phi D_t + \varepsilon_t$$ Xt; Durağan olmayan değişkenler, Dt; deterministik değişkenlerdir.

[443] S. Johansen, **Likelihood –Based Inference in Cointegrated Vector Autoregressive Models**. Oxford University Press, New York 1995, ss.92-93.

[444] S. Johansen, K. Juselius, **Maximum Likelihood Estimation and Inference on Cointegration with Application to the Demand for Money,** Oxford Bulletin of Economics and Statistics 52, 1990, ss.169-206.

Deterministik değişkeni sabit bir lineer ifade, seasonal dummies (yapay değişkenler), ilave değişkenler ve diğer stokastik olmayan regresörler (bağımsız değişkenler) içerebilir. nxn boyutlu (bağımsız değişkenler) ε_t, şok değişkeni iid$N_p(0,\Omega)$ şeklindedir. H(r), α ve β nxr boyutlu matris olmak üzere $\Pi = \alpha\beta'$ indirgenmiş rank(reduced rank) şartı altında VAR modelinin bir alt modeli aşağıdaki şekilde ifade edilebilir.

$$\Delta X_t = \alpha\beta' X_{t-1} + \sum_{i=1}^{k-1} \Gamma_i \Delta X_{t-1} + \Phi D_t + \varepsilon_t$$

Elde edilen bu model reduced form error-correction model olarak bilinmektedir. Bu model ile değişkenler arasındaki ilişkiyi çözebilmemiz amacıyla matriks sistemine çevirmemiz ve matriksin rank (satır ve sütün) sayısını bulmamız gerekmektedir.

Son denklemde Π matrisinin rankı, bağımsız cointegre edici olmuş (cointegreted) vektörlerin sayısına eşittir. Matrikste rank(Π)=0 ise, son denklemdeki Π matrisi sıfır olmaktadır. Denklemin birinci mertebe diferansiyelli VAR modeli olmaktadır. Rank(Π)=n olması durumunda vektör süreci durağan hale gelmektedir. Eğer rank(Π)=1 ise cointegre edici vektör sayısı bire eşit demektir. Denklemdeki son ifade $\alpha\beta X_{t-1}$ hata-düzeltme faktörüne eşittir. Sonuç olarak rankın 1<rank(Π)<n arasında olması birçok cointegre edici vektör bulunduğunu göstermektedir.

Farklı cointegre edici vektörlerin sayısı Π matrisinin karakteristik köklerinin yeterliliğinin sınanması ile elde edilebilmektedir. Matrisin rankı, sıfırdan farklı karekteristik köklerin sayısına eşittir. Simultaneous equations denklemler için maximum likelihood estimator yöntemi kullanılarak λ eigenvalues (karakteristik kök) değerleri

$|\lambda S_{11} - S_{10} S^{-1}_{00} S_{01}| = 0$ şeklinde sıralanmaktadır.

Denklemin çözümü ile Π matrisinin n karakteristik kökün r largest eigenvalues $1>\lambda_1>\lambda_2>......\lambda_r>....\lambda_n<0$ şeklinde sıralanması gerekmektedir. X_t'deki değişkenler cointegre olmamışlarsa Π matrisinin rankı sıfıra eşit olacak ve bütün eigenvelues sıfır olacaktır. Ln(1) değeri sıfır olduğundan, $\ln(1-\lambda_i)$ değeri de doğrudan sıfıra eşit olacaktır. Eğer matrisin rankı bir ve $0<\lambda_i<1$ arasında değişiyor ise, $\ln(1-\lambda_i)$ nin değeri negatif olurken diğer bütün eigenvelues sıfır olacaktır. Eigenvelues sayısını test etmek için aşağıdaki λ_{trace} ve λ_{mak} istatistikleri kullanılmaktadır.

$$\lambda_{trace}(r) = -T\sum_{i=r+1}^{n}\ln(1-\hat{\lambda}_i)$$

$$\lambda_{mak}(r,r+1) = -T\ln(1-\hat{\lambda}_{r+1})$$

Denklemlerde λ_i; tahmin edilen eigenveluesu ifade etmektedir. T ise kullanılabilir gözlem sayısıdır. Rank sayısının bulunması ve cointegration analizine geçilmesi gerekmektedir.

1.3.1.Cointegration Testi

Johansen tarafından geliştirilen rank belirleme yöntemi olarak H(0)'dan H(n)'e kadar kıyaslama modelleri oluşturulacaktır. Bu kıyaslama modelleri örneğin, H(0), H(n)'e karşı test edilmektedir. H(0) reddedildiğinde H(1), H(n) hipotezine karşı test edilmektedir. Sonuçta kabul edilen H(r) hipotezinde rank sayısı belirlenmektedir. Modelin rankı belirlendikten sonra birbirine en yakın olan Johansen yöntemine göre peş peşe gelen modeller birbirine karşı test edilir. PcGive9.30 software kullanılarak elde edilen en uygun model Johansen yöntemine göre bir sonraki modele göre test edilerek en uygun olanı seçilmiştir. Bu yönteme göre[445]; büyüklük sıralaması yapılan kıyaslama modelleri oluşturulmaktadır.

---

[445] Johansen, s.93.

$H_{lc}(0) \subset ...... \subset H_{lc}(r) \subset ...... \subset H_{lc}(n)$

U U II

$H_c(0) \subset ...... \subset H_c(r) \subset ...... \subset H_c(n)$

$H_c(0), H_{lc}(0), H_c(1), H_{lc}(1) .... H_c(n-1). H_{lc}(n-1).$

Bu kıyaslama modelleri ile sınırlandırılmamış alternatifler şeklinde hipotez testine başvurulur. Bir hipotez kabul edilene kadar bu yönteme devam ettirilir.

Rezerv para denklemi ile ilgili unrestricted cointegration analizi sonuçları Tablo.48'de verilmiştir. k=4 gecikme için elde edile sonuçlara göre λ_{max} ve λ_{trace} eigenvelues istatistiklerine göre cointegration rank sayısı tespit edilmiştir. λ_{max} ve λ_{trace} test sonuçlarına göre bulunan değerler %95 anlamlalık düzeyinde kritik değerlerden λ_{trace} istatistiğinde daha büyüktür. Bu büyüklük örneğin r=0 da λ_{trace} 96,51 değeri %10 oranından daha fazla 53,1 değerinden büyüktür ve ** işareti kullanılmaktadır. * işaretinin çokluğu cointegre edici vektör sayısını artırmaktadır. λ_{trace} istatistiğinde r=0, r≤1, r≤2 değerlerindeki ** işareti ile rank sayısı 3 olarak bulunmaktadır.

Tablo.48.Unrestricted Cointegration Testi Sonuçları

Eigenvelues	0.3150	0.1929	0.1474	0.0570
Hypotheses	r=0	r≤1	r≤2	r≤3
λ_{max}	45.03**	25.51*	18.98*	6.99
%95				
critical velue	28.1	22	15.7	9.2
λ_{TRACE}	96.51**	51.48**	25.97**	6.99
%95				
critical value	53.1	34.9	20	9.2

Sınırlandırılmamış modelinin seçimini Johansen yöntemine göre test ederek doğru seçilip seçilmediğini aşağıdaki şekilde gösterilebilir. Seçilen model $H_c(r)$ şeklindedir. Bu model bir önceki modele göre $H_{Lc}(r)$ sınanabilir.

Buna göre kıyaslama modellerinde ulaşılan değerler ile λ_{trace} ve λ_{max} değerlerinin karşılaştırılması gerekmektedir.

Hypotheses	r=0	r≤1	r≤2	r≤3
$H_C(R)$	96.51**	51.48**	25.97**	6.99
$H_{LC}(R)$	60.04**	30.45	10.8	1.85

Karşılaştırmada 96.51**,60.04**,51.48**, 30.45* şeklinde devam ettiğinde $H_{lc}(r)$ reddedilir ve $H_c(r)$ hipotezi kabul edilir. Kabul edilen model için Scwarz Hannan–Quin ve Akaike Information Criteria (SB,AIC, HQ) değerleri sırasıyla -14.342 -15.341 -16.024 olarak elde edilmiştir. Bu değerlerin düşüklüğü modelimizdeki anlamlılık düzeyini artırmaktadır. Aşağıdaki tabloda rank=3 için α, normalleştirilmiş β ve SE(α) değerleri verilmektedir.

Tablo.49'a göre, RP ile DTD arasında kuvvetli (0,18664) ve diğerleri arasında normal düzeyde bir ilişki vardır. Bu ilişkiyi kuvvetlendirmek için sınırlandırılmış cointegration analizi yapılmaktadır.

Tablo.49. Unrestricted Cointegration Analysis α,β,SE(α) Values

RP	**DTD**	**KME**	**DTH**	**Constant**
		β'		
1.0000	0.18664	-0.073804	-0.81305	-4.5048
10.994	1.0000	-1.4505	-7.7428	-38.591
-34.554	6.6926	1.0000	26.280	72.479
		α		
RP	-0.039142	-0.0019107	0.0024989	
DTD	-0.39725	-0.10705	-0.037648	
KM	0.0025752	0.047191	-0.0040357	
DTH	-0.049798	0.012586	-0.0013023	
		Standard errors of α		
RP	0.0094662	0.0026676	0.00076246	
DTD	0.15561	0.043850	0.012533	
KM	0.095499	0.026911	0.0076920	
DTH	0.012670	0.0035704	0.0010205	

1.3.2.Restricted Cointegration Testi

Sınırlandırılmış cointegration analizi için cointegre vektörlerden birinci ve ikinci vektörlerde rezerv para bir olarak, ikinci vektörde para kurulunun işlevini tanımlayacak şekilde rezerv para ile ödemeler dengesi açığı arasındaki ilişkiyi göstermek açısından diğer değişkenler sıfır olarak belirlenmiş, üçüncü vektörde ise sadece rezerv para sıfır olarak kabul edilmiştir. Uzun dönem weak exogeneity (zayıf dışsallık) için feedbacks ikinci vektörün birinci değişkeni ile üçüncü vektörün birinci ve üçüncü değişkenleri sıfır olarak kabul edilmiştir. Sınırlandırmanın yapılabilmesi için X^2 testi sonuçlarına bakmamız gerekmektedir. X^2 test soncu: $X^2(2) = 1.3525$ [0.5085] şeklindedir. 0,5085 değerinin büyüklüğü bize zayıf dışsallığı ve sınırlandırma yapabileceğimizi göstermektedir.

Tablo.50.Restricted Cointegration Analysis α,β,SE(α) Values

	RP	**DTD**	**KM**	**DTH**	**Constant**
			β'		
	1.0000	-0.036657	-0.087584	-0.74182	-3.0110
	1.0000	1.1296	0.00000	0.00000	0.00000
	0.00000	-0.27114	0.041946	-0.012935	1.2950
		α			
RP	-0.14232	0.00000	0.00000		
DTD	-0.34730	0.028554	1.7523		
KM	0.66234	0.0089977	0.00000		
DTH	0.13386	0.0050035	0.027175		
	Standard errors of α				
RP	0.027442	0.00000	0.00000		
DTD	0.64784	0.012218	0.35522		
KM	0.40496	0.0067420	0.00000		
DTH	0.053461	0.0010252	0.030324		

Equilibrum –Correction Mechanizms (EqCM) aşağıdaki gibi ortaya çıkmaktadırlar. Elde edilen uzun dönem rezerv para denklemler unresticted(ur) ve restricted(r) modellerden elde edilen birinci cointegre vector uzun dönem rezerv para denklemini göstermektedir. Sınırlandırılmamış $C(1,1)_{UR}$ ve sınırlandırılmış $C(1,1)_R$ testi sonuçları,

$C(1,1)_{UR}$: RP =- 0.18664DTD + 0.073804KM + 0.81305DTH + 4.5048

$C(1,1)_{R}$:RP = 0.036657DTD +0.087584KM +0.74182DTH +3.0110

Şeklindedir. Rezerv para ile DTD, KM ve DTH arasında bir ilişkinin varlığı dikkat çekmektedir. Para kurulunun basit işlevini ifade eden rezerv para dış ticaret dengesinin uzun dönem ilişkisini gösteren denklem,

C(1,1): RP= -1.129DTD

seklinde olmaktadır. Denklemde rezerv paranın dış ticaret dengesi değişkeni elastikiyeti birden büyüktür. Değişkenin negatif olması bu değişkenin (-1) ile çarpılmasından kaynaklanmaktadır. Daha açık bir ifade ile rezerv para dış ticaret dengesi değişkeni ile doğru orantılıdır ve rezerv para artışı dış ticaret dengesi değişkeninden daha hızlıdır. Bunun nedeni olarak dövizin yalnızca dış ticaret yoluyla değil yabancı sermaye yatırımları, finans sektörü ortaklıkları, yabancı banka faaliyetleri, uluslararası kurumlardan yardım ve borçlanmalar, ülke yardımları gibi faktörlerle sağlanması gösterilebilir.

SONUÇ VE DEĞERLENDİRME

Paranın karşı konulamaz varlık nedeni mübadeleyi kolaylaştırıyor olmasıdır. Bu amaçla döneme göre, değerli (taş, deniz kabuğu, tütün, viski altın, gümüş vb.) varlıklardan oluşmuş ve değer saklama aracı olarak da işlev görmüştür. Zamanla, ilkel yaşamdan uzaklaşıldıkça para kullanımı yaygınlaşmış, paranın fonksiyonları da çeşitlenmiştir. Piyasada, çok sayıda birbirinden farklı paraların dolaşımda olması ve bu paraların değerlerinin değişmesi bir standart arayışını gündeme getirmiştir. Bu amaçla, 1609 yılında Hollanda'da ilk kamu bankası kurulmuştur. Coğrafi keşifler ve yeni maden yataklarının bulunması parayı bollaştırınca enflasyon ve enflasyonun denetimi kavramı ortaya çıkmıştır. 1609 yılında kurulan ilk kamu bankası hem yabancı para hem de yerel paraların ülkenin para standartlarına göre gerçek değerinden alım-satımını yapmıştır. Bu banka zamanla diğer ülkelerde de koruyucu bankaların kurulmasına öncülük etmiştir.

Bankaların para yaratma süreci madeni paranın taşıma güçlüğü nedeniyle 1719 yılında banknot uygulamasına geçilmesi ile ortaya çıkmıştır. Bu süreçte para arzının bollaşması enflasyon, ekonomik istikrarsızlık gibi sonuçlara yol açarak paranın kontrolü düşüncesini ortaya çıkarmıştır. Parasal kontrole yönelik ilk reform hareketi 1694 yılında İngiltere Bankasının kurulmasıdır. O dönemde, hükümetin parasal ihtiyaçlarını karşılamaya çalışan İngiltere Bankası 1720-1780 döneminde İngiltere'de tüm kağıt paraların tek kaynağı olmuş ve bugünkü merkez bankacılığı gibi önemli bir konuma yükselmiştir.

Para ve paranın yönetimine yönelik tartışmalar 1811 yılında hız kazanmıştır. Tartışmalar paranın ekonomiyi nasıl etkilediği; paranın fiyatları ve üretimi mi yoksa üretimin mi para arzını etkilediği üzerine yoğunlaşmıştır. Bu tartışmalara paralel olarak para arzının devlet monopolünde olması gerektiği düşüncesi ortaya çıkmıştır. Bu döneme kadar uygulanmakta olan serbest bankacılık modeli ile her bankanın kendine özgü farklı değerlere sahip paraları ortaya çıkmıştır. İngiltere'de 1750'den 1810 yılına kadar sayıları 650'ye yükselen özel bankanın ürettiği paralar ile daha da çeşitlenen para, para arzı mekanizmasında karışıklıklara neden olmuştur. Bu karışıklığa önlem olarak Ricardo tarafından paranın devlet monopolünde üretilerek senyorajın tamamen devlete ait olması gerektiği düşüncesi ortaya atılmıştır.

İngiltere Bankası'nın 1844 yılında %100 altın rezervi karşılığında para basmasıyla merkez bankacılığı ve altın standardı sistemi başlamıştır. Aynı dönemde İngiltere, kolonilerdeki parasal işlemleri ve ticareti düzenleyebilmek amacıyla %100 sterlin karşılığında para arzını düzenlemeyi amaçlayan para kurulu sistemi düşüncesini ortaya çıkarmıştır. Sistem, ilk defa Mauritius'da uygulamaya konularak döviz rezervleri Londra'da tutulmuştur. 1849 yılında başlayan para kurulu serüveni kolonilerde hızlı bir biçimde artarak 1940'larda en yüksek uygulama sayısına ulaşmıştır.

I. Dünya Savaşı insanlara, altın standardının ne kadar narin bir yapıya sahip olduğunu göstermiştir. Savaş boyunca altın temini, üretimi ve akım güçlüğünün ortaya çıkması 1920 yılından sonra altın standardının terk edilmesine neden olmuştur. 1920'lerde ortaya çıkan Alman ve Avusturya hiperenflasyonları ve 1929 ekonomik bunalımı, ekonomistleri yeni parasal sistem, yeni para ve para politikası araçları araştırmaya yöneltmiştir. Bu dönem içerisinde yaşanılan parasal istikrarsızlıklar özellikle koloni ülkelerinde para kurulu sistemi uygulamasını artırmıştır.

Bankacılıkta dönüm noktalarından birisi olan Mevduat Sigorta Kurumu'nun 1933 yılında oluşturulması ile ABD'de batan banka sayısı 4004'ten 1934 yılında 62'ye, 1945 yılında da bire düşürülmüştür. İstikrar arayışları sonucunda 1944 yılında Bretton Woods Sistemi ile IMF ve Dünya Bankası kurulmuş, yeni bir parasal sistem olan altın standardının avantajları yeniden yakalanmaya çalışılmıştır. Bretton Woods sistemiyle ülkelerin paralarını önceden belirlenen sabit bir kur üzerinden altına ve birbirine çevrilmesi öngörülmüştür. Dış ticaret yoluyla ülke dışına altın çıkışının çok olduğu ülkelerin parasal açıklarının giderilebilmesi amaçlanmıştır. Ülke paralarının uluslararası geçerliliğinin bulunmaması durumunda mal satın alabilmek için altın ve döviz temin edilmesi gerekmiştir. Döviz ve altın temininin Ulusalararası Para Fonundan belirli kotalar dahilinde altın ve dolar borçlanılarak yapılması uygulamasına geçilmiş ve ülkenin borçlanmaya eşdeğer oranda kendi parasını fona yatırması kararlaştırılmıştır.

Üye ülkelerin borçlarının artışı, Uluslararası Para Fonuna düzenleyici bir güce sahip olma olanağı sağlamıştır. IMF, bu düzenleyici güç ile ülkelere bir takım istikrar tedbirleri tavsiyelerinde bulunarak yaptırımlar uygulamış hatta, fonun tutumu zamanla zorbalık olarak nitelendirilmiştir. Fonun gelişmekte olan ülkelere uygulamış olduğu yardım anlaşmalarından ülkenin yapısal sorunlarının yoğun olması nedeniyle iyi sonuçlar alınamamıştır. II. Dünya Savaşı sonrası özellikle Avrupa ülkelerine yönelik politikalarının daha yumuşak ve istikrar kazandırıcı olduğu ortaya çıkmıştır. IMF, kuruluşundan bu güne kadar geçen zaman içerisinde, günümüzdeki kadar ağır eleştiriler almamıştır. IMF'de eleştirilerle birlikte bir anlayış değişimi gözlenmekte, kriz sonrası müdahale eden bir kurum konumundan krizi haber verici, önlem paketleri sunucu bir kurum olma özelliğine doğru bir yöneliş gözlenmektedir.

Merkez Bankacılığı sistemi ile başlanılan parasal sistemi düzenleme arayışları para kurulu sistemi, serbest bankacılık sistemi (özel para sistemi), parasal anayasa önerisi, altın para standardına dönüş önerisi, tek dünya parası, Dünya Merkez Bankası, dolarizasyon gibi öneriler takip etmektedir.

Para arzının rezerv para karşılığında sabit bir kur üzerinden düzenlenmesini amaçlayan para kurulu sistemi tam konvertibilite, %100 karşılık oranı, sabit kur uygulamasını şart koşmaktadır. Merkez bankacılığı sisteminden sonra altın standardını takiben en fazla uygulama olanağı bulan para kurulu sistemi günümüzde ekonomik resesyonlar yaşayan (Endonezya, Türkiye, Rusya, Brezilya, Meksika) ve serbest piyasa ekonomisine geçmeyi amaçlayan ülkeler (Eski Doğu Bloku Ülkeleri) için IMF ve Dünya Bankası tarafından önerilmektedir. 1980'lerde uygulama sayısı 8'e düşen para kurulu sistemi günümüzde 14 ülkede uygulanmaktadır. Geçmiş ve günümüz para kurulu sistemi uygulamalarına yönelik çalışmalardan para kurulu sistemi uygulamasının enflasyon düşüşü, büyüme artışı, faiz düşüşlerinde olumlu gelişmeler sağlandığı görülmektedir. Bu olumlu gelişmeler sistemin güncelliğini korumasına yardım etmektedir.

Para kurulu sistemi uygulayan ülkelerde enflasyon ve faiz oranları parası çıpa olarak seçilen rezerv ülkedeki oranlara yaklaştığı, büyüme oranlarının yükseldiği, yapısal sorunların giderilemediği için Hong Kong dışında ihracattan beklenilen artışın gerçekleşmediği sonuçlarına ulaşılmaktadır. Hong Kong'da, özellikle ticarete konu olan mallardaki yüksek düzeyli verimlilik artışı ve iyi bir finansal yapıya sahip olmak para kurulu sistemine başarı sağlamıştır. Bulgaristan'da ise, yeterli yapısal düzenlemelerin yapılması ihracatın dışında başarı sağlanmasına yol açmıştır. Arjantin'de yapısal düzenlemelerin piyasanın oligopolistik yapısını bozamadığı için sistemden beklenilen başarı sağlanamamış ve dolarizasyona doğru bir yöneliş vardır. Para kurulu ülkesinde faiz oranlarının rezerv ülke faiz oranlarına yaklaşması, faiz ve para arbitrajını önlemektedir. Son dönemde hızlanan finansal yenilikler arbitraj kazançları elde edilmesini kolaylaştırmakta, sağlam bir finansal yapıya sahip olmayan ülkeleri finansal krizlere itmektedir. Para kurulu ülkelerinde böyle bir kriz ortamının çıkma olasılığının az olacağı düşünülmektedir.

Günümüzde merkez bankası görevlerinin ne olması gerektiği, varlığına gerek olup-olmadığı tartışmaları yapılmakta, özellikle gelişmekte olan ülkelerde merkez bankasının hükümetin baskı ve müdahalesi altında parasal disiplin sağlamaktan uzaklaşarak parasal istikrarsızlığa yol açtığı eleştirisi yapılmaktadır. Merkez bankacılığı ile para politikası araçlarının kullanımının arttığı, senyoraj sağlandığı, vatandaşların enflasyon vergisi ödemek zorunda kaldığı gözlenmektedir. Bu noktada merkez bankasının özerklik ve bağımsızlığının artırılmasıyla enflasyonu düşürme başarısının arttığı sonucuna varılmaktadır.

Devletin para üzerindeki monopol gücüne son verilmesi paranın rekabeti açılması düşüncesi önerisini içeren serbest bankacılık modelini yeniden gündeme getiren akımın öncüsü F.A. von Hayek'tir. 18. ve 19. yüzyılda Belçika, İskoçya, Bolivya, Fransa, Rodezya, Tayland'da uygulanmış olan bu sistemde merkez bankasının tamamen kaldırılarak, para arzının özel bankalara ve firmalara bırakılması önerilmektedir. Para arzının özel bankalar ve firmalara bırakılması, devletin para sistemini oluşturma ve para politikası uygulama yetkisini ortadan kaldırmakta, devletin yetkisi sadece gerekli parasal hukuku oluşturmakla sınırlandırılmaktadır. Bu sistemde tam rekabetin işlemesinin güçlükleri, özel bankaların devlet bankası ile rekabetinin güç olması, uygulama maliyetinin yüksek olması, son başvuru mercii fonksiyonunu kimin yerine getireceğinin belirsizliği, paraların kabulünün nasıl sağlanacağı, para sahteciliğinin yüksek olacağı ve uygulamaya yönelik testlerin bulunmaması sisteme olumsuz yaklaşılmasına neden olmaktadır.

Parasal disiplin ve parasal istikrar sağlamaya yönelik öneriler içerisinde en fazla kabul görenlerden birisi olan parasal anayasa önerisinin öncülüğünü James M.Buchanan yapmaktadır. Bu sistemde parasal büyüme kuralının anayasada belirtilerek parasal disiplinin ve parasal istikrarın sağlanabileceği savunulmaktadır. Para arzının her yıl sabit bir oranda artırılması, GSYİH veya GSMH deki artış ile ilişkilendirilmesi, belirli bir mal demetinin fiyat indeksi ile ilişkilendirilerek artırılması, konvertibilitenin denetimi ve para arzının yasama organının çoğunluk kararı ile artırılması önerilmektedir. Para arzı miktarına hukuki sınırlama getirmenin likidite sıkışıklığı içindeki bankaların likitide ihtiyacını karşılayamaması durumunda paniklerin oluşacağı, son başvuru merciinin işleyemez hale geleceği, demokratik olmadığı, ekonomik konjonktürlere uyum sağlama güçlüğü olacağı, para dışındaki ödeme araçlarının kontrolünün nasıl sağlanacağı, endeksleme yönteminde hangi fiyat endeksinin ve mal demetinin kullanılacağı eleştirilerine maruz kalmaktadır. Buna rağmen, günümüzde Avrupa Birliği ülkelerinin parasal birlik projesi parasal anayasa sistemine uygun düşmektedir.

Diğer bir öneri olan paranın belirli bir ağırlıkta bir yabancı para (dolar) ile tanımlanması ve para arzının altın karşılığında artırılmasını içeren Altın Para Sistemidir. Bu sistemde para yaratma sürecinin tamamen devletin kontrolü dışında olmasıyla parasal istikrarın sağlanacağı öngörülmektedir. Bu düşüncenin öncülüğünü Robert A. Mundell'in de aralarında bulunduğu Arz Yanlı İktisatçılar yapmaktadır. 1882-1914 ve 1925-1934 dönemini içeren klasik altın standardı ve 1944-1971 dönemini içeren altın-döviz standardına yönelik çalışmalarda olumlu sonuçlar elde edilmiştir. Bu olumlu sonuçlara rağmen, finansal yeniliklerin nasıl bir etki yapacağı, kaynak maliyetinin ne kadar olacağı bilinmemektedir. Paranın, altın karşılığı ihraç edilmesinden dolayı konjonktürü önleyici para ve kredi politikalarının uygulamasının mümkün olmayacağı, altın akım mekanizmasının sağlıklı bir biçimde işlemeyeceği eleştirisi yapılmaktadır. Altın üretim esnekliğinin düşük olması, artan dünya ticaret hacmine cevap verilemeyeceği kaygısını doğurmaktadır. Bu eleştiriler sistemin uygulama olasılığını azaltmaktadır.

Dünya Merkez Bankası kurulması önerisi Jan Tinbergen ve "Birleşmiş Milletler Kalkınma Kurumu" tarafından savunulmaktadır. Bu sisteme göre, IMF'nin yerine bir Dünya Merkez Bankası kurulması ve parasal istikrar sağlama görevinin bu kuruma verilmesi öngörülmektedir. Dünya Merkez Bankası ile birlikte "Dünya Hazine İdaresi"nin kurulması ile de likidite sıkıntısı içerisindeki ülkelere finansal kaynak kullandırılması amaçlanmıştır. Bu sistem devletlerüstü ve aynı zamanda devletlerarası işbirliğini içerecek bir "Dünya Hükümeti" modeli niteliğindedir. Dünya Hükümeti modeline göre, Gıda ve Tarım Örgütü'nün "Dünya Tarım Bakanlığı", Birleşmiş Milletler Sanayi Kalkınma Teşkilatı'nın "Dünya Sanayi Bakanlığı" ve Uluslararası Çalışma Örgütünün "Dünya Sosyal İşler Bakanlığı" haline getirilmesi önerilmektedir. Birleşmiş Milletler Kalkınma Kurulu, Dünya Merkez Bankasının global ekonomik faaliyetleri istikrara kavuşturacağını, mali kurumlar için son başvuru mercii rolü oynayacağını, düzenleyici kurallar oluşturacağını ve uluslararası likidite oluşturulabileceğini savunmaktadır. Parasal birlik oluşturulabilmesi için ülkelerin ekonomik sistemlerinin, gelişme düzeylerinin, ekonomik göstergelerinin birbirine yakın olması gerekliliği eleştirisine Avrupa ülkelerinin, Para Birliği Projesinde çektiği sıkıntıların örnek olarak gösterilmesi uygulama şansını azaltmaktadır. Dünyada, dolaşımda tek bir paranın geçerli olması, tüm dünya ülkelerinin katılımıyla parasal birlik oluşturulması ve Dünya Merkez Bankasının kurulmasını içeren tek dünya parası önerileri de yapılmaktadır.

Günümüzde dünyada hızla artan bir dolarizasyon olgusu yaşanmaktadır. Dolarizasyonun sermaye ithalini ve borçlanmayı kolaylaştırdığı, faiz, enflasyon oranlarını ABD düzeyine yaklaştırdığı, devalüasyon riskini azalttığı, ticareti geliştirebileceği ve hatta para kurulu sistemine geçişte kolaylık sağlayacağı belirtilmektedir. Panama ve Ekvator'un dolarizasyona geçmesi, Arjantin'in benzer bir düşünce taşıması yeni bir parasal sistem arayışı olarak nitelendirilebilir.

Yirminci yüzyıla kadar emisyon hacmini belirleme fonksiyonunu yerine getiren merkez bankası 1929 Ekonomik Buhranını takiben altın konvertibilitesinin kalkması ile hükümetlerin müdahalelerine maruz kalmıştır. Merkez bankacılığı sistemini politik baskılardan uzak tutmak amacıyla "Merkez Bankası Bağımsızlığı" ve "Merkez Bankası Özerkliği" tartışmaları gündeme gelmiştir. Bağımsızlık ile merkez bankasının ekonomi politikasının diğer karar birimlerinin etkilerinden yasal olarak korunması anlaşılmaktadır. Özerklik ile, ekonomik ve politik faktörlerin oluşturduğu bir ortamda belli bir kurumsal çerçevede spesifik bir alanda karar alma gücü olarak tanımlanmaktadır. Dünya genelinde 1950-60'larda merkez bankalarına yetki devrinin azaltıldığı, 1970'lerde ise stagflasyon yaşanması ile alternatif iktisat politikaları ve sistem arayışlarının arttığı gözlenmektedir. 1980'lerden itibaren parasallaşma ve para krizlerinin artması, bankacılık sektörünün krizlerde bir iletkenlik görevi yerine getirmesi, sabit kur sistemi ile uluslararası krizlere yakalanma olasılığını azaltabiliyor olması para kurulu sisteminin güncelleşmesine yardım etmiştir.

Döviz kuru sistemi seçimi makroekonomik politikaların etkinliğini ve piyasa serbestliğini etkileyen önemli bir karardır. Döviz kuru sistemi seçimini, fiyatlar ve ücretlerin esnekliği, sermaye hareketleri, para ve maliye politikalarının etkinliği ve esnekliği belirlemektedir. Bir çok gelişmekte olan ülke için esnek kur politikası izlemek maliyetli olabilmektedir. Para kurulu sisteminde sabit kur uygulama şartı küçük ülkeler için para kurulu uygulama olanağını ve avantajını artırmaktadır. Para kurulunun küçük ülkelerde daha kolay uygulamaya geçirilebileceği ve başarı şansının yüksek olacağı sonucuna ulaşılmaktadır.

Dünyada parasal alandaki gelişmeler Türkiye'yi de etkilemiştir. 1980 yılına kadar sürdürülen klasik merkez bankacılığı sistemi uygulamasının ardından artan finansal yenilikler, para politikası araçları kullanımının artmasına neden olmuş, yüksek düzeyli enflasyon, ülkenin ekonomi koşullarına göre değişen para politikası uygulamalarını gündeme getirmiştir. Dünyada 1970'lerde sabit kur uygulamasının azalmasıyla ortaya çıkan yeni bir hedef seçimi anlayışı "para hedeflemesi" uygulamasını gündeme getirmiştir. 1970'lerden 1980'lerin ortalarına kadar para hedeflemesini seçen para programları sonucunda para arzı ile enflasyon arasındaki ilişkide istenilen sonuçlar elde edilememesi, 1990'lardan itibaren "enflasyon hedeflemesi" uygulamasını gündeme getirmiştir.

Türkiye'de 1990 yılından itibaren uygulanmakta olan para programları enflasyonu kontrol altına almayı hedefleyen bir istikrar programı çerçevesinde hazırlanmış, parasal hedefler belirlenerek amaca ulaşılmaya çalışılmıştır. 1990 yılı para programı ile para arzının para kurulu sistemine benzer bir sistemle iç varlıklar sabit tutularak dış varlıklar karşılığında artırılması hedeflenmiş, sabit kur sistemi uygulanmamıştır. 1992 yılı para programında hedef değişikliği yapılarak kamu finansmanı gereksinimi hedeflemesi yapılmıştır. 1991 yılı Körfez Krizi, 1994 yılı Ekonomik Krizi ve politik istikrarsızlıklar, programdan istenilen sonuçların elde edilememesi ile birlikte merkez bankasının özerk bir yapıya kavuşturulması düşüncesini ortaya çıkarmıştır.

Türkiye'de Yeni Türk Lirası arayışları ve para kurulu sistemi tartışması 1994 Ekonomik Krizi sonrası IMF'nin Türk Lirasının Alman Markına bağlanması önerisi ile başlamıştır. 1997 yılında YTL oluşum tasarıları ve düşünceleri gündeme getirilmiştir. YTL'nin dolara karşı bire bir oranında sabitlenmesi, YTL'nin döviz karşılığında arz edilmesi, kamu ödemelerinin ve munzam karşılıkların YTL ile yapılması, TL'nin belirli bir zaman sürecinde tedavülden kaldırılmasını gündeme getirmiştir Yeni Lira uygulama düşüncesinde ise TL'nin hemen piyasadan kaldırılması öngörülmüştür. Bu iki düşünce paralel para kurulu sistemi olarak ifade edilebilirken, aynı dönemde hazırlanan enflasyonla mücadele programında para arzının döviz rezervi karşılığında yapılması, açık piyasa işlemlerinin sınırlandırılması, iç borçlanma yoluyla verilen kısa vadeli kredilerin sınırlandırılması yarı (melez) para kurulu sistemi olarak ifade edilmektedir.

Merkez Bankası uyguladığı 1997 yılı para programı ile enflasyon hedeflemesi yapmıştır. Bu hedefleme ile birlikte hazine-merkez bankası işbirliği ve parasal kontrolün merkez bankasına verilmesi, para otoritesinin bağımsızlığı düşüncesini ön plana çıkmıştır. Bu düşünce ile enflasyonla daha etkin bir mücadele sağlanması amaçlanmıştır. 1998 yılı para programına para çıpası uygulaması ile parasal büyüklük hedef seçilmiştir. Programda merkez bankasının yetki ve sorumluluğunun artırılması, para arzının döviz rezervlerine bağlı olarak yapılması, cari işlemler dengesinin enflasyon hedefine uyumlu bir şekilde yürütülmesi kararlaştırılmıştır.

Türkiye'de her dönemde ekonomik sorunlar olmuş ve bu sorunların önceliği zamana göre değişmiştir. 1970'li yıllara kadar istikrar için sıkı maliye ve para politikaları ön plana çıkmışken, 1980 yılıyla birlikte serbest piyasa ekonomisinin ön plana çıkması ile enflasyon ihmal edilmiştir. 1990'lı yıllarla birlikte dünyada hızlanan küreselleşme, globalleşme, ekonomik ve parasal birlik düşüncesinin yayılması ile Türkiye'nin de enflasyondan kurtulma çabaları gündeme gelmiştir. Para politikası çerçevesinde uygulanan para programlarından kararlılık, şeffaflık, ortak hareket etme, siyasi istikrar etmenlerinin yeterince yerine getirilememesi, yapısal sorunlara eğinilemediği, en önemlisi enflasyonu düşürmek için konuya yalnızca para politikası açısından yaklaşılması ve maliye politikasının ikinci plana atılması nedeniyle istenilen başarı sağlanamamıştır. Günümüz itibariyle ABD'nin öncülüğünü yaptığı ve Avrupa ülkelerinin ulaşmaya çalıştığı dijitalleşme, araştırma ve geliştirme artışı, küreselleşme, insan kaynaklarına yönelmeyle oluşan "yeni ekonomi" anlayışına Türkiye'nin de ulaşabilmesi AB üyeliğine kabulüne katkı yapacaktır. Bu amaçla, Türkiye'nin enflasyon, büyüme, borçlanma, kurumsallaşma gibi "eski ekonomi" sorunlarından kurtulma çalışmalarına 2000 Yılı Enflasyonu Düşürme Programı ile hız verilmiştir.

Türkiye, 2000 Yılı Enflasyonu Düşürme Programı: Kur ve Para Politikası Uygulamaları ile hem para, hem kur, hem de enflasyon hedeflemesi yapmış ve bütün para programlarında başarısızlığı getiren ve parasal sistemlerin uygulama koşulu olan yapısal reformları yapmayı amaçlamıştır. İç borçlanmanın, cari açığın azaltılması, tarım destekleme alımlarının kaldırılması, bankacılık sektörünün faaliyet dışı alanlardan uzak tutulması, özelleştirmenin, sosyal güvenlik reformunun yapılması, vergi tahsilatının artırılması, verginin tabana yayılması, kamu şeffaflığının artırılması, ücretlerin enflasyon hedefine göre belirlenmesi, Tarım Kredi Kooperatiflerine özerklik verilmesi, kamu bankalarının özelleştirilmesi ve bankaları fonksiyonel değişime tabi tutulması çalışmaları devam etmektedir. Programdaki kur hedefi yıl sonu itibariyle EURO'nun uluslararası piyasada değer düşüşünün yansıması olarak tutturulamamıştır. Hükümetin kamu giderlerini azaltmada yeterince kararlı davranamaması sonucu cari açıklar azaltılamamış, kurun kontrol altında tutulması nedeniyle ihracattan beklenilen gelişme sağlanamamış, dış ticaret açığı rekor düzeye ulaşmış, bankacılık sistemi etkin bir yapıya kavuşturulamamıştır.

Çalışmada, Türkiye'de uygulanan para programlarının uygulama esasları bakımından para kurulu sistemi ile benzerlik taşıdığı ortaya çıkmaktadır. Özellikle 2000 Yılı Enflasyonu Düşürme Programının para arzı üretim mekanizması, kur hedeflemesi, kamu borçlanmasının azaltılması, merkez bankasına sorumluluk devri ile benzerlik artmış ve uygulama yarı para kurulu olarak ifade edilebilir hale gelmiştir. Yaptığımız ekonometrik çalışmada Türkiye'de rezerv para, dış ticaret dengesi, kamu mevduatı, döviz tevdiat hesapları arasındaki ilişki ele alınmıştır. Para kurulunun üzerine oturduğu temel varsayımlardan hareketle, para arzını etkileyen büyüklükler ile rezerv para arasındaki uzun dönem ilişkisini görmek amacıyla cointegration analizi yapılmıştır. Bu analiz sonucunda rezerv paranın uzun dönemde dış ticaret dengesi ile yüksek düzeyli bir ilişkisi olduğu görülmüştür. Sınırlandırılmış cointegration testinde cointegre edici vektörden birinin rezerv para ile dış ticaret dengesindeki talep elastikiyetinin birden büyük olması bir uzun dönem ilişkinin varlığını kuvvetlendirmektedir.

Bütün bunlara rağmen para kurulu sistemi de bazı sorunlar içerebilmektedir. Bu sistemin en önemli yetersizliği ulusal paranın değerlenmesi sorunudur. Döviz kurunun başlangıçta düşük tespit edilmesi, bu soruna karşı bir önlem olabilmesine rağmen kesin bir çözüm sunmamaktadır. Para kurulu sisteminde ortaya çıkan paranın değer artışı sorunu 2000 yılı programında görülmüştür. Programda tamamen sabit kur uygulaması yapılmamasına rağmen enflasyonda beklenilen düşüşlerin gerçekleşmemesi ve EURO değer kaybı ihracatı ve ödemeler dengesini olumsuz etkilemiştir. Bu olumsuzluklar Kasım 2000 krizinin yaşanmasına neden olmuştur. Bu tür krizlerin yaşanmaması için özellikle yapısal reformların (özelleştirme, sosyal güvenlik reformu, tarım ve bankacılık), mali düzenlemelerin yapılması, şeffaflığın gerçekleştirilmesi, faiz dışı harcama artışının sıfırlanması, vergi gelirlerindeki artışın sürdürülmesi, özelleştirmeler konusundaki kararnamelerin meclisten geçirilmesi, yabancı sermaye girişindeki caydırıcı etmenlerin kaldırılması, ihracat sektörünün desteklenmesi, merkez bankasının yetki kullanımı açısından daha etkin hale getirilmesi, uygulamalar hakkında hükümet kararlığının sürdürülmesi, tüm kesimlerin desteğinin sağlanması, programı uygulama konusunda başka bir çıkış yolu bırakılmaması, inandırıcılık adına dış desteğin sağlanması gerekmektedir.

Bu koşulların yerine getirilse bile Türkiye'de ortodoks para kurulu sistemini uygulama ihtimali zor görünmektedir. Ortodoks para kurulu sistemleri için sabit kur uygulama zorunluluğu Türkiye gibi ihracata yönelik gelişme stratejisi izleyen ve nispeten büyük ekonomiler için büyük sorunlar getirecektir. Bu sorunlar 2000 yılı içerisinde dış ticaret açığını sürdürülemez hale getirmiştir. Dış ticaret açığının gerektirdiği döviz gereksini, bankacılık sektörünün yüksek düzeyli açık hesabı ve hassas bir finansal yapı Kasım krizine neden olmuştur. 1999-2000 yılında Arjantin, Estonya ve Bulgaristan'ın ihracat sektöründe çeşitli sorunlar yaşanmaktadır. Merkez Bankasının kaldırılarak para kurulunun oluşturulmasının finansal sisteme yaratacağı kurumsal değişikler şu anda Türkiye açısından zaman/enerji kaybına yol açacaktır. Merkez bankasının bağımsızlık doğrultusunda etkinliğinin artırılması daha isabetli olacaktır. Son olarak, para kurulunun nispeten küçük-açık ekonomiler, büyük oranda ekonomik istikrarsızlık yaşayan ülkeler ve iç savaş sonrası ekonomisini düzeltmek isteyen ülkeler, iç karışıklıklar yaşayan ülkeler için uygulanmasının daha kolay ve başarılı olabileceği sonucuna ulaşılmaktadır.

KAYNAKÇA

Akdiş, M. (1996), **Para Politikalarının Ekonomik İstikrar Üzerindeki Etkinliği ve Türkiye**, Ankara.

Aktan, Coşkun Can, Utku Utkulu, Selahattin Togay, (1998), **Nasıl Bir Para Sistemi? Parasal Disiplin ve Parasal İstikrar için Alternatif Öneriler**, IMKB, İstanbul.

Akyazı, Haydar, (1999), **Para Kurulu ve Türkiye'de Uygulanabilirliği Üzerine Bir Araştırma**, Türkiye Bankalar Birliği, İstanbul.

Akyazı, Haydar, A.Kadir Topal, (Haziran 1997), Enflasyonla Mücadelede Arjantin Mucizesi ve Türkiye'de Enflasyon Duyarsızlığı, **İktisat İşletme ve Finans**, Yıl:12, Sayı:135, Ankara, ss.19-34.

Arslan, M.H., (1997), **Enflasyonist Finansman Teknikleri**, AK-BİL Yayıncılık, Bursa.

Artana, Daniel, (1993), "Some Aspects of the Recent Program", **Proceedings of a Conference on Currency Substitution and Currency Boards**, Edited by Nissan Liviatan, World Bank Discussion Papers, 207, The Word Bank, Washington D.C. USA, ss. 41-42.

ASOMEDYA, Beyaz Rusya, Ülke Raporu, (Temmuz 1999),

Auernheimer, Leonardo, (1993), "Currency Boards and Policy Rules" **Proceedings of a Conference on Currency Substitution and Currency Boards**, Edited by Nissan Liviatan, World Bank Discussion Papers, 207, The Word Bank, Washington D.C. USA, ss.24-25.

Aysan, Mustafa A., (Temmuz 1999), "IMF ile Varılan Uzlaşma Noktası", **Banka ve Ekonomik Yorumlar**, Yıl:36, Sayı:7, İstanbul, ss.3-7.

Balino, Tomas J.T., Charles Enoch, (August 1997), **Currency Board Arrangements Issues and Experiences,** IMF, Occasional Papers, Vol. 151. Washington D.C. USA.

Batiz, Luis A. Rivera and Amadou N.R.Sy. (June 2000), "Currency Boards, Credibility, and Macroeconomic Behavior", IMF Working Paper, WP/00/97, Washington D.C. USA, ss.1-26.

Bennett, Adam G.G, (September 1995), "Currency Boards: Issues an Experiments", IMF, **Finance and Development**: Cilt:32, Vol: 3, Washington D.C. USA.

Bennett, Adam G.G,. (June 1993), "The Operation of the Estonian Currency Board", IMF **Staff Papers**, Vol:40, No: 2, Washington D.C. USA, ss. 451-470.

Berg, Adrew and Eduardo Borenstein, (March 2000), "The Dollarization Debate", IMF, **Finance and Development**, Vol:37, Number 1, Washington D.C. USA, ss. 38-41.

Blowers, G.A., A.N.Mcleod, (April 1951), "Currency Unification in Libya", IMF **Staff Papers**, Vol:1 No:3, Washington D.C. USA, ss.439-445.

Bobeva, Daniela, , "Centre for Co-operation with the Economies in Transition", incredit **Post-Privatization Behavior of Enterprises in Bulgaria, Trends an Policies in Privatization** Vol. III, No: 1, ss.51-64.

BULGARIA, Recent Economic Developments 1998, **Economic Prospects,** <www.bia-bg.com/Useful/bulgaria-red.htm>(Mart 2000)

Bulgarian Currency Board, The Bulgarian Law and Economic Today, **Camber of Intellctual Property Development and Protection**, Sofia, Bulgaria <www.bol.bg/trips-bg/overview.html> (Mart 2000)

Bulu, Melih, (1996), "Sterlin Alanı", **Para ve Finans Ansiklopedisi**, Creative Yayıncılık ve Tanıtım Ltd.Şti. Ankara.

Calvo, Guilermo, (1993) "Financial Aspects of Currency Boards", **Proceedings of a Conference on Currency Substitution and Currency Boards**, Edited by Nissan Liviatan, World Bank Discussion Papers, 207, The Word Bank, Washington D.C. USA. ss.22-24.

Camdessus, Michel, (1996), "Argentina and the Challenge of Globalization", **IMF News** 96/11, Washington D.C. USA. ss.1-8. <www.imf/org/external/np/sec/mds/1996/mds1911.htm> (Şubat 2000)

Camdessus, Michel, (June 14 1999), "Letter of Intent of the Government of Bosnia and Herzegovina", Bosnia and Herzegova and the IMF, **IMF**, Washington, D.C. USA. <ww263w.imf.org/external/np/loi/1999/061499.htm> (Şubat 200)

Caprio, Gerald Jr, Michael Dooley, Danny Lepizger, Carl Walsh, (996),"The Lender of Last Resort Function Under a Currency Board: The Case of Argentina", **Open Economic Review**, Vol:7, Holland, ss.625-650.

Cavallo, Domingo F. and Joaquin A.Cottani, (May 1997),"Argentina's Convertibility Plan and The IMF", **EAE Papers and Procedings**, Washington D.C. USA, ss.17-21,

Cavallo, Domingo F., (1993), "The Convertibility Plan", **Proceedings of a Conference on Currency Substitution and Currency Boards**, Edited by Nissan Liviatan, World Bank Discussion Papers, 207, The Word Bank, Washington D.C. USA. ss.37-41.

Celesun, Merih, (Şubat 2001), "Ekonomide Uzun Dönemli Büyüme, Enflasyon Süreci ve İMF Destekli Program", **İktisat İşletme ve Finans**, Yıl:16, Sayı: 175, Ankara, s.7-31.

Cem, İpek, "Nobel Ekonomi Ödülü" **Sabah Gazetesi**, 18 Ekim 1999.

Chang Roberta, (2000),"Dollarization:A Scorecard", **Economic Review**, Third Quarter, Federal Reserve Bank of Atlanta, Atlanta USA, ss.1-11.

Cheng, Yuk-shing, Wong Marn-heong and Christopher Findlay, (1999), "Singapore and Hong Kong", **East Asia In Crisis from Being a Miracle to Needing one**, edit by Ross H.Mclead an Ross Garnaut, Hong Kong.

Cherizt, Mike, Sethephen Kay, Elizabeth McQuerry, (1999), "Latin America Hopes for Brighter Prospects in New Year', **EconSouth**, Fourth Quarter, Federal Reserve Bank of Atlanta, Atlanta, Georgia, USA, s.24-27.

Chibber, Ajay, (30 Ağustos 2000), <www.ntvmsnbc.com/news/27069.aspam=S1FP>

Chisari, Omar, Antonio Estache, Carlos Romero, (March 1999), "Winners and Losers from the Privatization and Regulation of Utilities: Lessons from a General Equilibrium Model of Argentina", The World Bank, **Economic Review**, Vol:13, No:2. Washington D.C. USA.

Connie, Mack, (July 1999), "Issues Regarding Dollarization", **The Report of Subcommitte on Economic Policy The United State Senate,** <www.senate.gov/~jec/bankingdollar.htm> (Nisan 2000)

Cukierman, Alex, Steven B.Webb. Bilin Neyapti, (1992) "Measuring the Independence of Central Banks and Its Effect on Policy Outcomes", The Word Bank**, Economic Review**, Vol:6, Number:3. Washington, USA, ss. 353-398

Çelebican, Gürgan, (1998), "Para Kurulu Sistemi" **ASOMEDYA**, Ankara, ss.30-44.

Çolak, Ö.Faruk, Selahattin Togay, (Kasım 1995), "Para Arzının Kontrolüne İlişkin Monoterist Bir Yaklaşım", **Banka ve Ekonomik Yorumlar**, Yıl:32, Sayı, 28, İstanbul, ss.27-44.

Çolak, Ömer Faruk, Selahattin Togay, (1996), "Currency Board: Para Arzının Kontrolüne İlişkin Monetarist Bir Yaklaşım", içinde **Finansal Piyasalar ve Para Politikası**, Alkım Kitapevi, Ankara.

Çolak,Ömer Faruk, (Şubat 2000), "Finansal Serbestleşme Sürecinde Türk Bankacılık Sektörü ve 1980 Sonrasındaki Gelişmeler", **Uzman Gözüyle Bankacılık**, Yıl: 7, Sayı:30,

Dadsworth, John and Dubravka Mihaljek, (August 1997), Hong Kong, China, Growth, Structural Change and Economic Stability During the Transition, IMF **Occasional Papers** 152, Washington D.C. USA.

Darga, L.Amedee, (September 1998), "A Comparative Analysis of the Accumulation Process and Capital Mobilization in Mauritius, The United Republic of Tanzania and Zimbabwe", **United Nations Conference on Trade and Development**, Study No: 3, United Nations, Geneva, Italy.

Demir, Osman, "Türkiye'de Kamu Ekonomisinin Temel Sorunu: Kamu Açıklarının Yüksek Faizli, Kısa Vadeli Finansmanı", **Cumhuriyet Üniversitesi, İİBF Dergisi**, Feramuz Erdoğan Armagan Sayısında Yayınlanacaktır.

Demir,Abidin Lütfi, (Nisan 2000), "Türkiye'de ve Dünya'da Özelleştirme", **İktisat İşletme ve Finans**, Yıl:15, No:169, Ankara, ss.87-94.

Devereux, Micheal, "What is a Currency Board System", **Private Economic Issues,** <http://teaching.ust.hk/˜econ112/currboard.htm#BoxItem1> (Haziran 1999).

DİE, **Bütçeler, Belediyeler, İl Özel İdareler ve Köyler**, 1998

Djukanoviç, Milo, (29 July 1999), "Who Will Lead the Balkans?, **Wall Street Journal**, New York, USA.

Domaç, İlker and Maria Soledad Martinez Peria, (June 2000), "Banking Crises and Exchange Rate Regimes", The World Bank/Universidad Torcuata Di Tella Conference on Exchange Rate Regimes, Universidad Torcuata Di Tella, Buenos Aires, Argentina.

Dornbusch, Rudiger, Stanley Fischer, (1994), **Macro Economics**, McGraw-Hill, Sixth Edition, New York, USA.

DPT **Ekonomik ve Sosyal Göstergeler, 1950-1998,** Aralık 1997. Ankara.

DPT, "Makroekonomik Program (2000-2002) ve Beş Aylık Uygulama Sonuçları Sunuş Notu", 27 Haziran 2000, <www.dpt.gov.tr/esk/2000/sunus2.ppt> (Ağustos 2000).

Edwards, Sebastian, (1993), "Dollarization in Latin America", **Proceedings of a Conference on Currency Substitution and Currency Boards**, Edited by Nissan Liviatan, World Bank Discussion Papers, 207, The Word Bank, Washington D.C. USA. ss.1-4.

Egilmez, Mahfi, (Mayıs 1998), "1980-1993 Arasındaki Uygulamalar", **Finans Dünyası**, Sayı:101, İstanbul, ss. 11-15..

Eğilmez, Mahfi, (1996), Konvertibilite, **Para ve Finans Ansiklopedisi**, Ziraat Bankası, Ankara.

Ekici, M.Sena, Erşan Sever, (Ocak-Şubat 2000), "Türkiye'deki Ekonomik İstikrarsızlığın Nedenleri ve Buna Bağlı Olarak Alınması Gereken Önlemler", **İktisat Dergisi**, Sayı 397-398, ss.36-45.

Ekinci, Nazim Kadri, (Nisan 2000), "İstikrar Programı ve Türkiye Ekonomisin Geleceği", **İktisat İşletme ve Finans**, Yıl: 15, No:169. ss.17-41

Engle R.F , Granger CWJ (1987) **Cointegration and Error –Correction: Representation, Estimation and Tasting. Econometrica,** New York. USA

Enoch, Charles and Anne-Maria Gulde, (November 1997), "Making a Currency Board Operational", IMF **Paper on Policy Analysis and Assessment,** PPAA/97/10. Washington D.C. USA.

Enoch, Charles and Anne-Marie Gulde, (December 1998) "Are Currency Boards a Cure for Monetary Problems", IMF, **Finance and Development**, vol:35, no:4. Washington D.C. USA. <www.imf.org.external/pubs/ft/fandd/1998/12/enoch.htm>(Haziran 1999)

Erçel, Gazi, (8 Ocak 1998), 1998 Yılı Para Politikası Uygulaması, TCMB Başkanının Konuşma Metinleri, **TCMB,** Ankara, <www.tcmb.gov.tr> (Ağustos 2000)

Erçel, Gazi, (Aralık 1996), "Türkiye'de Para Politikası Uygulamaları ve Etkileri", **İktisat İşletme ve Finans**, Yıl: 11, Vol:127, ss.5-11.

Erçel, Gazi, (Aralık 1999), 2000 Yılı Enflasyonu Düşürme Programı: Kur ve Para Politikası Uygulamaları, **TCMB,** <www.tcmb.gov.tr/yeni/evds/yayin/paragrqg2/baskanmat5y.html>(Ocak 2000)

Erçel,Gazi, (8 Ocak 1998), Merkez Bankası 1998 Yılı İlk Altı Aylık Para Programı Gerçekleşmesi ve İkinci Altı Aylık Para Politikası Uygulaması, TCMB Başkanının Konuşma Metinleri, TCMB, Ankara, <www.tcmb.gov.tr> (Ağustos 2000).

Erdinç, Didar, "Currency Board Alone Is No Panacea For Bulgarian Economy", **American Chamber of Commerce in Bulgaria**, Sofia, Bulgaria <www.amcham.bg/analysis.htm> (Mayıs 2000)

Ergin, Feridun, (1983), **Para ve Faiz Teorileri**, Beta Yayınları 2.Baskı, İstanbul.

Ersel, Hasan, Lerzan İskenderoğlu, (December 1990), "Monetary Programing in Turkey", TCMB **Discussion Papers**, No:9006. Ankara.

Ertugrul, Ahmet, (Mayıs 2000), "İktisadi İstikrar Programı ve Bir Yapısal Düzenleme: Türk Bankacılık Sistemi Sorunlar Beklentiler", **İktisat İşletme ve Finans**, Yıl: 15, Sayı:70, Ankara, ss.7-17.

Ertürk, Emin, (1991),**Türkiye İktisadında yeni Bir Boyut Para İkamesi, Kavram, Teori, Oluşum Süreci ve Sonuçları**, Uludağ Yayınları, Bursa.

Eser, Kadir, (1994),"Merkez Bankasının Bağımsızlığının Makroekonomik Performans Üzerindeki Etkileri" **Uzman Gözüyle Bankacılık**, Sayı:7, Eylül, ss.58-61.

Exchange Fund Abridged Balance Sheet and Currency Board Account, (December 17 1999), **Economi and Finance**, Chamber Org. Hong Kong Busines School <www.chamber.org.hk/bus_suite/daily_business_news/econ/econ99121701.htm> (Eylül 2000)

Federal Reserve Bank of St.Louis, **International Economic Trends**, Annual Report, July 2000. USA.

Fındıkcıoğlu G., (Eylül 1996) "Döviz Cinsinden Borçlanma Üzerine", **İktisat Dergisi**, Sayı: 359, ss.71-76.

Fielike, Norman S,. (Nov-Dec 1992), "The Quest for Sound Money: Currency Boards to the Rescue?", **New England Economic Review**, Federal Reserve Bank of Boston, Boston. Massachusetts. USA, ss.14-24.

Fischer, Stanley, (1993), "Seigniorage and Official Dollarization" **Proceedings of a Conference on Currency Substitution and Currency Boards**, Edited by Nissan Liviatan, World Bank Discussion Papers, 207, The Word Bank, Washington D.C. USA. ss. 6-10.

Frankel, Jeffrey A., (June 24 1999), "Dollarization: Fad or Future for Latin America", IMF **Economic Forum**, Washington.D.C. USA.

Frankel, Jeffrey A., (September 1999), "No Single Currency Regime is Right for All Countries or at All Times", NBER, **Working Paper** 7338, Cambridge, Massachusetts, USA.

Fuller, Dikey D,w.A. (1981) **Likelihood Ratio Statistics for Autoregressive Time Series with a Unit Root, Econometrica,** USA, ss. 1057-72.

Fung, Andrew, (9 October 1999), "Liability and Market Risk Management by a Bank Treasurer in a Modern in Modern Day Currency Board System", **International Workshop on Currency Boards: Convertibility; Liquidity Management and Exit Conference** Hong Kong <www.hkbu.edu.hk/¨econ/99wsNenovsky.doc> (Haziran 2000)

Galbraith, J.K., (Ekim 1990), **Para-Nereden Gelir Nereye Gider**, Çev: Nilgün Himmetoğlu-Belkis Çorakçı, Altın Kitaplar Yayınevi, 1.Baskı, İstanbul.

Ghosh, Atish R,. Anne-Maria Gulde, Holger C.Wolf, (January 1998), "Currency Boards: The Ultimate Fix?",IMF **Working Paper**, WP/98/8. Washington D.C. USA.

Gökçe, Deniz, (2 Eylül 1999) "Çin, Asya'da Krizi Artırıyor", Aksam Gazetesi.

Gulde, Anne Maria, Juha Kahkönen, Peter Keller, (January 2000), "Pros and Cons of Currency Board Arrangements in the Lead-up to EU Accession and Participation in the Euro Zone, **IMF Policy Discussion Paper**, PDP/00/1, PDP/99/3, Washington D.C. USA.

Gulde, Anne Marie, (April 1999), "The Role of Currency Board in Bulgaria's Stabilization", IMF **Policy Discussion Paper**, PDP/99/3, Washington D.C. USA.

Gültekin, Bülent, Kamil Yılmaz, (1996), **Para Kurulu:Nedir, Ne Zaman Gerekir**? Tesev Yayınları, İstanbul.

Gültekin, Bülent, Kamil Yılmaz, (Mayıs-Haziran 1998), "Para Kurulu Sistemine Geçiş", **Ekonomi Başak**, Sayı 99, Mayıs-Haziran 1998, Ankara, ss.24-33.

Güneş, Hurşit, (1992), **Enflasyonun Kontrolünde Alternatif Para Programı**, İstanbul Ticaret Odası, Yayın No:1992-18, İstanbul.

Güneş, Hurşit, (Kasım 1998), "Dünden Bugüne Para Politikaları", **75 Yılda Paranın Serüveni,** Türkiye İş Bankası, İMKB, İstanbul, ss.187-194.

Hanke, Steve H., (1997), "New Currency Boards Come to the Balkans", **The Newsletter About Reforming Economies Transition**, The World Bank Group, <www.worldbank.org/htm//prddr/trans/jan1997/arts.htm> (Nisan 2000)

Hanke, Steve H., (December 12 1995), "A Tale of Pesos: A Comparison of Currency Policies in Mexico and Argentina", <www.http//patriot.het/˜bernkopf/c-boards.html> (Kasım 1999)

Hanke, Steve H., (January 16 1995), "Pegged out", **Forbes**, Vol:155, Issue, 2, New York, USA.

Hanke, Steve H., (Spring/Summer 2000), "The Disregard for Currency Board Realities", **Cato Journal**, Vol:20, Number: 1, USA. ss.49-59.

Hanke, Steve H., (Winter 1998), "How to Establish Monetary Stability in Asia", **CATO Journal**, , Vol: 17, Num:3.<www.cato.org/pubs/journal/cj17n3-9html> (Aralık 1999)

Hanke, Steve H., "How to Make the Dollar Argentina's Currency", **Wall Street Journal**, <www.wsj.com> (Aralık 1999)

Hanke, Steve H., and Kurt Schuler, (1993), "Currency Boards for Latin America", **Proceedings of a Conference on Currency Substitution and Currency Boards**, Edited by Nissan Liviatan, World Bank Discussion Papers, 207, The Word Bank, Washington D.C. USA, ss.13-22.

Hanke, Steve H., K Schuler, (winter 1993), "Currency Boards and Currency Convertibility", **CATO Journal**, vol:12, Issue 3, ss. 687-703.

Hanke, Steve H., Kurt Schuler, (1994), **Currency Board for Developing Countries: A Handbook**, ICE Press, San Francisco, USA.

Hanke, Steve H., Kurt Schuler, (Winter 1999), "A Monetary Constition for Argentin Rules for Dollarization", **CATO Journal**, Vol:12, No:3, ss.405-419.

Hanke, Steve H., Lars Jonung, Kurt Schuler, (1993), **Russian Currency and Finance, a currency board to reform**, ROUTLEDGE, New York. USA.

Hanke, Steve.H., (21 August 1998), "Only the Dollar Can Rescue Rusya", **Wall Street Journal**, USA.

Hanson, James, (1993), "Argentina's Quasi-Currency Board", **Proceedings of a Conference on Currency Substitution and Currency Boards**, Edited by Nissan Liviatan, World Bank Discussion Papers, 207, The Word Bank, Washington D.C. USA, ss.43-48.

Hazine Müsteşarlığı, (Temmuz 2000), **Enflasyonla Mücadele Programı Politika Metinleri (Niyet Mektupları ve Ekonomik Kararlara İlişkin Mevzuat**, Cilt II. Ankara.

Hazine Müsteşarlığı, "Türkiye'de Yıllara Göre Yabancı Sermaye Yatırımları", <www.treasury.gov.tr/stat/yabser/ti1.htm> (Eylül 2000)

Hazine Müsteşarlığı, Dış Ticaretin 2000 Yılı Nisan Ayı İtibariyle Görünümü <www.foreigntrade.gov.tr/ead/1999yiliveOcak%20.htm> (Eylül 2000)

Hendry DF (1995) **Dynamic Econometrics**. Oxford University Press, New York.

History of the Hong Kong Exchange Rate System Monetary Reform Measures Since 1987,(November 17 1998), **Phnom Penh Daily**, Cambodia, Hong Kong, <www.phnompenhdaily.com/17-10-98t3.htm> (Ocak 2000)

HM, **Hazine İstatistikleri, 1980-1999**, www.treasury.gov.tr.

IDB Report on Development in Latin America and the Caribbean in 1994", (May 5 1995) Bank for International Settlements, **BIS Review**, Basle,

IMF, "Argentina Memorandum of Economic Policies", (February 14, 2000), **Publications**, Washington D.C. USA. ss.1-9. <www.ımf.org/external/NP/LOI/2000/org/01/INDEX.HTM> (Mayıs 2000)

IMF, **Annual Report**, 1999. Washington D.C. USA.

IMF, **Balance of Payments Statistics**, Yearbook 2000.

IMF, **International Financial Statistics**, October 1998, October 1999, June 2000. Washington D.C. USA.

Izvorski, Ivailo, "Currency Board in Bulgaria-Advants and Disadvants" <www.ımr.usc.edu/-penev/Ustoi/3/curboard.html> (Aralık 1999)

Johansen S, Juselius, K (1990) "Maximum Likelihood Estimation and Inference on Cointegration with Application to the Demand for Money", **Oxford Bulletin of Economics and Statistics** Vol. 52, ss. 169-206.

Johansen, S (1995) **Likelihood –Based Inference in Cointegrated Vector Autoregressive Models.** Oxford University Press, New York. USA.

Judy, Richard W., (1995), "Currency Boards: An Idea Whose Time Has Come", **Economic Reform Today, Banking and Financial Reform,** No. 1, Center for International Private Enterprise, Washington D.C. USA. <www.cipe.org/ert/015/guest.html> (Haziran 1999)

Kalaycı, İrfan, (Şubat 1999), "İstikrar Programı Çerçevesinde yeni TL Arayışı: Niçin, Nasıl ve Nereye Kadar?" **Banka ve Ekonomik Yorumlar**, Yıl:36, Sayı:2, İstanbul s.43-53.

Karasoy, A, (May-Ara 1996), "Para Kurulu Sisteminin Uygulaması", **TCMB Araştırmalar Genel Müdürlüğü Tartışma Tebliğleri**, Ankara. ss.133-141.

Karluk, Rıdvan, (1998), **Uluslararası Ekonomi,** Beta Yayınları, İstanbul.

Kasa, Kenneth (November 26 1999), "Why Attack a Currency Board?" **Economic Letter**, Number: 99-36, Federal Reserve Bank of San Francisco, San Francisco. USA.<www.frbsf.org/econrsrch/wklyltr/wklyltr99/el99-36.html> (Mart 2000).

Katz, Ian, (June 7 1999)"Argentina:The Peso isn't the Real Problem**", Business Week**, New York, USA:

Kazgan, Gülten, (Ekim 1997), **Küreselleşme ve yeni Ekonomik Düzen, Ne Getiriyor? Ne Götürüyor? Nereye Gidiyor?,** Altın Yayınları; I.Baskı, İstanbul.

Kent, Osband, Villanueva Delano, (March 1993), "Independent Currency Authorities: An Analytic Primer", IMF **Staff Papers**, Vol:40, Issue: 1, Washington.D.C. USA.

Keyder, Nur, (1996), **Para Teori-Politaka-Uygulama**, Bizim Büro Yayınları, 5. Baskı, Ankara.

Kıbrıslı, İbrahim, (Mayıs-Haziran 2000), "Türk lirasından Sıfır Atmaya Az Kaldı", **İntermedya Macro Economy**, No:67, İstanbul. ss.38-39.

Kızılkaya, Ertugrul, (Şubat 2000),"2000 Yılı Para Programı Çerçevesinde TCMB Bilançosunda Beklenen Gelişmeler", **Banka ve Ekonomik Yorumlar**, Yıl.37, Sayı:5, İstanbul. ss.53-63.

Kibritçioğlu, Aykut, (Ocak 1996), "Para ve Maliye Politikalarının Etkinliği, Finansal Sınırlılıklar ve Sektörler Arası Fon Akımları", Editör: A.Kibritçioğlu, **Uluslararası (Makro)İktisat**, Ankara, ss.147-195.

Kopche, Richard W., (May/June 1999), "Once and Future Monetary Regimes?", **New England Economic Review**, Federal Reserve Bank of Boston, Boston. Massachusetts, USA, ss.21-37.

Kraft, Vahur, (1997),"The Year of Rapid Economic Growth and Successful Test of Currency Board", **Annual Report 1997,** Bank of Estonia, <www.ee/epbe/1997/eng/foreword.html> (Haziran 2000)

Kuttner, Robert, (March 30 1998), "Currency Board: A Bad Idea Just Won't Go Away", **Business Week**, Issue: 3571, New York, USA.

Kwan Yum K., Francis T.Lui, Leonard K.Cheng, (June 4 1999), "Credibility of Hong Kong's Currency Board: The Role of Institutional Arrangements", **Working Paper,** Hong Kong University of Science and Technology, Center for Economic Development, Hong Kong. <www.bm.ust.hk/~ced/main.html> (Haziran 2000)

Kwan, K.Yum, Francis T.Lui, (March 1999), "How Well the has Currency Board Performed? Evidence from Hong Kong", **Working Paper**, Hong Kong University of Science and Technology, Center for Economic Development, , Hong Kong. <www.bm.ust.hk/~ced/main.html> (Haziran 2000)

Kwan, Yum K., Francis T.Lui, (1997), "Hong Kong's Currency Board and Changing Monetary Regimes", NBER, **Working Papers,** 5723. Cambridge, Massachusetts, USA.

Kwok-chuen Kwok, (1997), "Money and Banking", **The Other Hong Kong Report** edit by Joseph Y.S.Cheng, The Chinese University Press, Chine, ss.327-334.

Latin America Research Group, (2000), "Imbalances in Latin American Fiscal Accounts: Why the United States Should Care", **EconSouth**, Federal Reserve Bank Atlanta, First Quarter, Atlanta, Georgia, USA.

Lavigne, Maria, (1998), **The Economics of Transition From Socialist Economy Market Economy**, Macmillan Press. USA.

Lepik, Ilmar, (Octobor 9 1999), "Basic Features of the Estonian Currency Board: Convertibility and Liquidity Management", **International Workshop on Currency Boards: Currency Board: Convertibility Management and Exit, Conference**, Hong Kong. <www.hkbu.edu.hk/˜econ/99wsLepic.doc> (Haziran 2000)

Lithuania The Report of the Chairman of the Board, Report, <www.turtas.it/ataskaita.E.htm/Annual Report> (Şubat 2000)

Little, Jane Sneddon and Giovanni P.Oliveri, (Sept/Oct.1999), "Why the Interest in Reforming the International Monetary System?", **New England Economic Review**, Federal Reserve Bank of Boston, Boston, Massachusetts. USA. ss.53-84.

Little, Jane Sneddon Giovanni P.Olivei, (Nov/Dec.1999), "Rethinking the International Monetary System: An Overview", New England Economic Review, Federal Reserve Bank of Boston, Massachusetts. USA. ss.3-29.

Liu, Henry C.K. "The Costs and Benefits of Pegging The Hong Kong Dollar to the US.Dollar", <http://csf.colorado.edu/for.../0195.html> (Haziran 1999)

Liu, Henry C.K., “The Impact of A Free-Floating Hong Kong Dollar on The Economies of Hong Kong and China”, <http://csf.colorado.edu/for.../0195.html>(Haziran 1999)

Liviatan, Nissan, (1993), “Summary and Evaluation of Main Topics”, **Proceedings of a Conference on Currency Substitution and Currency Boards**, Edited by Nissan Liviatan, World Bank Discussion Papers, 207, The Word Bank, Washington D.C. USA. ss.vii-xii.

Loser, Claudio M and Martina Guerguil, (March 2000), “The Long Road to Financial Stability”, IMF, **Finance and Development**, Vol:37, Number 1. Washington D.C. USA.ss.7-12.

Lozada, Carlos, (1999),“Economic Policy Trends in Post-World War II Latin America”, **Economic Review**, Federal Reserve Bank of Atlanta, Fourth Quarter, Atlanta, Georgia, USA, ss.38-45.

Meltzer, Alane H. (winter 1993), “The Benefits and of Currency Boards”, **CATO Journal**, Vol:12, Issue:13, ss.707-710.

Meredith, Guy M., (October 9 1999), “Liquidity Management under Hong Kong’s Currency Board Arrangements”, **Prepared for the International Workshop on Currency Boards: Convertibility, Liquidity Management and Exit Conference**, Hong Kong, <www.hkbu.edu.hk/˜econ/99wsMeredith.doc> (Haziran 2000)

Michaely, Michael, (1993), “Round Table on Stabilization and Currency Boards”, **Proceedings of a Conference on Currency Substitution and Currency Boards**, Edited by Nissan Liviatan, World Bank Discussion Papers, 207, The Word Bank, Washington D.C. USA. ss.85-86.

Mukherjee, Sampat, (October 25 1997), “Shedding the Strait-Jacket?” **Indian Express Newspapers**, <www.expressindia.com/fe.../29855073.html> (Haziran 1999).

Mundell, Robert .A., (May 2 1997) "Currency Areas, Common Currencies and EMU", **AEA Papers and Proceeding**, Vol:87, No:2. ss.214-217.

Mundell, Robert A., (1993), "Currency Boards, Fixed Exchange Rates and Monetary Discipline", **Proceedings of a Conference on Currency Substitution and Currency Boards**, Edited by Nissan Liviatan, World Bank Discussion Papers, 207, The Word Bank, Washington D.C. USA. ss.25-29.

Nenovski, Nikolay, Kalin, (October 9 1999), "Monetary Policy under the Currency Board: The Case of Bulgaria" **International Workshop on Currency Boards: Convertibility; Liquidity Management and Exit Conference** Conference, Hong Kong, <www.hkbu.edu.hk/˙econ/99wsNenovsky.doc.> (Haziran 2000).

Niskanen, William A., (Spring/Summer 2000), "Dollarization for Latin America?", **CATO Journal**, Vol:20, Num:1, USA, ss.43-48.

OECD, (1998),"Labor Market and Social Policy in Bulgaria", **Working Papers**, No. 94, Paris, France.

Oktar, Suat, (Kasım 1997), "Para Programı, Kredibilite ve Fiyat İstikrarı", **Banka ve Ekonomik Yorumlar**, Yıl: 34, Sayı:11, İstanbul, ss.41-45.

Oktar, Suat, (Şubat 1998), "Para Politikalarının Güvenilirliği ve Güvenilirliğinin Sağlanmasında Enflasyon Hedefi Yaklaşımı", **Banka ve Ekonomik Yorumlar**, Yıl: 35, Sayı: 2, İstanbul, ss.3-12.

Oyan, Oğuz, (Ocak-Şubat 2001), "2001 Yılı Bütçe ve İstikrar Programı", **Mülkiye**, Cilt:25 Sayı:226, Ankara: ss.121-156.

Owen, F.Humpage, Jean M.Mclntire, (1995), "An Introduction to Currency Boards", **Economic Review**, Federal Reserve Bank of Cleveland, Vol:31, Issue, 2, Quarter 2, Cleveland, USA.

Öçal, Tezer ve diğerleri, (1997), **İktisat**, Gazi Kitabevi, Ankara 1997.

Öçal, Tezer, Ö.Faruk Çolak, (Kasım 1999), **Finansal Sistem ve Bankalar**, Nobel Yayın Dağıtım, Ankara.

Önder, İzzettin ve Diğerleri, (Ekim 1993) **Türkiye'de Kamu Maliyesi, Finansal Yapı ve Politikalar**, Tarih Vakfı Yurt Yayınları, İstanbul.

Özdemir, K. Azim, Gülbin Sahinbeyoğlu, (Eylül 2000), "Alternatif Döviz Kuru Sistemleri" **TCMB Araştırma Genel Müdürlüğü**, Tartışma Tebliği

Öztürk, Emin, Hasan Ersel, (Eylül 1992)"Para Politikası Uygulamaları ve Para Miktarı", **Banka ve Ekonomik Yorumlar**, Sayı: 78, İstanbul.

Pakko, Michael R., (May 1998), "Currency Boards: Monetary Magic?", **International Economic Trends**, The Federal Reserve Bank of St.Louis, Missouri, USA. s.1.

Parasız, İlker, (1996), **Kriz Ekonomisi**, II.Baskı Ezgi Kitabevi, Bursa.

Parasız, İlker, (1996), **Uluslararası Para Sistemi**, Ezgi Kitabevi Yayınları, Bursa.

Pastor, Manuel, Carol Wise, (1990), "Stabilization and its Discontents: Argentina's Economic Restructuring in the 1990s", **World Development**, Vol: 27, No:3. USA. ss.477-503.

Pou, Pedro, (March 2000), "Argentina's Structural Reforms of the 1990's", IMF, **Finance and Development**, Vol:37, Number 1, Washington D.C. USA. ss.12-15.

Roubini, Nourial, (February 1998), "The Case Against Currency Boards: Debunking 10 Myths About The Benefits of Currency Boards", **Stern School of Business** New York University, USA. <www.stern.nyu.edu/asia/currency boards roubini.html>(Nisan 1999)

Sak, Güven, (Nisan 2000), "İstikrar Programı ve Türkiye Ekonomisin Geleceği", **İktisat İşletme ve Finans**, Yıl: 15, No:169, Ankara. ss.17-41

Saraçoğlu, Bedriye, (Nisan-Haziran 1999), "Küresel Krizler ve Türkiye İhracatının Geleceği", **İGEME**, Yıl: 3, Sayı:10. ss.20-23. Ankara.

Saraçoğlu, Rüştü, (28 Ocak 1992), "Türkiye Cumhuriyeti Merkez Bankası 1992 Yılı Para Programı Hakkında Verilen Brifing, Ankara.

Savaş, Vural Fuat, (1998), **İktisatın Tarihi,** Avcıol Basım-Yayım, 2.Baskı, İstanbul.

Schuler, Kurt, (1991) **Currency Board**, Unpublished PHD. Dissertation, George Mason University, Virginia, USA. <www.erols.com/kurrency/webdiss1.html> (Mayıs 1999)

Schuler, Kurt, (February 18 1998),"Asia's Reckoning: A Currency Board Beats IMF Rx", **Wall Street Journal,** New York. USA.

Schuler, Kurt, (January 1999), "Brazil's Yo-Yo Monetary Policy", <www.erols.com/currency/brazil.html> (Mayıs 1999)

Schuler, Kurt, (May 18 1998), "No More Central Bank", **Journal of Commerce,** <www.joc.com.> (Haziran 1999)

Schuler, Kurt, (October 9 1999), "The İmportance of Being Ortodox", **International Workshop on Currency Boards:Convertibility; Liquidity Management and Exit, Conference**, Hong Kong, <www.hkbu.edu.hk/~econ/99wsSchuler.doc> (Haziran 2000).

Schuler, Kurt, (September 1998), "A Contingency Plan for Dolarizing Hong Kong", **Hong Kong Central of Economic Research Letters**, Vol:52, <www.hku.kh/hkcer/articles/v52/kurt.htm> (Mayıs 1999).

Schuler, Kurt, "Stabilizing the Endonesian Rupiah Through A Currency board." <www.erols.com/kurrency/indocybd.html> (Mayıs 1999).

Schuler, Kurt, George Selgin, Joseph Sinkey Jr. (28 October 1991)"Replacing the Ruble in Lithuania: Real Change Versus Pseudo Reform", **Cato Policy Analysis**, No:163, <www.cato.org/pubs/pas/pa-163es.html> (Mayıs 1999)

Schuler, Kurt, Information on The Currency Board Systme, Dollarization, and Related Topics, <http://users.erols.com/kurrency/intro.htm> (Mayıs 1999)

Schwartz Anna J., (1993),"Currency Boards: Their Past, Present, and Possible Future Role", **Policy Analyses** No: 163. Carnegie-Rochester Conference Series on Public Policy 39. North-Holland. ss.147-187.

Schwartz, Anna J., (Spring/Summer 1999), "Is There a Need for an International Lender of Last Resort?", **CATO Journal**, Vol:17, Num:1, USA. ss.1-6.

Siilats, Keith, "Estonya Kron: According to Big Mac İndex the Exchange Rate Should be 5,56EEK:1DEM", (November 1997), <www.ieg.ee/keith/english/Kron/html> (Şubat 2000).

Sjaastad, Larry, (1993), "Dollarization and Real Interest Rates", **Proceedings of a Conference on Currency Substitution and Currency Boards**, Edited by Nissan Liviatan, World Bank Discussion Papers, 207, The Word Bank, Washington D.C. USA. ss.35-36.

Soylu, Hakkı, (Temmuz 1997), **Türkiye'de Senyoraj Gelirleri ve Kamu Açıkları**, Sermaye Piyasası Kurulu, Yayın No:81, İstanbul.

Starr, K.Pamela, "Government Coalitions and the Viability of Currency Boards: Argentina Under the Cavallo Plan", **Journal of İnteramerican Studies**, World Affairs, summer 1997 Vol: 39, Issue:2, ss.51-83.

Steve H.Hanke, (October 14 1998),The Case for a Russan Currency Board System, **CATO Foreign Policy Briefing**, No.49, <www.cato.org/pubs/.../fpb-049es.html> ss.1-12, (Mart 2000)

Strengthening of Currency Board Arrangement in Hong Kong, (October 1998), **Press Realites**, Hong Kong Monetary Authority, <www.info.gov.hk/hkma/eng/press/1998/980905e.htm> (Ekim 1999)

Şahin, Hüseyin, (2000),**Türkiye Ekonomisi**, Ezgi Kitabevi, 6.Baskı, Bursa, 379.

Taban, Sami, (Ekim 2000),"Enlasyon Hedeflemesi: Türkiye için Bir Model Olabilir mi?", **İktisat İşletme ve Finans**, Yıl: 15, Sayı:175, Ekim 2000, Ankara, ss.23-35.

The Economist, "Great Escape,", 3 May 1997, Vol 343, Issue 8015, s.85.

The Economist, "The ABC of a Currency Board", November 1,st. 1997.

The Estonian Institute, "Preconditions for Transforming the Economy", Tallinn, Estonia <www.einst.ee/economy/generel.htm> (Mart 2000)

The Word Bank, "Countries:Argentina", The World Bank Group, ss.1-4. <www.worldbank.org/html/extdr/offrep/lac/ar2.htm.2000> (Mayıs 2000)

The Word Bank, "What to do about Bulgaria", **World Press Review**, Feb 97, Vol: 44, Issue 2. p32. Washington D.C. USA.

The World Bank, (1998-1999), **Word Development Report,** Washington D.C.USA.

Tobin, James, (1998), "Financial Globalization: Can National Currencies Survive?" **Annual Word Bank Conference on Development Economics**, Washington D.C. USA. ss.68-72.

Togay, Selahattin, (Ocak-Şubat 1998), "Merkez Bankası Bilançosunun Analizi", **Ekonomi Başak**, Yıl:21, Sayı:97, Ankara: ss.211-214.

Tsang Shu-ki, (February 9 1998) "Currency Board Complication:The AEL Model", Focused Researh Area, Hong Kong Babtist University, Hong Kong, <www.hkbu.edu.hk/˜web.982.html> (Mayıs 1999)

Tsang Shu-ki, (May 1998), "Is a Currency Board System Optimal for Hong Kong", Hong Kong Babtist University, <www.hkbu.edu.hk/> (Mayıs 1999)

Tsang Shu-ki, (October 31 1997),"Currency Board the Answer to Rate Stability", Hong Kong Newspaper,<www.hkbu.edu.hk/˜econ/web.982.html>(Mayıs 1999)

Tsang Shu-ki, (September 14 1998), "Welcome on Board, Hong Kong!", Hong Kong Babtist University, <www.hkbu.edu.hk/˜sktsang> (Mayıs 1999)

Uygur, Ercan, (Şubat 2000), "25 Yıldır Süren Yüksek Enflasyon ve Enflasyonla Mücadelede Hedefler Tutturulabilir mi?, **İşletme İktisat ve Finans** Yıl:15, No: 167, Ankara, ss.11-25.

Velde, Francois R. and Marcela Veracierte, (2000), "Dollarization in Argentina, Economic", **Economic Perpectives**, Federal Reserve Bank of Chicago, First Quarter, Chicago, Illinois, USA. ss.30-32.

Villalaz, Juan Luis Moreno, (winter 1999), "Lessons from the Monetary Experience of Panama: A Dollar Economy with Financial Integration", **CATO Journal**, Vol:18, Issue:3, Washington D.C. USA., ss. 421-439.

Walters, Alan, (1993), "Currency Boards and Their History", **Proceedings of a Conference on Currency Substitution and Currency Boards**, Edited by Nissan Liviatan, World Bank Discussion Papers, 207, The Word Bank, Washington D.C. USA. ss.4-6.

Walters, Alan, (1993), "Round Table on Stabilization and Currency Board", **Proceedings of a Conference on Currency Substitution and Currency Boards**, Edited by Nissan Liviatan, World Bank Discussion Papers, 207, The Word Bank, Washington D.C. USA. ss.101-102.

Walters, Alan, (1996), "The Experience of Hong Kong", **Currency Boards and External Shocks, How Much Pain? How Much Gain**?, edit by Guillermo E.Perry, The World Bank, Washington D.C. USA. ss.11-14.

Walters, Alan, (February 3 1992), "A Hard Ruble for the New Republics", **National Review**, Vol:44, issue 2, ss.3-34.

Williamson, John, (1995), **What Role for Currency Board? Institute for International Economic**, Washington D.C. USA.

Yam, Joseph, (1999), "A Modern Day Currency Board system", **Hong Kong Monetary Authority** <www.info.gov.hk/hkma/eng/public/mdcbs/content.htm> (Haziran 1999)

Yamak, Rahmi, Haydar Akyazı, (Mayıs 1998), "Fiyat İstikrarının Sağlanmasında Para Kurulu Sistemi ve Türkiye", **Atatürk Üniversitesi, İİBF Dergisi**, Cilt:12, Sayı: 1-2, Erzurum, ss.1-25.

Yeldan, Erinç, (Ocak-Şubat 2001) "Birinci Yılında 2000-Enflasyonu Düşürme Programının Degerlendirmesi", **Mülkiye**, Cilt: XXV, Ankara, ss.157-174.

Yurt, Emel, "Arbitraj", (1997), **Para ve Finans Ansiklopedisi**, T.C.Ziraat Bankası ve Creative Yayıncılık Tanıtım Ltd. Şti.

Zarazaga, Carlos E., (1995), "Argentina, Mexico, and Currency Boards: Another Case of Rules versus Discretion, **Economic Review,** 4th. Quarter, Federal Reserve Bank of Dallas, USA. ss.14-24.

EK-1PARA KURULU UYGULAMALARI KRONOLOJİSİ

Ülkenin Bugünkü Adı Bağımsızlık Tarihi	Uygulama Yılları	Rezerv Oranı ve Varlıklar	Döviz Kuru, Döviz Dağılımı
Abu Dhabi 1971	1966-73	%100+altın ve döviz	1 Bahreyn dinarı=17s.6d.stg
Aden ve Aden İdaresi (Yemenin Bir Bölümü)1967	1951-1972	1942-65 %100stg; 1965-72 bağlangıç 2,5 milyon dinar %100+stg	1942-65 20 Doğu Afrika Şilini=1£ Komisyon %±1/2; 1965-1972 GüneyArab/Güney Yemen dinarı=£1 Komisyon %±3/4
Arjantin	1902-1914, 1927-1929, 1991,.....	%100 altın 1991... Altın, döviz	1 peso=0,63870849 1991,... 1$=1 Peso
Bahama 1973	1902-1914, 1927-1929	%100+ stg	1916-66 1Bahama£=1£ 1966-70 1Bahama$=0,98 ABD$ 1970-74 1Bahama$=1ABD$
Barbados 1966	1937-1973	1937-51 %100+stg 1951-73 %110 stg	1937-51 Batı İndies 4,8$=1£ 1940-73 Batı İndies/Doğu Karaib 4,8$=1£ Komisyon %3,8+,%7/16-
Bermuda 1966	1915,....	1915-70 %110+ 1970-..... %115ABD$	1915-70 Bermuda 1£=1£ 1970,.....Bermuda 1$=1$
İngiltere Guyanası 1966	1937-1965	1937-51 %100 1951-65 %100+%10 Guiana	1937-51 Batı İndies 4,8$=1£ Komisyon %±1 1951-65 Batı İndies 4,8$=1£ Komisyon%-7/16
İngiltere Hondurası (Belize) 1981	1894-1981	1984-1939 %67 altın+%33 ABD$ 1939-58 %110 1958-81 %110	1894-1949 Belize 1$=1ABD$ 1949-74 Belize 4$=1£ 1974-81 Belize 2$=1ABD$
Solomon Adaları 1978	1930-1940lar	%100+Avusturalya £	SolomonAdaları1±=Avusturalya1£
İngiltere Somalisi 1960	1942-1961	%100	20 Batı Afrika Şilini=1£ Komisyon %±1/2
Brunei 1983	1952-1973	1952-67 %100 1967-73 %100 altın ve döviz	1952-67 Malay 1$=2s.4d.stg. Komisyon %±1/8 1967-73 Brunei 1$=2s.4d.stg
Burma 1948	1947-1952	%100 stg	Burma Rupe15=1£Komisyon ±1/2
Kamerun Nijerya, Kamerun un bir kısmı)1959	1916-1959	%110 stg	Batı Afrika 1£=1£stg. Komisyon %±1/2
Cayman Adaları	1933-1961 1972-.......	1933-61 %100 stg 1972-.....%100 ABD$	1972 yılına kadar Jamaika parası kullandı 1972,...Cayman0,83$=1ABD$
Seylan (Sri Lanka) 1948	1884-1950	1884-1917 %35-50 metal+%50-67stg ve rupi=%110 1917-1950 %110 stg ve rupi	1 Seylan rupisi=1Hindistan rupisi
Kıbrıs 1960	1928-1964	%110 stg	Kıbrıs 1£=1£ stg
Danzig (Gdansk, Polonya)	1923-1924	%100 stg	25 gulden 1£ stg
Dubai 1971	1966-73	%100 altın ve döviz	1 Katar/Dubai riyal=0,16621 g.altın
Eritre (İtalya Etiyopyası) 1993	1942-1945	%100 stg	20 Batı Afrika Şilini=1£ stg Komisyon %±1/2
Etiyopya	1942-1945	%100 stg	20 Batı Afrika Şilini=1£ stg Komisyon %±1/2
Falkland Adaları	1899-....	%100+stg	Falkland 1£=1£ stg
Faroe Adaları (Danimarka'nın Bir Bölümü)	1940-....	1940-49 %100 stg 1949-... %100 Danimarka Kronu	1940-49 22,40 Faroese Kronu=1£stg 1949-... 1 Danimarka Kronu= 1 Faroese Kronu
Fiji 1970	1913-1975	%100+ stg	1913-33 Fiji 1£=1£ stg 1933-67 Fiji 1,11£=1£ stg 1967-75 Fiji 2£=1£
Gambia 1965	1913-71	1913-64 %110 stg 1964-71 %100 döviz	1913-64 Batı Afrika 1£=1£ stg Komisyon %±1/2

			1964-71 Gambia 1£=1£ stg Komisyon %±1/2
Gibraltar	1927-....	%100+ stg	Gibralta 1£=1£ stg
Gold Coast (Gana) 1957	1913-1958	%110 stg	Batı Afrika 1£=1£ stg Komisyon %±1/2
Hong Kong	1935-1941 1945-1974 1983-....	1935-41, 1945-72 %105 stg 1983-... %105 ABD$	Dalgalı Kur izlenmekte 1935-39 15,36-1645HK$=1£ stg 1945-67 16HK$=1£ Komisyon%0,%-1,17 1967-72 14,55 HK$=1£ stg 1972-73 5,65 HK$=1ABD$ Komisyon %±$2^{1/2}$-1973-74 5,085HK$=1ABD$ Komisyon %±$2^{1/2}$-1983-... 7,80HK$=1ABD$
Irak 1932	1931-1949	%100+ stg	1 Irak Dinarı=1£ Komisyon%±1/2
Irlanda 1921	1928-1943	%100 stg	1İrlanda£=1£
İtalya Somalisi (Somali'nin bir kısmı)	1941-1959	1941-50 %100 stg 1950-59 %100 döviz ve altın	1941-50 20 Doğu Afrika Şilini=1£ Komisyon %±1/2 1950-59 20 Somali=1£ stg
Jamaika 1962	1933-1961	1933-53 %100 stg 1953-61 %70 stg +%30 Jamaikan	1Jamaika£=1£ stg Komisyon %+7/16 ve %-1/2
Kenya 1963	1897-1966	%100 stg	20 Doğu Afrika Şilini=1£ stg Komisyon %±1/2
Kuveyt 1961	1961-69	Min.%50 altın+mak.%50 ABD$ ve stg=%100	1Kuveyt Dinarı=1£ stg
Leeward Adaları (Anguilla, Antigua, Barbuda, St Kitts ve Nevis, Montserrat)	1935-1983	1951-64 %110 stg 1964-68 %70stg+%30 Batıİndies $=%110 1968-71 %100 stg+Batı İndies$=%110 1971-74 %90 stg+%10 Batı Karip$ 1974-83 %100 döviz+Doğu Karaib$=%110+	1935-51 Trinidad parası kullandı 1951-76 Batı İndies/Doğu Karaib4,8$=1£ stg Komisyon %+3/8 ve %-7/16 1976-83 Doğu Karaib 2,7$=1ABD$
Liberya	1913-1944		Batı Afrika para kullandı
Libya 1951	1950-1956	%100 stg	1 Libya$=1£ stg komisyon %±1/4
Malaya (Malezyanın Bir Kısmı) 1963	1899-1942 1946-1967	%110 stg	1939 za kadar Boğazlar Yerleşkesi parası kullandı. 1939-42, 1946-67 1Malay$=2s.4d. Komisyon %±1/8
Maldiv Adaları 1965	1849-1967		Hindistan ve Mauritis parası kullandı
Malta 1964	1949-1965	%100+ stg	1 Malta£=1£ stg
Mauritius 1964	1849-1967	1849-65 %33-50 metal+%50-67 Mauritius rupesi ve stg. 1865-34 %110 1934-67 %100 stg	1949-1934 1 Maritius rupi=1 Hindistan rupe 1934-67 15 Mauritius rupisi=1£ Komisyon %±1/2
Yeni Zellanda 1907	1850-1856	Min.%25 metal+mak.%75 stg=%100	1Yeni Zellanda£=1£ stg
Nijerya 1960	1913-1959	%100 stg	1Batı Afrika£=1£stg Komisyon %±1/2
Kuzey Borneo (Malezya'nın Bir Kısmı) 1963	1981-1942 1946-1967	%110 stg	1881-1906 1Borne$=1İspanya$ 1906-52 1Borneo$=2s.4d. 1946-67 1Malay$=2s.4d. stg Komisyon %±1/8
Kuzey Rusya	1918-1920	%75 stg+%25 ruble	40 ruble=1£ stg Komisyon %±1
Kuzey Rodezya (Zambia) 1964	1940-1956	1940-2 %110 stg 1942-47 %100 stg+%10 Rodezya£ 1947-56 min.%50 stg+mak.%60 Rodezya £=%110	1 Rodesya£=1£ Komisyon%±1
Nyasaland (Malawi) 1966	1940-1956	1940-2 %110 stg 1942-47 %100 stg+%10 Rodezya£	1 Rodesya£=1£ Komisyon%±1

		1947-56 min.%50 stg+mak.%60 Rodezya £=%110	
Umman	1970-1974	%100+ stg	1 Umman riyali=1£ stg
Filistin 1948	1927-1948 (1927-51 Gaza Şeridi)	%110 stg	1 Filistin£=1£ stg Komisyon %±1/8
Panama	1904-1931	%100 gümüş para+%15 ABD$=%100 altın değeri	1 balboa=1ABD$
Filipinler 1946	1903-1918 1923-1942 1945-1948	1903-18,1923-42,1945-48 %100 gümüş para+%15-25 ABD$=%100 altın değeri 1908-18 %100 gümüş para+%17,5 ABD$+%17,5 peso=%100 altın değeri	2 peso=1 ABD$ Komisyon çekte %±3/8 Telgraf %±3/4
Katar 1971	1966-1973	%100 altın ve döviz	1Katar/Dubai riyal=0,16621 g.altın
St Helena	1970ler	%100 + stg	1 St Helena£=1£ stg
Sarawak (Malezya'nın Bir Bölümü) 1963	1927-1942 1946-1967	%110 stg	1927-52 1Sarawak$=2s.4 1952-67 1Malay$=2s.4d. stg Komisyon %±1/8
Seychelles 1976	1849-1966	1934-66 %100+ stg	1936 ya kadar Mauritius parası kullandı 1936-66 1Seychelles rupi= 1s.6d.stg Komisyon %±1/2
Sierra Leone 1961	1913-1964	%110 stg	1Batı Afrika£=1£ stg Komisyon %±1/2
Singapur 1967	1899-1942 1946-1973	1899-23 %50-67 metal(en az %10 gümüş içerikli)+Hindistan rupisi ve stg=%105, 1923-42, 1946-67 %110 stg 1967-73 %100 altın ve döviz	1899-1906 Dalgalı kur izledi 1906-39 1Straits$=2s.4d. Komisyon %+1/8 ve%-7/8 1939-42,1946-67 1Malay$=2s.4d.Kom. %±1/8 1967-73 1Singapur$=2s.8-7/10d. Stg
Güney Rodezya (Zimbabwe) 1965	1940-1956	1940-42 %110 stg 1942-47 %100 stg+%10 Rodezya£ 1947-56 min.%50 stg+mak.%60 Rodezya£=%110	1 Rodezya£=1£ stg Komisyon %±1/4
Sudan 1956	1957-1960	%50 stg+%50Sudanese£	Sudanese£=1£ 6d. Stg
Swaziland 1968	1974-1986	%100 Güney Afrika rands	1 langeni=1Güney Afrika rand
Tanganyika	1920-1966	%100 stg	20 Doğu Afrika Şilini=1£ stg Kom. %±1/2
Togoland (Gananın Bir Kısmı) 1957	1914-1958	%110 stg	1 Batı Afrika£=1£ stg Kom. %±1/2
Tango 1970	1936-1974	%100+ stg ve Avusturalya£/$	1936-66 1Tongo£=1Avusturalya £ Kom. Çekte %±3/4 Telgraf %±2 1/2 1966-74 1 pa'anga=1Avusturalya $
Transjordan (Ürdün) 1946	1927-1964	%110 stg	1927-48 1Filisti£=1£ stg Kom. %±1/8 1948-64 1Ürdün dinarı=1£ stg Kom. %±1/8
Trinidad ve Tobago 1962	1935-1964	%100+stg	1935-51 4,8Bati İndies$=1£ stg 1951-64 4,8Bati İndies=1£ stg Komisyon %+3/8 ve %-7/16
Uganda 1962	1919-1966	%100 stg	20 Doğu Afrika Şilini=1£ stg Komisyon %±1/2
Batı Samoa (Yeni Zellanda) 1962	1920-1973	%100 New Zellanda £/$	1920-67 1Batı Samoa£=1New Zellanda£ 1967-73 0,8076 tala=1 Yeni zellanda $
Windwad Adaları (Grenada, St Vincent ve the Crenadines, St Lucia, Dominica) 1974-1979	1935-1983	1951-64 %110 stg 1964-8 %70 stg+%30 Bati Indies$=%1100 1968-71 %100 stg=Bati İndies$=%110+	1935-51 Trinidad parası kullandı 1951-76 4,8Bati İndies/Dogu Karaib$=1£ stg Komisyon%±3/8 ve %-7/16 1976-83 2,7 Doğu Karaib=1 ABD$

		1971-74 %90 stg+%10Doğu Karaib$=%110 1974-83 %100 döviz+Dogu Karaib$=%110	
Yemen Arap Cumhuriyeti	1964-1971	%100+stg	3 Yemen Riyali=1£
Zanzibar (Tanzanya) 1961	1936-1966	%100 stg	20 Doğu Afrika Şilini=1£ stg Komisyon %±1/2
Estonya*	1992-....	%100 Altın-Döviz	8 Kroon= 1DM
Litvanya *	1994-....	%80 Altın-Döviz	4 Litas =1$
Bulgaristan*	1997-....	%100 Döviz-Degerli Madenler	1000 Leva=1DM
Bosna-Hersek*	1997-....	%100 Döviz	1 BH Dinarı=100DM

Kaynak: Steve H.Hanke, Lars Jonung, Kurt Schuler, **Russian Currency and Finance, A Currency Board Approach to Reform**, ROUTLEDGE ,New York 1993, s.174-180. * Richard W. Kopcke, Currency Board:Once and Future Monetary Regimes?, **New England Economic Review**, Federal Reserve Bank of Boston, (May/June 1999), s.23.

FSC
www.fsc.org
MIX
Papier | Fördert gute Waldnutzung
FSC® C083411

Kolibri 360 GmbH
Ferdinand-Jühlke-Straße 7
99095 Erfurt, Deutschland
produktsicherheit@kolibri360.de

Druck:
CPI Druckdienstleistungen GmbH
im Auftrag der
Kolibri 360 GmbH
Ferdinand-Jühlke-Str. 7
99095 Erfurt